中南财经政法大学金融与投资文库

STUDY ON THE MACROECONOMIC IMPACTS
OF PUBLIC EMERGENCIES

突发公共事件的
宏观经济影响研究

■ 唐文进 ［著］

中国金融出版社

责任编辑：张　超　左文静
责任校对：张志文
责任印制：陈晓川

图书在版编目（CIP）数据

突发公共事件的宏观经济影响研究（Tufa Gonggong Shijian de Hongguan
Jingji Yingxiang Yanjiu）/唐文进著 . —北京：中国金融出版社，2014. 4
ISBN 978 - 7 - 5049 - 7482 - 2

Ⅰ. ①突… Ⅱ. ①唐… Ⅲ. ①突发事件—影响—宏观—经济—研究—
中国 Ⅳ. ①F123. 16

中国版本图书馆 CIP 数据核字（2014）第 056507 号

出版
发行　中国金融出版社
社址　北京市丰台区益泽路 2 号
市场开发部　（010）63266347，63805472，63439533（传真）
网 上 书 店　http：//www. chinafph. com
　　　　　　　（010）63286832，63365686（传真）
读者服务部　（010）66070833，62568380
邮编　100071
经销　新华书店
印刷　利兴印刷有限公司
尺寸　169 毫米×239 毫米
印张　18
字数　322 千
版次　2014 年 4 月第 1 版
印次　2014 年 4 月第 1 次印刷
定价　46. 00 元
ISBN 978 - 7 - 5049 - 7482 - 2/F. 7042
如出现印装错误本社负责调换　联系电话(010)63263947
编辑部邮箱：jiaocaiyibu@ 126. com

总　序

　　蔡元培先生曾在几十年前指出："所谓大学者，非仅为多数学生按时授课，造成一毕业之资格而已也，实以是为共同研究学术之机关。"学术是大学的灵魂，学术研究和知识创新是大学生存与发展的动力源泉，是大学传授知识、培养人才、服务社会、守望社会理性和引领社会发展的基础。一所大学，如果缺乏浓郁的学术氛围，没有知识创新，就不可能有一流的教学，也不可能有一流的社会服务，更不可能培养出一流的人才。要成为一流的大学，必须有一流的学者、一流的学术研究和一流的学术成果。

　　金融是为适应社会分工、商品生产和商品交换的需要而产生的，货币和金融活动强有力地推动了人类初期合作与交换的发展。伴随着经济的发展，金融工具不断创新，金融市场范围不断拓展，金融交易规模不断扩大，金融对实体经济的影响也不断增大。随着证券市场的发展，保险业的兴起，金融衍生产品的迅速增加和金融市场国际化程度的不断提升，金融已不再局限于货币与银行的传统业务范围，金融的意义不仅在于融通资金，更重要的是在不同的时空之间配置资金资源，并通过资金资源的配置促进社会经济资源的优化。而在现代市场经济中，金融还兼具风险管理和信息功能，市场经济主体若能对金融衍生产品善加利用，就可以有效管理各类微观经济风险；而宏观调控当局若能对金融市场隐含的信息善加利用，就可以有效维护宏观经济稳定。金融不仅对微观经济效率具有至关重要的影响，而且对宏观经济稳定有着关键性的意义，因而被称为"现代经济的核心"，金融学也被人们誉为经济学"皇冠上的明珠"。

　　投资与金融有着密不可分的联系。在货币经济条件下，投资主要表现为货币资金的投入，不仅证券与金融衍生产品投资要以金融市场为载体，以金融工具为对象，产业投资也需要以货币为媒介，通过金融中介和金融市场筹措资金。从事投资活动，要提高投资的效率和防范投资的风险，不能不了解金融。另一方面，厂商从银行或从金融市场融入资金，目的通常是为了进行产业投资；厂商发行股票或债券的过程，同时又是居民或机构的投资过程。产业投资既创造需求，又创造供给，且具有不确定性和不可逆性，因而对货币的供求、社会总需求和总供给的平衡以及社会经济发展的起着举足轻重的作用，被萨缪尔森称为"经济中发号施令的因素"。研究金融，不能不关注投资。

金融和投资学科是中南财经政法大学的传统优势学科。中南财经政法大学的前身为中原大学。中原大学成立初期便创设了金融专业。1953年，国内高等学校院系调整，中南地区的经济与法律学的教师纷纷调入中南财经学院，群贤毕至，为金融学的发展奠定了坚实的师资基础。投资学的前身为基本建设财务与信用，创设的时间稍晚于金融学专业，但也是国内较早创设该专业的院校之一。60余年来，几代学人始终坚持以学术为本，孜孜追求，锲而不舍，金融、投资学科在国内同类学科中取得了应有的地位。中南财经政法大学金融学院坚持以学术立院，以学术兴院，为了顺应我国金融与投资迅速发展的形势，努力推进金融、保险和投资的学术研究与知识创新，学院不仅集中全院研究力量打造标志性学术成果，自2002年至今由中国金融出版社连续出版了9本中国金融与投资发展报告（系列年度报告），而且自2003年至今每两年一届连续五届成功举办了"中国金融与投资论坛"，同时还推出3辑由学院资助出版的"金融与投资文库"。

本文库注重理论联系实际的原则，鼓励作者积极借鉴国内外先进的理论和方法，以国际视野把握社会经济发展的趋势，但必须立足于中国实际，以分析和解决中国社会经济发展中的现实问题为基本导向。中国是一个发展中大国，工业化、市场化和国际化进程交织中的中国金融和投资的发展波澜壮阔，异彩纷呈，矛盾也十分复杂、尖锐。伟大的实践需要理论的指导，同时也将催生和造就日趋丰富多彩的理论。

学术研究的主体是学者。学术的进步既依靠学者个人独立观察和思考，同时也需要平等、自由、相互激励的学术氛围和志趣相投、结构合理、分工协作、精诚团结的学术团队。中南财经政法大学金融学院历史的辉煌是由周骏等老一代学者创造的，今日的成就离不开朱新蓉、宋清华等中青年教授的努力，未来的希望则在一批青年学者，包括近年来引进的海内外著名大学博士。他们人数众多，意气风发，知识结构合理，才思敏捷，本文库已经并将主要推出他们的学术作品。他们的作品或许还存在这样或那样的不足，但任何学者的成长都需要经历一个磨砺的过程，许多学者在推出他们的名作之前还默默无闻。因此，我们更愿意以期许的眼光注视着我们青年学者的奋发努力和他们所取得的点滴进步。

学术的进步有赖于广泛的交流与切磋。我们的学术文库，期待得到国内金融与投资学界及实际工作部门专家更多的批评和指教。让我们共同来精心耕种文库这块孕育希望的学术园地。

张中华

2007 年 3 月初稿

2011 年 12 月修订

摘　要

近年来，突发公共事件在世界各地频繁发生。中国人口众多且正处于经济和社会转型期，突发公共事件对生命、财产和经济社会的稳定发展造成了严重的破坏。由于突发公共事件自身的复杂性、爆发的频繁性及其对经济和社会发展的危害性，对突发公共事件进行研究具有重大的现实意义。系统研究突发公共事件对宏观经济的影响及优化管理抉择，不仅可以发展和深化这一宏观经济管理研究领域，而且可使宏观经济管理理论研究更贴近现实，从而更具应用价值。

本书将实证分析、规范分析、案例分析等方法相结合，建立了一个与中国国情相适应的、研究突发公共事件影响宏观经济的一般分析框架，探索出了一种方便实用的计量模型——IMPLAN 模型并构建了中国经济的 CGE 模型用于评价突发公共事件的宏观经济影响，提出了优化管理突发公共事件对我国宏观经济影响的政策建议。

本书共分五个部分：突发公共事件对我国宏观经济影响的复杂性研究；突发公共事件短期影响我国宏观经济的路径分析；突发公共事件长期影响我国宏观经济的路径分析；突发公共事件对我国宏观经济影响的 IMPLAN 模型分析及政策建议；突发公共事件对我国宏观经济影响的 CGE 模型分析及政策建议。本书通过这五个部分的研究，得出以下一些重要结论和成果。

第一，突发公共事件的来源具有多样性、区域性和变异性的特点，突发公共事件经济影响的传导机制是复杂的，且各传导途径彼此之间的关联错综复杂。由于众多因素的综合作用，突发公共事件对宏观经济的影响非常复杂。

第二，突发公共事件对宏观经济造成短期影响的路径可以分为三个层次：微观核心层、中观市场层和宏观变量层。突发公共事件发生后，微观经济主体的行为将会发生改变，进而影响到商品市场、要素市场、金融市场和国际市场并最终影响物价、利率、就业和产出等宏观经济变量。

第三，突发公共事件对宏观经济的长期影响是一个三阶段的过程：冲击阶段、解构阶段和重构阶段。突发公共事件对宏观经济的长期影响既有总需求方面的，也有总供给方面的，理论和实证分析的结果表明突发公共事件主要通过生产技术、实物资本、人力资本、自然环境、消费、投资和政府购买等路径长期影响宏观经济。

第四，本书完善了我国 IMPLAN 系统全国及地方数据库的建立方法，建立了北京、上海、湖南、湖北、四川、浙江等主要省市的区域 IMPLAN 系统数据库，并利用这些数据库，运用 IMPLAN 系统对不同区域的多个具体突发公共事件案例建模分析，对比了突发公共事件造成的经济冲击在不同区域、不同行业间的差异，通过模拟突发公共事件的影响，对各区域的关键性行业和易遭受突发公共事件经济冲击的行业进行了分析。

根据 IMPLAN 系统的模拟结果，政府在制定应对突发公共事件政策时应遵循两个基本原则：针对性原则以及长期政策和短期政策相结合的原则。要兼顾地区和行业的差异性，制定针对性政策；短期政策着眼于应对，长期政策则着眼于预防。

第五，本书建立了中国经济的 CGE 模型，用于分析突发公共事件的宏观经济影响。本书编制了中国 2007 年社会核算矩阵作为模型的基准数据集，建立了 CGE 模型的理论框架并运用 GAMS 软件进行求解，通过 CGE 模型的情景模拟分析，得出不同类型的突发公共事件所造成的宏观经济影响。

CGE 模型的运行结果显示，同一突发公共事件所带来的经济影响在不同产业间的分布差异较大，不同的突发公共事件对不同产业部门造成的影响程度是不同的。因此政府在应对突发公共事件冲击时应该实行有区别的产业保护政策并服从于宏观经济调控整体目标。

本书的创新之处主要有：首次将突发公共事件作为一个整体纳入宏观经济管理研究体系进行系统研究，建立了一个与中国国情相适应的研究突发公共事件影响宏观经济的一般分析框架，从而拓展了这一极具挑战性又极具应用价值的宏观经济管理研究领域；首次运用 IMPLAN 系统来分析突发公共事件的宏观经济影响，开创性地建立了 IMPLAN 系统中国宏观经济数据库和中国部分代表性省区的 IMPLAN 系统数据库；将 CGE 模型运用于中国突发公共事件分析，基于最新的中国投入产出表构建了细化的中国社会核算矩阵，并以此为基础建立 CGE 模型，较为系统地分析了不同类型突发公共事件的宏观经济影响。

关键词：突发公共事件　IMPLAN 系统　CGE 模型　宏观经济冲击

Abstract

Based on theoretical analysis and literature review, the research team established a general analytical framework according to china's actual conditions for researches on the impact of public emergencies on macroeconomy. The report initiated and applied a convenient and practical model which was widely used in the USA — the Impact Analysis for Planning (IMPLAN) model, and constructed the Chinese Computable General Equilibrium (CGE) model to evaluate the impact of public emergencies on macroeconomy, and put forward some policy suggestions to optimize the management on macroeconomic impact of public emergencies. The main conclusions are as follows:

(1) The complexity of public emergencies sources, economic transmission mechanism and economic impact results together determine the complexity of public emergencies' macroeconomic impact;

(2) The path by which public emergencies influence macroeconomy in short term can be divided into three levels: micro kernel layer, meso market layer and macro variable layer, and the influences of three levels are bidirectional circulatory;

(3) The impact of public emergencies on macroeconomy in long term, which includes the aggregate demand and aggregate supply, is a three-stage process: shock stage and deconstruction stage and reconstruction stage;

(4) The economic impact analyses of public emergencies on key and vulnerable industries in different regions based on the improved IMPLAN system show that the government responding to public emergencies should adopt "on target" principle and "long-term policy combining short-term policy" principle;

(5) The simulation results of CGE models quantified the macroeconomic impact of different kinds of public emergencies, suggesting that the government responding to public emergencies should adopt different industrial protection policies and submit to the overall goals of macroeconomic regulation.

Key Words: Public Emergencies; the Impact Analysis for Planning (IMPLAN) System; Computable General Equilibrium (CGE) Model; Macroeconomic Shocks

目　录

导　论

一、研究背景与意义

21 世纪以来，世界步入了一个突发公共事件多发期，其中较典型的事件就有美国"9·11"事件、印度洋海啸、甲型 H1N1 流感、源于美国的全球性金融危机、墨西哥湾石油泄漏事件、欧洲债务危机等。我国除直接或间接受上述事件影响外，近年来也频频爆发影响重大的突发公共事件，其中令人记忆犹新的就有 2003 年 SARS、2004 年禽流感、2005 年松花江重大水污染事件、2008 年汶川大地震和毒奶粉事件、2009 年鹤岗新兴煤矿爆炸事故、2010 年上海静安区高层住宅火灾等，突发公共事件的密集程度和破坏程度均前所未有。

我国突发公共事件造成的损失相当惊人。据估计，20 世纪 90 年代我国仅年均事故总损失水平就高达 1 800 亿—2 500 亿元，相当于 GDP 每年少增长至少 2 个百分点或每年毁掉两个三峡工程①。CRED（2010）数据显示，2009 年我国遭受自然灾害的次数居世界第 2 位；而受灾人数为 688 万人，高居世界首位。根据国家安全生产监督管理总局的数据，2001—2009 年我国各类事故灾难造成的人员伤亡总数平均每年约为 13 万人，大量事故灾难的发生，一方面造成了巨大的人力资源损失，另一方面也破坏了经济活动的正常进行，给我国经济带来巨大损失。2003 年 SARS 的爆发和 2008 年的毒奶粉事件，为我国敲响了公共卫生安全的警钟，增强了人们对突发公共卫生事件的警惕。我国社会安全事件主要表现为群体性事件，如 2008 年瓮安事件和 2009 年湖北石首事件，群体性事件的爆发会严重影响当地经济活动，造成恶劣的社会影响和经济影响。

伴随着全球化和城市化进程的加快，突发公共事件的发生日益频繁，波及面更为广泛，影响更加深远，这些都要求我们对突发公共事件的复杂性进行重新审视和评判。鉴于突发公共事件的不确定性、爆发的频繁性以及对经济和社会发展的危害性，在今后较长的一段时期内，突发公共事件的宏观经

---

① 罗云.事故对中国经济有多大影响［J］.民主，2004（11）.

济影响及其优化管理研究均具有重要的现实意义。我国目前正处于经济和社会的转型期，公共安全保障基础相对薄弱，与经济高速发展的矛盾越来越突出，公共安全形势严峻。根据世界经济和社会演进的一般规律，人均 GDP 从 1 000 美元往上升的经济起飞的过程是最容易引致突发公共事件的社会风险高发期。2003 年，我国人均 GDP 跨过了 1 000 美元门槛。这意味着，目前直至今后 10 年乃至 20 年的重要战略时期，正是我国突发公共事件的高发期。换言之，在未来较长一段时间内，我国都将面临突发公共事件所带来的严峻考验，而对突发公共事件的宏观经济影响及其优化管理进行研究有助于应对这种考验，现实意义重大。

从理论上讲，突发公共事件对构建社会主义和谐社会有着或大或小的不利影响。国家建立应急预案体系，增强应急管理能力，切实做好各类突发公共事件的预防和处置工作，是促进社会和谐稳定、保障民生的重要举措。事实上，2005 年 1 月 26 日国务院常务会议原则通过的《国家突发公共事件总体应急预案》和 2007 年 11 月 1 日起我国实施的《中华人民共和国突发事件应对法》，标志着我国突发公共事件应急预案框架体系的初步形成并得到法律保障。

尽管我国从行政和立法层面为应对突发公共事件做出了努力，但随着我国经济的高速发展，经济、社会中的不确定性因素也日益增多，各经济主体面对各种正面或负面经济冲击时，往往很难使用科学手段进行评估。这十分不利于政府、企业和个人在经济冲击到来之前制订经济计划，或在冲击发生之后进行经济管理。总体看来，目前国内对突发公共事件经济影响的研究方法主要是经验判断和静态定量分析，不能区分突发公共事件的短期影响和长期影响，估计的结果差异很大，往往引起很大的争议。而且已有的研究大都是针对某个具体事件如汶川地震、SARS 等进行的应急管理研究或反思，没有将突发公共事件作为一个整体就其经济影响开展研究，更未能将这些研究升华成一般理论与计量模型。国外的研究方法则是利用计量分析软件预测突发公共事件对主要宏观经济变量的影响，其模型更具有动态性和系统性。如果我国能引进 IMPLAN 和 CGE 模型等先进、科学的经济冲击评估系统，无疑会使政府、企业和个人的经济决策更加科学，从而推动经济社会的健康和谐发展。

系统研究突发公共事件对宏观经济的影响及优化管理抉择，不仅可以发展和深化这一宏观经济管理研究领域，而且可使宏观经济管理理论研究更贴近现实从而更具应用价值，同时还可建立一个适合我国国情的研究突发公共事件影响宏观经济的一般分析框架，运用 IMPLAN 和 CGE 两个计量模型来评价突发公共事件的宏观经济影响，力求做到突发公共事件一发生就可迅速对其宏观经济影响作出可靠预测并及时为决策当局的重大决策提供参考。因此，本研究将为宏观经济管理研究领域理论带来非常重要的创新和拓展，是对我国突发公共事件经济影响整体研究不足的必要补充。

二、突发公共事件的概念与分类

研究突发公共事件对宏观经济的影响及其优化管理所需的一个基本前提是研究者必须要有清晰的突发公共事件概念及分类。只有全面而透彻地认识突发公共事件的内涵、外延、范畴和特点，才能更精确、更深刻地研究和归纳突发公共事件经济影响的规律性。

（一）突发公共事件的概念

当前，突发公共事件并没有一个公认的一般性定义，不同的国家和地区，不同的法律条文对突发公共事件的表述并不一致。绝大部分研究文献也都是针对突发公共事件的某一具体类别，如自然灾害；或者只针对某一具体的突发公共事件，如"9·11"恐怖袭击事件、汶川大地震等。很少有研究人员以整个突发公共事件为研究对象进行定义。我们从国内外有关的法律条文及一些研究文献的观点出发来逐步厘清这一概念。

1. 国外与突发公共事件相关的概念

由于西方各国没有统一的突发公共事件的定义，各国对那些突如其来，对社会经济造成大的冲击的事件的称谓与界定是不一样的，即便属于同一法系也是如此，这一点在各国各地区的法律条文中可以清楚看到。

如《美国联邦灾难救济和突发事件救助法》第2条"定义"第1款规定："'突发事件'是指通过总统认定，在美利坚合众国范围内发生的，需要联邦救助来补充州和地方的努力及实际能力，以挽救生命、保护财产及公共健康安全，减轻或避免更大灾难威胁的事件。"该法第2条"定义"第2款规定："'重大灾难'是指通过总统认定，引起了严重的损害，需要遵照这部法案来为州、地方政府和灾难救济组织进行重大灾难救助并提供各种可用资源，以减轻灾难带来的破坏、损失和困难的情形，这些情形包括：在美利坚合众国范围内发生的自然大灾难（包括飓风、龙卷风、暴风、洪水、暴风雨、潮汐、海啸、地震、火山爆发、塌方、泥石流、暴风雪或干旱），或不管何种原因导致的火灾、水灾或爆炸。"

《加拿大应急管理法》没有明确定义突发公共事件，但是该法第3条规定："本法的目的是解决一个国家的紧急事件，一种暂时的、紧急的、危急的形势，这种形势是：（a）严重危及加拿大人民的生命、健康或安全，形势的性质和严峻程度超出了一个省政府足以有权或有能力解决的范围；（b）严重威胁了加拿大政府维护国家主权、安全和领土完整的能力。而且，加拿大的其他法律，都不能有效地解决这种紧急事件。"该法接下来的第一章、第二章和第三章分别是"公共财产紧急事件"、"公共秩序紧急事件"和"国际紧急事件"，由此可见，该法界定的国家紧急事件包括这三方面的内容。

《英国突发事件法》第 1 条"'危机'的含义"第 1 款规定："'危机'是指严重威胁到以下各项之一的事件或情境：（1）威胁到联合王国内某一地方的人民福利；（2）威胁到联合王国内某一地方的环境；（3）威胁到联合王国或联合王国某一地方的安全。"接下来第 2 款对第 1 款中的各种情形进行了详细规定，其中"威胁到联合王国内某一地方的人民福利"主要是指人员伤亡、无家可归、财产损失、交通中断、医疗服务中断、电信或其他通信系统中断等；"威胁到联合王国内某一地方的环境"主要是指对土地、水和空气的污染、洪涝灾害、动植物的破坏与毁灭等；"威胁到联合王国或联合王国某一地方的安全"主要指战争或武装冲突和恐怖主义。①

因为西方主要资本主义国家在突发公共事件这一领域的立法较早，法律条文屡经修订已比较完备，所以西方以突发公共事件为研究对象的理论研究中，很少涉及突发公共事件的定义与范畴，只是有一些文献在研究某一具体类别的突发公共事件时，说明数据收集的标准。如自然灾害传播研究中心（Centre for Research on the Epidemiology of Disasters，CRED）在收集相关的数据时，要求必须满足下列条件之一：（1）死亡人数达到 10 人或 10 人以上；（2）影响人群达到 100 人；（3）被宣告为紧急状态；（4）呼吁国际援助。②

2. 国内与突发公共事件相关的概念

国内对突发公共事件的研究起步相对较晚，研究内容也比较零散，相关立法也是最近几年才出现的新事物。

相关的研究大体上分为三个阶段：第一阶段，主要研究各类具体的突发公共事件，特别是自然灾害。这个时期的研究主要针对突发公共事件的某一类别或某一具体的事件，没有把不同类别的突发公共事件纳入到一个大的框架之内。第二阶段，研究的对象泛化到了整个"突发事件"或"公共危机"，这一

---

① 上述美国、加拿大、英国的相关法律条文来源于：万鹏飞. 美国、加拿大和英国突发事件应急管理法选编［M］. 北京：北京大学出版社，2006.

② Noy, I., 2008, The Macroeconomic Consequences of Disasters, *Journal of Development Economics*, doi：10.1016/j. jdeveco.

阶段的研究将社会面临的公共危机和企业面临的公共危机分别研究或对比研究，试图找到管理这两类危机的规律，比较有代表性的文献有苗兴壮（2006）所著的《超越无常：突发事件应急静态系统构建》，胡百精（2006、2008）主编的《中国危机管理报告（第一卷）》和《中国危机管理报告（2007）》。第三阶段，对社会面临的公共危机研究已经从"危机管理"研究中独立出来，只讨论社会面临的公共危机，不再讨论企业面临的公共危机。比较有代表性的文献有程美东（2008）主编的《透视当代中国重大突发事件（1949—2005）》，作者十分清楚 2006 年我国《国家突发公共事件总体应急预案》对突发公共事件的分类。此外，戚建刚和杨小敏（2007）编著的《从灾难中学习——突发事件应对案例评析》介绍了三大类突发公共事件（自然灾害类、事故灾难类和公共卫生事件类）的几个案例，可见，这一阶段的突发公共事件研究已经开始独立出来，进入比较系统化的阶段。

在上述研究文献中，不同作者从不同的角度诠释了突发公共事件。胡百精认为"危机"是一种状态，与"危机事件"有很大的区别。[①]程美东认为突发事件具有："第一，发生的突然性、不可预料性；第二，后果的严重性；第三，应对的艰难性；第四，一定范围的社会性。"[②] 这个特征分析是相当有见地的。

除学术研究外，由于近年来我国各类突发公共事件频发，政府和立法部门先后出台了相关的法律法规，这些法律法规对突发公共事件进行了定义。如 2006 年 1 月 8 日发布的《国家突发公共事件总体应急预案》第一部分第 3 条规定："本预案所称突发公共事件是指突然发生，造成或者可能造成重大人员伤亡、财产损失、生态环境破坏和严重社会危害，危及公共安全的紧急事件"。2007 年 8 月 30 日通过的《中华人民共和国突发事件应对法》第一章"总则"第三条规定："本法所称突发事件，是指突然发生，造成或者可能造成严重社会危害，需要采取应急处置措施予以应对的自然灾害、事故灾难、公共卫生事件和社会安全事件"。比较这两个定义，我们发现，前者主要强调了突发公共事件的严重后果，而后者则强调了突发公共事件的突发性、后果严重性和措施必要性三个特征，同时明确了四大类突发事件的外延，因此可以说，《中华人民共和国突发事件应对法》的定义较好地阐述了突发公共事件的内涵和外延。

①　胡百精. 中国危机管理报告（第一卷）［M］. 广州：南方日报出版社，2006.
②　程美东. 透视当代中国重大突发事件（1949—2005）［M］. 北京：中共党史出版社. 2008：3.

3. 我们的定义

从上面的分析，我们不难发现，世界各国对突发公共事件并没有统一的定义，除我国法律的定义外，其他国家各种法律法规的定义大多是从外延的角度来阐述的，与其说是突发公共事件的定义，不如说只是突发公共事件的范畴。

但是从这些讨论中我们可以发现一个重要问题：突发公共事件研究到底关注的应该是事件本身还是事件可能或已经导致的紧急状态。我们的观点很明确，突发公共事件本身是各类专业学科的研究对象，而从突发公共事件的影响及恢复与重建的角度来考虑，我们关注的焦点是这些事件导致的紧急状态。比如说地震，地震本身是地震科学研究人员的研究对象，而地震对社会和经济有多大的影响、如何恢复与重建等研究关注的则是地震后的紧急状态。突发公共事件研究强调事件引起的紧急状态而非事件本身的另一个重要原因在于有一些突发公共事件并未发生，但是它可能已经导致了社会性的紧急状态，如日本东京墨田区政府于 2007 年 9 月 1 日向约 5 000 名市民的手机误发了发生强震的短信，40 分钟后，墨田区有关当局再次发出短信，承认前一条短信为"误报"。虽然地震并没有发生，但人们还是非常紧张，社会正常秩序受到了较大影响。①

一个事件要被归入突发公共事件，必须具备以下三个要件。第一，公共性，也就是说这一事件影响的是社会整体或一个相当大的部分，只影响个别利益主体的事件，不属于突发公共事件。第二，突发性，或者说这一事件具有较大的不可预测性，人们已经共同预见到的事件不属于突发公共事件，如二氧化碳大量排放导致的温室效应会使北极的冰融化，这不属于突发公共事件。这里要特别说明的是，即便人们能预见某一事件会发生，但无法预测这一事件会何时何地以何种形式发生，这一事件也应该属于突发公共事件，比如恐怖袭击，只要恐怖分子有相当规模的存在，恐怖袭击就在所难免，但是人们很难准确预测恐怖袭击事件会何时何地发生，所以恐怖袭击事件仍属于突发公共事件。第三，会导致较大社会范围内严重的紧急状态，即某事件发生前后，相当部分的社会单元处于比较紧张或危机的状态，政府必须尽快采取相关措施来缓解或消除这种状态，减轻这种状态的负面社会后果，阻断这种状态的蔓延路径。比如说较少下雪的某地某日突下大雪（如桂林地区 2005 年 1 月 12 日大雪），第二天日出雪化，这满足前两个要件，公共性和突发性，但并不满足第三个要件，

---

① 中国网（www.china.com.cn）. 日本：短信误报发生强烈地震　五千市民虚惊一场［R］. 2007 – 09 – 03.

因为时间很短，没有造成一种严重的紧急状态，所以它不属于突发公共事件。但是如果该地区长时间大雪不断，对社会活动秩序造成了严重的影响（如2008年南方雪灾），则属于突发公共事件。

基于这些考虑，我们对突发公共事件定义如下：突发公共事件是指那些在社会上引起较大影响，受影响主体大多无法准确预测，并导致或可能导致在较大社会范围内形成一种严重紧急状态的事件。这一定义偏重于阐述突发公共事件的内涵，其问题主要是未能对其中一些定义要件进行数量和程度上的确定，例如，第一个要件公共性，一国或一个地区多大比例的地区和人口受到影响才可称为"较大社会范围"？第三个要件，什么程度的紧急状态才可定性为"严重紧急状态"？

（二）突发公共事件的分类

如前所述，世界各国各地区的相关法律法规条文对突发公共事件的定义大多是从外延的角度进行的，所以突发公共事件的分类相对容易，只需将各国各地区相关法律法规条文中界定的所有事件按某个角度进行归纳即可。总体而言，对突发公共事件有两种分类思路：抽象的分类思路和具体的分类思路。

1. 抽象的分类思路

这种分类思路高度抽象，试图把所有突发公共事件穷尽，从突发公共事件产生的源头来进行分类。按照这种思路，突发公共事件可以分为两大类：第一类是自然引致的突发公共事件，也就是说，这些突发公共事件是自然界的力量所致，如地震、火山喷发、飓风、暴雨、雪灾、洪水、干旱等；第二类是人类引致的突发公共事件，如恐怖袭击，生产运营过程中的事故等。这种分类方法经常被人们有意或无意地使用，如人们经常会说"天灾人祸"、"重大自然灾害和重大突发事件"等。但是这种分类方法起码存在两个方面的问题：第一，对于某些来源较为复杂的突发公共事件，可能无法精确归类，如黑死病，据考证这种病是蒙古人在战争中以鼠疫作为武器传入欧洲的，后来通过人和人进行传染；所以很难区分它到底是自然的力量所致还是人类自己的行为所致。第二，这种分类线条过粗，影响了分类的作用。因为这两类突发事件都还包括许多可进一步归纳的子类，如人类导致的突发公共事件，恐怖袭击和生产事故是截然不同的两种类型，其预防机制、影响过程和事后处理都有极大的不同，把这两种事件归入一类，分类的作用就比较有限了。

2. 具体的分类思路

这种分类思路并不试图从事件来源上穷尽所有的突发公共事件，而是务实地分析社会福利和社会秩序主要受到哪些突发公共事件冲击，进而归纳出几个类别。如《中华人民共和国突发事件应对法》第一章"总则"第三条规定："本法所称突发事件，是指突然发生，造成或者可能造成严重社会危害，需要采取应急处置措施予以应对的自然灾害、事故灾难、公共卫生事件和社会安全事件"，这就明确界定了突发公共事件的四种类型。这种分类方法，可以看成是抽象的分类思路的进一步细化与完备，如自然灾害是单纯的自然界力量所致，事故灾难是正常生产运营过程中人类考虑不周全所致，事故灾难往往没有主观故意，社会安全事件则是来自国内部分利益主体或国外力量的非正常冲击，这种冲击往往是有意谋划的；公共卫生事件则既有人的因素又有自然的因素。

　　3. 我们的分类

　　以我们对突发公共事件的定义来评判，对人类福利和人类社会造成无法预测的严重紧急状态的事件，也大致是自然灾害、人类社会自身问题导致的事件以及人和自然相互作用引发的事件这几大类，由此可进一步明确分类如图 1 所示。

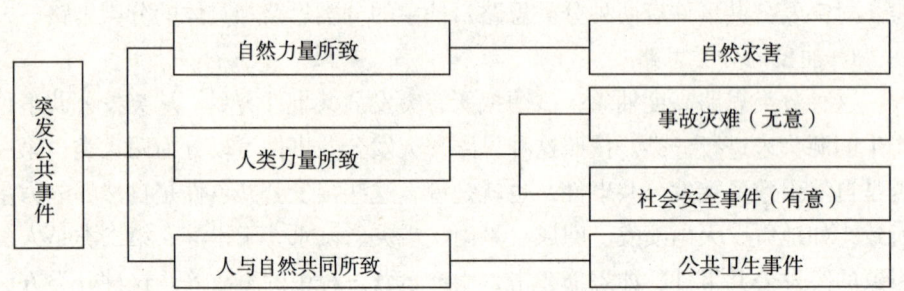

图 1　突发公共事件的分类

　　这种分类方法虽然大体上能满足研究和政策制定的需要，但也并非毫无瑕疵。第一，与抽象的分类思路一样，有一些事件无法精确归类，如 1998 年长江中下游地区的洪水，是天灾还是人祸？如果不是长江流域特别是上游地区大量砍伐树木，洪水的危害可能比较小。第二，在人类力量所致的突发公共事件中，社会安全事件往往是因为社会主体有意而为，但不排除存在这样一种状况，即每一个微观的社会主体都无意制造一种社会安全问题，但最后却形成了对社会安全的强大压力，如自 2007 年 2 月爆发的美国次贷危机，我们相信这个市场中绝大多数人都不希望造成蔓延全美进而全球的金融危机，但是结果却大大出乎大家意料，事件给全球经济安全造成了极大的压力，而经济安全问题又不可避免地会导致一系列社会安全问题。

三、突发公共事件宏观经济影响长期和短期的区分

在经济学领域，对经济现象划分长期和短期是十分常见的，但突发公共事件宏观经济影响长期和短期的区分不能按微观经济和金融领域的原则来进行，因为突发公共事件对宏观经济的影响既不可能在一个既定的规模下来讨论可变投入的最优问题，也不可能有一个具体的时间界限来区分长期影响和短期影响，因为不同的突发公共事件的经济影响在时间上长短不一，一个较小的生产事故可能影响时间很短，而一次大的地震可能影响时间很长，所以以一个确定的时间为限来区分突发公共事件的长期或短期宏观经济影响也是不可行的。

因此，我们初步考虑以经典的宏观经济理论为指导对突发公共事件宏观经济影响长期和短期进行区分，凡是引起长期总供给曲线（一条垂线）左右移动的突发公共事件冲击应该被认定为该事件的长期宏观经济影响；而凡是仅只引起短期总供给曲线（主要是那一条斜线）的移动或该线上的点的移动的突发公共事件冲击应该被认定为该事件的短期宏观经济影响。这种观点可以这样理解：凡是引起潜在产出水平变动的突发公共事件冲击即为该事件的长期宏观经济影响，凡是引起实际产出水平变动的突发公共事件冲击即为该事件的短期宏观经济影响。

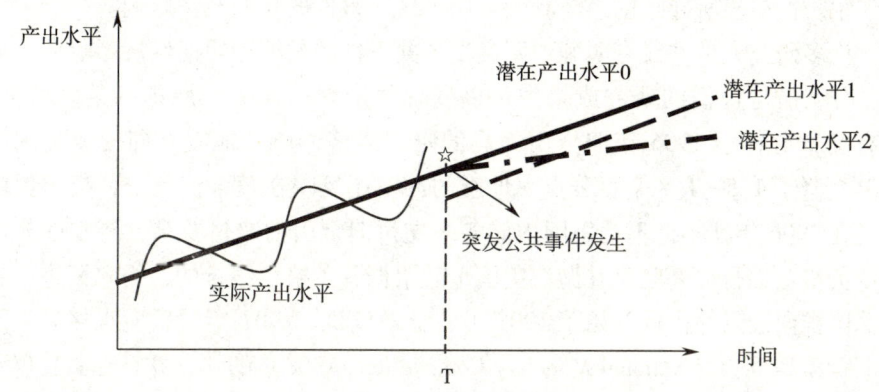

图 2　突发公共事件对产出水平的影响

按照这种区分，在图 2 中，T 时刻，突发公共事件发生，如果实际的产出水平发生变化，这种影响是短期的。而如果潜在的产出水平发生变化，如由潜在产出水平 0 变化为潜在产出水平 1（表明潜在的产出水平变小，但是增长率不变），或者由潜在产出水平 0 变化为潜在产出水平 2（表明潜在的产出水平变小，同时增长率放缓），这种影响就应该是长期的。

　　不过，以经典的宏观经济理论为指导划分突发公共事件经济影响的长、短期起码存在两个方面的问题。其一，实用性较差，因为这种观点基于长期中价格调整是完全的这一假设，而多长时间价格调整才会完全或者接近完全并没有一个确切的结论。我们认为，长期价格调整是完全的这一假设的理论意义大于现实意义，如果不能明确多长时间价格调整是完全的，那就没有明确的标准来划定长期和短期的界限，因而也就无法把突发公共事件的各种经济影响明确划分为长期影响和短期影响，所以这种划分也就失去了现实意义。其二，这种观点更多地强调突发公共事件是一种供给冲击，我们认为这是比较片面的，突发公共事件发生后，总供给的确会受到冲击，但这不是事实的全部，因为突发公共事件发生后，不可避免地会出现总需求的变化，这种变化既有总量的也有结构的，单一地用总供给受到冲击的特点来区分突发公共事件的长期和短期影响不能全面地分析与描述突发公共事件的经济影响。

　　我们尝试性地在经典区分的基础上附加一个原则，即"应对—预防"原则。按照这一原则，各类经济主体（居民、厂商、政府和外国人）在某一具体的突发公共事件发生后立即采取的各种应对措施所导致的经济影响都属于这一事件的短期经济影响；而各类经济主体在该事件造成的紧急状态消除之后，为预防该类事件再次发生或者为在该类事件再次发生时能更好地应对而采取的各类预防性措施所导致的经济影响则属于这一事件的长期经济影响。

　　许多研究人员并没有明确说明突发公共事件的长期和短期经济影响应该如何区分，但从他们的研究成果中可以发现"应对—预防"原则的某些特征。如有文章分析了 1906 年旧金山地震的宏观经济影响。地震立即使得美国的GNP 下降了 1.5—1.8 个百分点。地震的冲击还反映在黄金流动上，英国保险公司在 1906 年秋不得不动用国内储备来支付旧金山的赔付要求，资本的外流促使英格兰银行提高利率并抛售美国金融票据，英格兰银行的这一政策进一步把美国推向衰退并由此开始了 1907 年的金融危机。1907 年的恐慌直接导致了国家货币委员会（National Monetary Commission，1908）的建立并且在其建议下创造了美联储（Federal Reserve System，1913）[1]。地震立即使得美国的 GNP 下降并导致黄金非正常流动，后又发展为金融危机，这些都属于地震的短期影响，而美联储的成立则可以看做是美国为了预防这类危机再次发生时产生严重后果的一种措施，这一措施的经济影响则属于长期影响。

---

　　[1]　Odell, Kerry A. and Weidenmier, Marc D. , 2002, Real Shock, Monetary Aftershock: The San Fran-cisco Earthquake and the Panic of 1907, *NBER Working Paper*, No. 9176.

再比如，有研究人员对 SARS 的经济影响进行了评估，认为由于 SARS 发生，汇率的相对固定使得这些经济体的价格降低导致实际经济衰退，而这又通过黏性的劳动力市场加重了失业；并建议必须以之作为一个重要的经济事件，对中国和其他发展中国家进行直接干预，以提高这些国家的公共卫生水平，因为这些国家在公共卫生方面的支出是不足的，对疾病的预防研究方面投资也不足。① 可以看出"实际经济衰退"和"加重了失业"是短期经济影响，而"提高这些国家的公共卫生水平"的经济结果则是 SARS 的长期经济影响。

四、研究框架与内容

本书建立了适合我国国情的研究突发公共事件影响宏观经济的一般分析框架，通过改良方便实用的 IMPLAN 模型和建立中国经济 CGE 模型分析评价了突发公共事件的宏观经济影响，进而提出了优化管理突发公共事件对我国宏观经济影响的政策建议。本书的技术路线见图 3 所示。

本书共分为五章，每章的具体内容如下。

第一章"突发公共事件对我国宏观经济影响的复杂性研究"详细阐述了突发公共事件的概念和分类；从突发公共事件来源的多样性、来源地区分布差异性、来源的变异性等方面探讨了突发公共事件来源的复杂性；从突发公共事件对宏观经济主体与市场影响的复杂性、对宏观经济变量影响的复杂性、对宏观经济的中观微观基础影响的复杂性三个角度研究了突发公共事件宏观经济影响传导机制的复杂性。

第二章"突发公共事件短期影响我国宏观经济的路径分析"运用案例探讨了突发公共事件在短期内通过直接毁损及相关产业损失、劳动力市场反应、金融市场反应、产品市场反应四种具体途径影响宏观经济的正常运行。

第三章"突发公共事件长期影响我国宏观经济的路径分析"对国内外突发公共事件长期影响宏观经济的路径进行了较为全面的综述；建立了突发公共事件长期影响我国宏观经济路径分析的理论框架；讨论了汶川地震、金融危机等多个具体的突发公共事件案例对全国或区域宏观经济的长期影响；并以东南亚金融危机对香港经济的长期影响为例实证分析了突发公共事件对经济增长的影响。

第四章"突发公共事件对我国宏观经济影响的 IMPLAN 模型分析及政策建

---

① Lee, Jong – Wha, McKibbin, Warwick J. , 2003, Globalization and Disease: The Case of SARS, *Asian Economic Panel Meeting*, May 20.

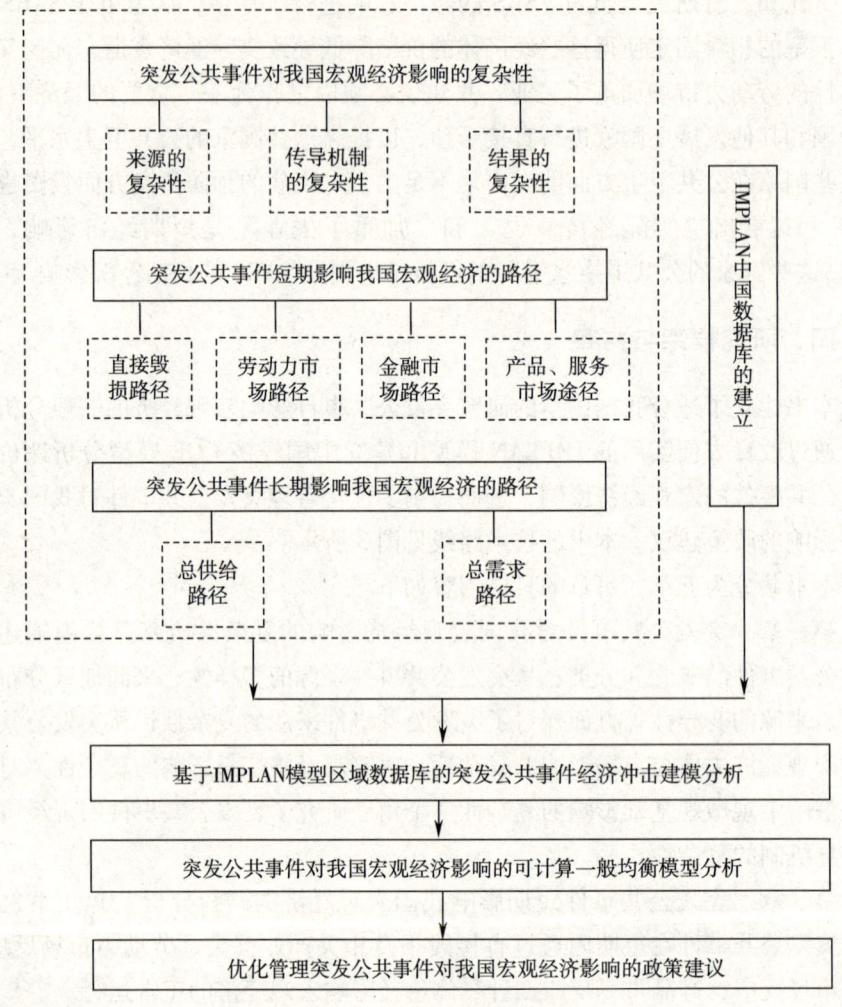

图 3   研究的技术路线图

议"尝试改进了美国的 IMPLAN 系统，使之适用于中国，并探索中国全国及地方 IMPLAN 数据库的建立方法；在此基础上建立了北京、上海、湖南、湖北、四川、浙江等省市的区域 IMPLAN 系统数据库；运用 IMPLAN 系统对不同区域的多个具体突发公共事件案例进行了建模分析，对比了突发公共事件造成的经济冲击在不同区域、不同行业间的差异；通过模拟突发公共事件造成直接影响，对各区域的关键性行业和易遭受突发公共事件经济冲击的行业进行了分析；并基于 IMPLAN 系统的分析结果提出了相应的政策建议。

第五章"突发公共事件对我国宏观经济影响的 CGE 模型分析及政策建议"

以中国宏观社会核算矩阵（SAM）为控制数据，编制了细化的社会核算矩阵，并运用 SAM 乘数理论分析了突发公共事件对各产业的影响；建立了中国经济的可计算一般均衡（CGE）模型，运用 GAMS 编程进行求解，对不同类型突发公共事件的宏观经济影响进行了模拟，并与 IMPLAN 系统的分析结果进行了比对，提出了相应的政策建议。

本书最后就突发公共事件对宏观经济影响的复杂性研究、长短期影响路径分析及影响结果评价得出结论并建议政府采取针对性原则和长短期政策相结合的原则对突发公共事件的宏观经济影响进行优化管理。

五、研究方法

本书采用实证分析、规范分析、案例分析等方法开展研究，并始终坚持理论联系实际和定性定量相结合的研究原则。

理论模型与中国实际相结合是本研究的基本出发点。本报告有效地将中国经济运行过程中的各种总量和结构数据嵌入到改良的 IMPLAN 模型和 CGE 模型的构建中，使我们构建的 IMPLAN 模型和 CGE 模型能够较好地模拟我国经济的基本特征。本书运用改良的 IMPLAN 系统和 CGE 模型，对我国突发公共事件的宏观经济影响进行计量分析，并对两种模型的分析结果进行对比，提出进一步完善模型的方案。

本书为对实际数据和理论成果进行分析和检验采用了一些计量经济学模型，如时间序列模型等对突发公共事件的宏观经济影响进行了实证分析。

定性研究与定量分析相结合是本研究的基本手段，本书首先运用各种宏观经济学理论、经济增长理论等，定性分析突发公共事件影响宏观经济的各种路径，在此基础上，运用各种定量分析工具进行计量分析，进而提出具有针对性的优化管理突发公共事件对我国宏观经济影响的政策建议。

由于国内外突发公共事件的案例较多，本书采用案例分析法对不同类型的突发公共事件案例进行了粗线条的对比分析。

六、研究边界

根据现实条件和理论需要，本书框定了明确的研究边界。

首先，本书的突发公共事件主要包括了国内外所发生的会对我国宏观经济产生影响的事件，即对突发公共事件影响的研究主要集中于其经济影响，而其他的影响譬如政治影响、军事影响等则不在我们研究的范围，同时对突发公共事件的经济影响研究也仅集中于宏观经济层面和国内层面。

其次，本书把突发公共事件的整体或一般，从各类"危机"研究中独立出来作为一个单独的研究对象。没有针对不同类别突发公共事件所造成的经济影响进行具体研究，也没有非常细致的区别和比较。这也是本书不同于国内外其他文献的一个重要方面。

七、创新与不足

本书的创新之处主要体现在如下三方面。

1. 首次将突发公共事件作为一个整体纳入宏观经济管理研究体系进行系统研究，建立了一个适合我国国情的研究突发公共事件影响宏观经济的一般分析框架，从而拓展了这一极具挑战性又极具应用价值的宏观经济管理研究领域。

2. 首次运用 IMPLAN 系统来分析突发公共事件的宏观经济影响，开创性地建立了 IMPLAN 系统中国宏观经济数据库和中国部分代表性省区的 IMPLAN 系统数据库。

3. 将 CGE 模型运用于中国突发公共事件分析，基于最新的中国投入产出表构建了细化的中国社会核算矩阵，并以此为基础建立 CGE 模型较为系统地分析了不同类型突发公共事件的宏观经济影响。

当然，必须承认，本书尚有不足之处。

1. 没有对突发公共事件造成的国内影响传导至国外再反作用于国内的引致影响进行分析。

2. 因为各省份统计数据的统计项目、口径和发布时间并不统一，我们受资源条件限制客观上不能获得全国各地的全面和最新数据，所以本书仅在可能范围内对我国东、中、西部 6 个代表性省份建立了 IMPLAN 系统数据库，而未对我国所有的省级区域建立 IMPLAN 数据库，因此未能作更为全面的区域间对比分析。

3. 由于所需要的部分原始数据（如 42 部门就业数据）无法直接获得，本书只能依据对应年份的相关数据（如《劳动统计年鉴》）采用相对合理的方法进行估计得到这些数据，虽对分析结论影响不大，但由此可能导致模型的估计结果与实际情况有所差异；类似地，本书所构建的 CGE 模型将中国宏观经济分成 6 部门进行简化处理，这也可能与国民经济的实际运行状况有所差异。

第一章

突发公共事件对我国宏观经济
影响的复杂性研究

本章研究的是突发公共事件对宏观经济影响的复杂性，为了说明这种复杂性，我们不妨以"蛛网的危机"模型来做了一个生动形象的类比。

在这个模型中，我们把宏观经济比喻成一张蜘蛛网，这张蜘蛛网上节点众多，比喻为宏观经济的不同主体与不同市场，蜘蛛丝比喻为这些主体与市场之间的关系及它们之间的各种宏观经济变量。而这张蜘蛛网现在面临着许多外在或内在的威胁。经济体以外的突发公共事件，我们比喻为有一颗石头冲破了蛛网，经济体内部爆发的突发公共事件，我们比喻为蛛网中有些部分不结实，发生了断裂。无论是石头冲破了蛛网还是蛛网自身断裂，都会引起整张蛛网的震荡，换言之，突发公共事件引致的严重紧急状态会对宏观经济造成冲击。这种震荡或者冲击的复杂性体现在三个方面：突发公共事件来源的复杂性、突发公共事件经济影响传导机制的复杂性以及突发公共事件经济影响结果的复杂性。

第一，突发公共事件来源的复杂性。按照本书关于突发公共事件的分类，现实社会中存在着四大类突发公共事件，而每一类突发公共事件又有多种来源。如自然灾害，就有地球以外的（小行星撞击）、大气的（飓风、暴雨、暴雪）、地表的（洪水、滑坡、泥石流）、地底的（地震、火山喷发）等；由于社会的复杂性（生产力与生产关系的复杂性），事故灾难和社会安全事件也会以各种各样的形式出现；由于致病菌种的复杂性以及人们生产生活方式和习惯的复杂性，同时由于人类对各种卫生因素的认识的局限性，各类新型的公共卫生事件和原有公共卫生事件以变异的方式层出不穷。同时，这种来源存在地区分布的差异性，也就是说不同地区的人们可能面临不同的突发公共事件，比如沿海地区的人们更易受到飓风、海啸等突发事件的影响，而内陆地区则更易受到干旱等突发事件的影响。这种地区分布差异性的存在对于研究突发事件的经济影响非常重要，突发公共事件爆发的地区不同，突发公共事件对宏观经济的影响也就不同，比如说，一次地震发生在人迹罕至的山区，可能对宏观经济影响较小，而同级别的地震若发生在经济繁荣地区，经济后果就将极为严重。此外，突发公共事件的来源在某种环境中可能会蔓延、变异，一个小事件可能引发大后果，进而对宏观经济造成大的冲击。用我们的蛛网危机模型来比喻，就是说导致蛛网破裂的原因是多方面的，外在的、内在的危机来源极多，并且蛛网不同局部面临的危机源是不同的，同时，在一定的条件下，危机源会变异蔓延，最后蛛网的破裂面会变得很大。所以，研究突发公共事件对宏观经济影响的复杂性，首先要分析的就是各类突发公共事件来源的复杂性，不同类型来源，不同地区的来源，会变异蔓延的来源给宏观经济造成的冲击是迥然不同的，是极为复杂的。

第二，突发公共事件经济影响传导机制的复杂性。当前的经济系统是开放的、紧密联系的经济系统，经济体的某一局部发生大的震动，会很快通过各类经济变量传导到其他部分，正如蛛网受到石子的撞击后，撞击中心区域首先发生大的震动，而蛛网其他部分也随之震荡。突发公共事件首先会对直接受影响的经济主体和市场造成冲击，而经济主体和市场又是复杂的，在宏观经济框架中，宏观经济主体主要有四类：本国居民、本国厂商、本国政府、外国人；宏观市场也主要有四大类：要素市场、商品市场、金融市场和国际市场，其中国际市场可进一步分为国际商品市场和国际金融市场。一次突发公共事件，往往不可避免地直接涉及各类经济主体和各类经济市场。与此同时，宏观经济变量也是多种多样的，并且彼此之间存在着内在联系，在宏观经济学框架中，经济总量、物价、就业、国际收支这些经济变量往往是彼此关联的，一旦其中一个变量直接受到突发公共事件的影响，其他变量肯定会受到后续的间接影响，由于经济变量多，变量之间的关系又非常微妙，所以突发公共事件经济影响的传导机制是复杂的。此外，突发公共事件经济影响还具有微观的基础，比如一次突发公共事件可能会对微观主体（消费者和厂商）的经济心理和经济行为造成大的冲击，并使其发生改变，那么中观的经济结构（行业和地区）也可能被动地发生改变，进而整个宏观经济格局发生变化。所以，研究突发公共事件对宏观经济影响的复杂性，重点要分析各类突发公共事件宏观经济冲击传导机制的复杂性，研究不同经济主体、不同经济市场、不同经济变量以及它们的微观和中观基础在面对突发公共事件时的反应与变化，这是一个极为复杂的过程。

第三，突发公共事件经济影响结果的复杂性。从已有的研究结论来看，我们会发现一个奇怪现象，同样一种突发公共事件，在不同的地区爆发，经济影响不一样。更奇怪的是，同一地区同一具体突发公共事件的经济影响，不同的研究人员的结论不一样。这种情况类似于两种情形：第一种情形类似于同样大小的一块石头以同样的能量撞击两张不同的蛛网，结果两张蛛网受损程度不同；第二种情形类似于同一块石头撞击了同一张蛛网，有的观众认为破洞较大，有的观众认为破洞较小，甚至于有的观众认为不仅没有损失，反而还使蛛网更结实了。这就是突发公共事件经济影响结果的复杂性。我们认为产生这些怪现象的原因主要有两大类：其一是经济系统的环境变量不一样，不同的经济系统本身是存在差异的，如中国的经济系统和美国的经济系统是有差异的，同时经济系统的环境变量是有差异的，比如日本的法律制度、文化习惯与欧洲相比是有差异的，这些差异使得同一类突发公共事件的经济影响结果迥异。其二是突发公共事件存在着时间延续的复杂性，一个突发公共事件发生后，会出现严重的紧急状态，这种状态在某种条件下可能会自发地发展，同时，针对这种紧急状态，政府往往会采取相应的措施，民众也会自发地展开活动来改善这种状态，可以说突发公共事件是一种典型的"冲击—恢复"机制。由于这两个方面的原因，不同的研究人员对同一具体突发公共事件经济影响的评价结果可能会发生差异，甚至于同一个研究人员在不同时期的评价结果也可能会发生差异，关键的原因在于研究人员在研究某一具体突发公共事件的经济影响时，考虑的时间范围有多长，是否考虑到了紧急状态本身的进一步发展，是否考虑到了恢复与重建工作的经济影响。用蛛网危机模型来比喻，当一颗石头撞击蛛网后，有人观察的是当时的破洞面积，有人观察的是破洞又进一步扩散后的面积，有人观察的是破洞修复后的情况，因此，不同的观察者结论不一样。所以，要研究突发公共事件对宏观经济影响的复杂性，非常有必要分析各类突发公共事件宏观经济结果的复杂性，这是恢复与重建工作的基础，是完善突发公共事件预警机制的数据基础。由于环境变量的差异和突发公共事件时间延续的复杂性，使得这种结果的评价异常复杂。

从"蛛网的危机"模型出发，本章的具体研究框架见图 1-1 所示。具体而言，本章拟从三个方面来研究突发公共事件的复杂性。首先，分析突发公共事件来源的复杂性，主要从来源的多样性、来源的地区分布差异性以及来源的变异性三方面进行研究；其次，分析突发公共事件经济影响传导机制的复杂性，主要从突发公共事件对宏观经济主体与市场影响的复杂性、突发公共事件对宏观经济变量影响的复杂性以及突发公共事件对宏观经济的微观和中观基础影响的复杂性等三方面进行研究；最后，分析突发公共事件经济影响结果的复杂性，主要从宏观经济系统的环境变量的复杂性以及突发公共事件经济影响时间延续的复杂性两方面进行研究。

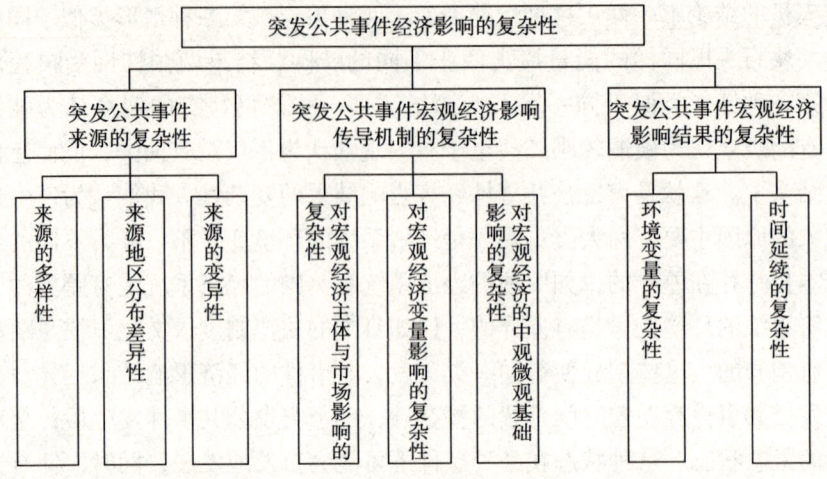

图 1-1　本章的研究框架

第一节　突发公共事件来源的复杂性

一、突发公共事件来源的多样性

2007 年 8 月 30 日第十届全国人民代表大会常务委员会第二十九次会议通过了《中华人民共和国突发事件应对法》，该法第一章"总则"第三条规定："本法所称突发事件，是指突然发生，造成或者可能造成严重社会危害，需要采取应急处置措施予以应对的自然灾害、事故灾难、公共卫生事件和社会安全事件。"这部法律并没有具体定义这四类突发事件，而此前我国于 2006 年 1 月 8 日发布的《国家突发公共事件总体应急预案》第一部分"总则"第三条"分类分级"对这四类突发事件进行了详细的定义，我们不妨从这些定义出发来分析突发公共事件来源的多样性。

（一）自然灾害来源的多样性

我国《国家突发公共事件总体应急预案》第一部分"总则"第三条"分类分级"对自然灾害作了如下定义："主要包括水旱灾害，气象灾害，地震灾害，地质灾害，海洋灾害，生物灾害和森林草原火灾等。"

《美国加利福尼亚州自然灾害救助法》第一章"总则"第五条"自然灾害"作了如下定义："自然灾害是指由于火灾、洪水、暴风、海啸、地震等自然原因导致的公共灾害及地方州长认定的对公共安全造成威胁的人为火灾"。

与我国《国家突发公共事件总体应急预案》相比，《美国加利福尼亚州自然灾害救助法》的规定相对简单，它只是列举了若干具体的灾害，并没有像我国那样对这些灾害进行分类。但是我国《国家突发公共事件总体应急预案》并没有对定义中的灾害类别作进一步说明，不过这种分类方法是有理论渊源的，1990 年地震出版社出版了全国重大自然灾害调研组编写的《自然灾害与减灾 600？》一书，将自然灾害分为七大类，具体分类如表 1－1 所示。

此外，《中华人民共和国突发事件应对法》第一章"总则"第三条规定："突发事件的分级标准由国务院或者国务院确定的部门制定。"我们查阅了国务院制定的《特别重大、重大突发公共事件分级标准（试行）》，在第一部分"自然灾害类"，它将自然灾害分为：水旱灾害、气象灾害、地震灾害、地质灾害、海洋灾害、生物灾害、森林草原火灾七类。这种分类，与表 1－1 的分类略有区别，把表 1－1 中"气象灾害"类的"干旱"和"洪涝灾害"合并为"水旱灾害"，同时用"生物灾害"取代了表 1－1 中的"农作物灾害"，基本上是把农作物病虫害和鼠害以及森林病虫害和鼠害合并为了"生物灾害"，再把"森林灾害"扩展到了"森林草原火灾"。

我们认为国务院制定的《特别重大、重大突发公共事件分级标准（试行）》对自然灾害的分类方法是合理的、务实的，对于防灾救灾工作的开展具有明确的指导意义。但由这种分类我们不难发现，自然灾害的来源非常多样化，具体的自然灾害种类繁多，见表 1－2 所示，我们可以将自然灾害分为四个层次。

表 1 –1　　　　　　　　　　自然灾害的分类

灾型	包括的主要灾种
气象灾害	热带风暴、龙卷风、雷暴大风、干热风、黑风、暴风雪、暴雨、寒潮、冷害、霜冻、雹灾及干旱等
海洋灾害	风暴潮、海啸、潮灾、海浪、赤潮、海冰、海水入侵、海平面上升和海水回灌等
洪水灾害	洪涝灾害、江河泛滥
地质灾害	崩塌、滑坡、泥石流、地裂缝、塌陷、火山、冻融、地面沉降等
地震灾害	地震引起的各种灾害以及地震诱发的各种次生灾害，如沙土液化、喷沙冒水、城市大火和河流、水库决口等
农作物灾害	农作物病虫害、鼠害、农业气象灾害等
森林灾害	森林病虫害、鼠害、森林火灾等

资料来源：全国重大自然灾害调研组．自然灾害与减灾 600？［M］．北京：地震出版社，1990．

表1-2　　　　　　　　　　　　　　自然灾害的层次

层次	自然灾害类别
外太空层	太阳黑子运动导致的灾害、小行星及其他太空物质导致的灾害
大气层	气象灾害
地表层	水旱灾害、地质灾害、生物灾害、森林草原火灾、海洋灾害
地底层	地震灾害

资料来源：全国重大自然灾害调研组．自然灾害与减灾600？［M］．北京：地震出版社，1990.

由表1-2可以看出，潜在的自然灾害来源非常多样，由外至内，有外太空的、大气的、地表的、地底的四大层次，每一层次、各种类别的自然灾害对人类社会经济的影响都是有差异的，自然灾害来源的复杂性加剧了它对宏观经济影响的复杂性。

（二）事故灾难来源的多样性

我国《国家突发公共事件总体应急预案》第一部分"总则"第三条"分类分级"对事故灾难作了如下定义："主要包括工矿商贸等企业的各类安全事故，交通运输事故，公共设施和设备事故，环境污染和生态破坏事件等。"从这个定义出发，很难穷尽所有的事故灾难，国务院制定的《特别重大、重大突发公共事件分级标准（试行）》第二部分"事故灾难类"将事故灾难分为：安全事故、环境污染和生态破坏事故两大类。其中安全事故又具体包括多人伤亡事故、航空器事故、公路铁路交通事故、水上港口突发事件、水电气大面积中断事故、通信中断事故、特种设备事故、群体活动拥挤踩踏事故。环境污染和生态破坏事故又具体包括环境污染致中毒或区域功能丧失、辐射污染、水污染、化学污染、核污染、转基因威胁、实验室细菌病毒污染、森林大面积毁坏等。

由此可见，随着人类科学技术的进步，各类设施效率越来越高，人们的生产生活对秩序的依赖性日益变强。与此同时，生产规模日益扩大，人类对各种能量的使用能力日益提高，但是由于完全控制这类能力的技术尚不成熟，人类的生命财产安全在众多的高能量、高杀伤力、高致病性威胁面前显得更为脆弱，可以预见的是，与人类科学技术进步伴随的是各类事故灾难层出不穷。而事故灾难来源众多，影响人类生产生活秩序和生命财产安全的原因数不胜数，许多看似小概率的事件一旦发生后果十分严重，不同来源的事故灾难造成的严重紧急状态是有特征性差异的，事故灾难来源的多样性加剧了它对宏观经济影响的复杂性。

（三）公共卫生事件来源的多样性

我国《国家突发公共事件总体应急预案》第一部分"总则"第三条"分类分级"对公共卫生事件作了如下定义："主要包括传染病疫情，群体性不明原因疾病，食品安全和职业危害，动物疫情，以及其他严重影响公众健康和生命安全的事件。"而我国国务院发布的《特别重大、重大突发公共事件分级标准（试行）》，在第三部分"公共卫生事件类"所列举的各类公共卫生事件，大体上与《国家突发公共事件总体应急预案》相同。

表面上看起来公共卫生事件的外延并不广泛，但从后果来看，情况绝非如此。首先传染性疾病种类很多，一些恶性传染性疾病导致的伤亡很大，14世纪流行于亚、欧、北非的黑死病使欧洲、中东和印度地区大约三分之一到二分之一的人口死亡。其次，公共卫生事件在对人们的生命健康造成威胁的同时，给社会造成的心理压力也是非常大的，特别是那些前所未见的疾病，如SARS引起了广泛人群的严重恐慌。再次，由于人们在生产和生活过程中与动物的接触在所难免，一些原本在动物间传染的疾病开始向人类传染，如2003年底以来几次袭击东南亚的禽流感，就有多人被感染，再如有人考证黑死病在印度的传染是以蚤为媒介的，是蚤把鼠疫传递到人类身上的。最后，现代社会的生产活动日益复杂，许多食品、饮料和药品都是经过多重加工而成，任何一道环节略有差池就会导致大的问题，如2008年中国奶粉污染事件。从这四个方面看来，公共卫生事件来源非常广泛，而不同来源的公共卫生事件对人类社会经济的影响肯定会有不同的特征。公共卫生事件来源的多样性加剧了它对宏观经济影响的复杂性。表1-3是20世纪死亡人数超过200人的公共卫生事件，这些事件的来源各不相同，公共卫生事件来源的复杂性由此可见一斑。

表1-3　　　　　　　20世纪死亡人数超过200人的公共卫生事件

时间	地点	致病原因	致病人数	死亡人数
1900年	英国曼彻斯特	啤酒含砷	不详	1 000人
1918年	欧洲和美国	西班牙流感	不详	1 000万—4 000万
1943年	美国洛杉矶	刺激性光化学烟雾	75%市民患红眼病	400人
1952年	英国伦敦	大气中二氧化硫等污染	8 000人	4 000人
1971年	伊拉克	误食农药浸泡的玉米、小麦	8万人	8 000人
1981年	西班牙	菜籽油食物中毒	2.5万人致残	600人
1989年	尼日利亚	假胰岛素	不详	300人

资料来源：李菊. 国外突发事件应急法律制度扫描［J］. 中国人大，2006（14）. 作者对内容略作增删并改为表格形式。

（四）社会安全事件来源的多样性

我国《国家突发公共事件总体应急预案》第一部分"总则"第三条"分类分级"对社会安全事件作了如下定义："主要包括恐怖袭击事件，经济安全事件和涉外突发事件等。"而我国国务院发布的《特别重大、重大突发公共事件分级标准（试行）》第四部分"社会安全事件"则进一步把社会安全事件分为六大类别，即群体性事件、金融突发事件、涉外突发事件、影响市场稳定的突发事件、恐怖袭击事件、刑事案件。

由此看来，社会安全事件的来源就非常广泛了，它可以来自于国内利益群体之间各种形式的冲突（群体性事件），也可以来自于国外势力的冲击（涉外突发事件）；它既可以来自商品市场领域（影响市场稳定的突发事件），也可以来自金融市场领域（金融突发事件）；它既可以来自恐怖主义对不特定目标的威胁（恐怖袭击事件），也可以来自小范围特定主体之间激烈冲突（刑事案件）。而无论是政治领域，还是经济领域、文化宗教领域以及社会群体或个体之间发生较大的冲突，其可能性都无法枚举，而且这些冲突都有可能以社会安全事件的形式表现出来，并且每一种来源的社会安全事件对社会经济的影响都是有特征性差异的，因此，社会安全事件来源的多样化加剧了它对宏观经济影响的复杂性。

二、突发公共事件来源地区分布差异性

突发公共事件的来源除了多样性以外，还有比较明显的地区分布差异性，自然灾害有明显的地区分布差异性是非常容易理解的，但是从一定的角度来看，事故灾难、公共卫生事件、社会安全事件也呈一定的地区分布特征。

（一）自然灾害的地区分布差异性

世界各地的气候条件、地质构造、地形地貌都有各自不同的特点，不同地区自然灾害的发生频率是不一样的，如地球就存在着明显的地震带分布，处于地震带上的地区地震的发生频率和能量等级都显著高于其他地区。

中国的自然灾害存在着较为明显的地区分布差异。如高庆华（2003）等研究表明，中生代以来的地壳运动与全球变化，不仅逐步演化形成我国迄今的地质环境、气候环境、海洋环境、自然地理环境、生态环境，而且由强大的地质构造带控制的山川分布格局及相关的环境分异，也基本决定了我国自然灾害空间分布的总貌。高庆华（2003）画出了中国网状灾害分布格局（见图 1－2 所示），并详细介绍了中国气象灾害、海洋灾害、洪涝灾害、地质灾害、地震灾害、农业生物灾害及森林生物灾害和森林火灾七大类自然灾害的地区分布特征，明确指出了哪些地区是何种灾害的高发区。

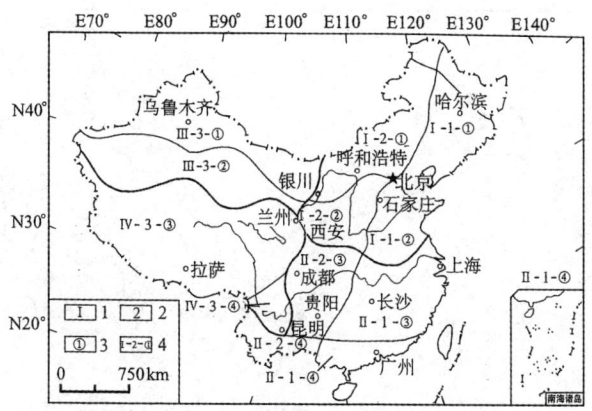

1—一级蕴灾环境区编号；2—近南北向蕴灾带编号；
3—近东西向蕴灾带编号；4—二级蕴灾区编号

资料来源：高庆华. 中国自然灾害的分布与分区减灾对策［J］. 地学前缘，2003（10）.

图1－2　中国自然灾变蕴灾环境综合区划略图

王静爱、史培军、赵雪蕾等人对1990—1994年中国自然灾害进行了统计分析，认为在这5年中，中国存在10个自然灾害集中分布区，即海南岛、东南沿海带（杭州湾以南）、苏北至胶东沿海带、云贵高原西南与东北北部、四川盆地、两湖平原、鄱阳湖平原、华北地区中部、陕北至宁夏中部及河西走廊一带、黑龙江省中部等，并画出了1990—1994年中国自然灾害分布点位图（见图1－3所示）。

（二）事故灾难地区分布差异性

按照通常的理解，事故灾难不应该存在地区分布差异性，因为任何地区发生事故应该都是随机的。但是事故灾难往往依附于厂矿地点和设施，而这些厂矿地点和设施是有地区分布的。比如说中国的煤矿分布具有明显的地区分布差异性，其结果是煤矿事故灾难就具有地区分布特点，由此引申，资源厂矿的事故灾难都具有地区分布特点。再比如说交通事故，由于各省的公路路况、经济状况、地形地貌、居民交通安全意识存在差异，导致交通事故灾难存在地区分布差异。2004年1月17日，公安部召开新闻发布会，通报了2003年全国交通事故灾难情况，在2003年发生的41起特大交通事故灾难中，东南沿海经济发达地区和西部山区事故多发。其中广东、贵州2省各发生4起，安徽、湖南、云南和甘肃4省各发生3起，这几个省区占到了当年特大交通事故灾难的一半左右。

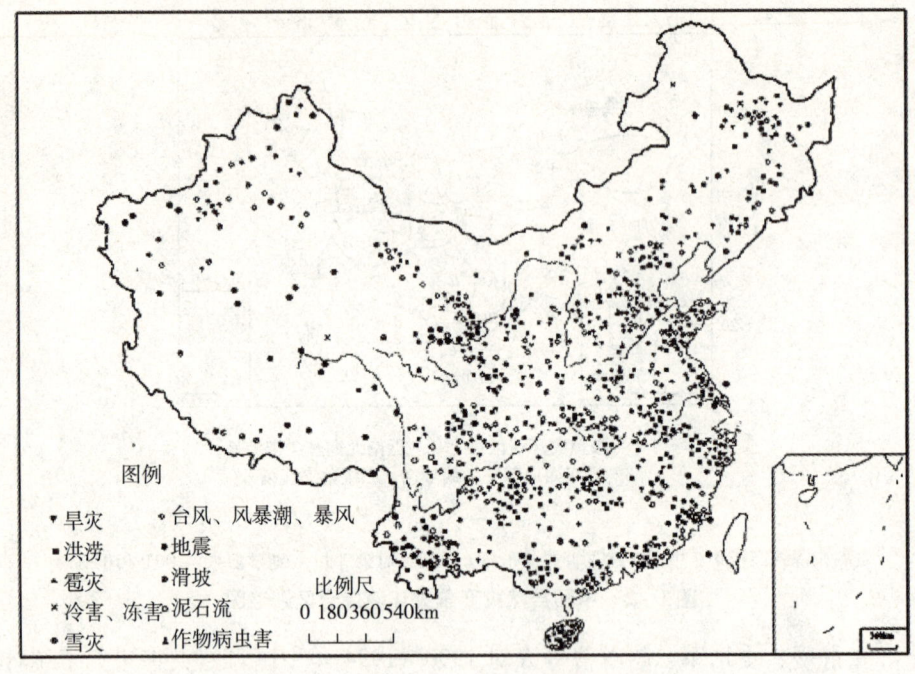

图例

- ▼ 旱灾
- ■ 洪涝
- ▲ 雹灾
- ✕ 冷害、冻害
- ● 雪灾
- ◉ 台风、风暴潮、暴风
- ● 地震
- ● 滑坡
- 泥石流
- ▲ 作物病虫害

比例尺
0 180 360 540km

资料来源：王静爱，史培军，赵雪雷. 中国近五年来自然灾害空间分布格局及期动态变化研究 [J]. 自然灾害学报，1997（3）.

图 1 - 3   1990—1994 年中国主要自然灾害点位图

行业分布的地区差异性也会影响到事故灾难的地区差异性，如爆竹行业主要集中于国内部分省区，前些年这些省区就发生了多起爆炸事故。另外一些关键设施选址的结果也会影响到事故灾难的地区差异性，如前苏联的切尔诺贝利核电站泄漏事件、美国三里岛核泄漏事故等。

（三）公共卫生事件的地区分布差异性

公共卫生事件存在着地区分布的差异性。特别是传染性疾病、动物疫情、食品安全等。气候往往是公共卫生事件的关键影响因素之一，由于气候差异，各类传染病菌在不同地区的存活能力和繁殖能力是有差异的，由此使得许多传染性疾病具有地区分布的差异性，如登革热等。气候差异也会对食品安全造成影响，炎热温暖地区往往食物更易变质，由此而引发的食品安全事件更频繁一些。

水源是公共卫生事件的另一个关键影响因素，不同地区由于经济发展水平不一样，地理地貌不一样，饮用水被污染的可能性是不一样的，如喀斯特地貌水源容易被环境污染，如果当地居民有饮用生水的习惯，那么水源性肠道感染就很有可能爆发。

　　动物疫情具有地区差异性和不同地区畜牧业发展情况相关，如草原地区是口蹄疫的多发区，而禽流感等动物疫情常发生在中国的南方。

　　公共卫生事件的地区分布差异性不是静态的，而是动态的，或者说这种地区分布差异性处于不断变化过程之中。例如，在我国历史上相当长的时期内，长江流域少有鼠疫流行，但是，"到20世纪初鼠疫在我国十分猖獗，一向少有流行的长江流域也受到传染，到了20年代才逐渐平息下来，但战乱及日本侵略军人为撒播鼠疫菌使我国鼠疫病灶剧增，再次形成流行高峰。长江流域在这次流行中所波及的地区比以往都多。解放初期，长江流域中下游地区已基本无鼠疫的存在。之后一直到20世纪80年代，除青藏高原长江源头疫源地外长江流域已没有鼠疫病例发生。20世纪80年代末至90年代，鼠疫在我国有回升之势，长江流域除青藏高原外虽没有人间鼠疫病例发现，但一些老疫区的鼠间鼠疫重新发生。"①

　　再比如彭文祥、张志杰、庄建林、周艺彪和姜庆五等研究了气候变化对血吸虫病空间分布的潜在影响，认为气温指标可以较好地划分血吸虫病流行区与非流行区，这样，通过对气温变化的预测，就可以进一步预测血吸虫病的空间分布，在此基础上，他们对2050年和2100年我国血吸虫流行区的演变进行了预测（如图1-4所示）。

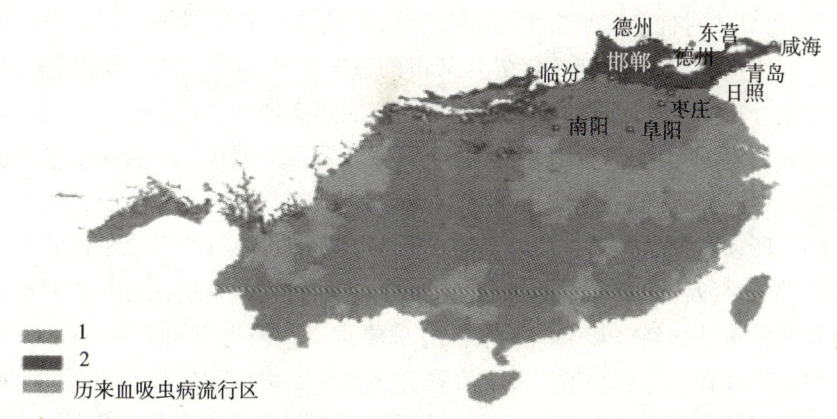

资料来源：彭文祥，张志杰，庄建林，周艺彪，姜庆五．气候变化对血吸虫病空间分布的潜在影响［J］．科技导报，2006（7）．

图1-4　2050年和2100年血吸虫病潜在的风险区

---

① 蒋玲，石云，龚胜生．长江流域近代鼠疫分布及流行特征的研究［J］．地方病通报，1997，12（3）．

（四）社会安全事件的地区分布差异性

各类社会安全事件是存在地区分布差异的，特别是群体性事件和恐怖袭击事件，这一特征尤其明显。群体性事件作为一种社会不同利益群体之间较为严重的冲突表现形式往往跟当地的政治环境、文化环境、宗教环境、经济条件等关系较为密切。2005 年 7 月 2 日，第三届两岸三地高校社会学研讨会在福州大学召开，在会上，来自香港科技大学的蔡永顺教授认为，当前中国正处于由于改革成本分摊极端不均所激发的社会矛盾高发期，城市群体事件发生较多是其突出表现。他通过对中国群体性事件的地区分布图表，揭示东北老工业基地城市发生的群体性事件相对最多。究其原因是中国改革成本的承担者相对集中于受计划经济影响较深、国有企业较多的省市，东北地区国有企业下岗与离退休人员较多，他们承受的改革成本最大，受损也最多，工人发泄的不满（如集体上访）也最多。

另外，从世界范围来看，极端民族分离主义势力比较强大和宗教环境比较复杂的地区，恐怖袭击事件也比较多发。如中东地区是恐怖袭击事件明显多发的地区。

具体到某一个城市内部，社会安全事件也是有地区分布的差异性的。颜峻、袁宏永、疏学明等人采用基于密度聚类（Density – based Clustering, DEN-CLUE）的算法对社会安全事件空间分布研究领域中的犯罪热点区域进行了研究。他们所用的数据是 1996 年 7 月某市的盗窃案件记录，利用聚类算法得到犯罪热点分析图，从图中可以直观地看到犯罪热点地区。①

由此可见，无论是整个世界、一个国家还是一个城市，社会安全事件的来源是存在地区性差异的。

综上所述，自然灾害、事故灾难、公共卫生事件、社会安全事件四类突发公共事件的来源都是存在着地区分布差异性的。研究这种地区分布差异性对研究突发公共事件的经济影响的复杂性有重要意义，因为不同地区的经济总量、经济结构是存在差异的，所以我们在研究突发公共事件的经济影响时，不能简单地研究某一类型的突发公共事件，还要把地区因素考虑进去，换言之，即便是同一类突发公共事件，如果发生在不同的地区，其经济影响可能大不相同，毫无疑问，这大大增加了突发公共事件经济影响的复杂性。

---

① 颜峻，袁宏永，疏学明. 社会安全事件空间分布研究 ［J］. 中国安全科学学报，2008，18 (7).

三、突发公共事件来源的变异性

除了多样性和地区差异性特征之外，突发公共事件的来源还存在很强的变异性，这种变异性表现在两个方面：一是突发公共事件有可能由小变大；二是一种突发公共事件可能演变为另一种突发公共事件。

（一）突发公共事件程度的变异性

有些突发公共事件发生初期影响的范围比较小，影响力也比较有限，但是由于多方面的原因，这些突发公共事件可能会迅速蔓延并发展成影响范围很大、影响力很强的突发公共事件。

1988 年的抢购风潮是一次典型的由小变大的突发公共事件。[①] 1988 年 3 月，国家即将对一些主要农副产品零售价格进行调整的消息传出，一些大城市居民出于对涨价的担忧，开始抢购商品，刮起了 1988 年第一波抢购风潮，国营商场的肉、蛋、糖、食盐、食用油、肥皂、火柴在较短时间内被抢购一空。此时的抢购还主要集中在北京、上海、南京等大城市，但是 5 月国家决定放开四种主要副食品的零售价格，人们认为这是对此前传言的证实，抢购之风又起，这一次绝大部分商品的价格都随着人们的不理性抢购而大幅上涨，而不仅仅是政府规定的那四种主要副食品。此时的抢购品种还比较集中，大多是一些人民生活所需的副食品和日常生活用品，但是 7 月 28 日，国家决定对 13 种名烟名酒放开市场价格，当日起，全国各大城市出现了抢购名烟名酒的风潮，北京、上海、天津等地的商店在开门几小时内，库存的烟酒就被抢购一空。这样，抢购的品种进一步扩大。但是情况的发展还在继续，8 月 19 日，中央人民广播电台播发"价格闯关"的消息，当天就出现了抢购狂潮，抢购的范围不仅仅是副食品、日常生活用品、烟酒等商品，彩电、冰箱、自行车等商品也成了抢购的对象，总共涉及 50 个人类 500 多种商品。抢购的范围不再仅仅发生在大城市，而且迅速席卷全国中小城市和部分农村地区。抢购的直接结果是零售商品总额增幅迅速提高，当年 8 月社会商品零售总额 636. 2 亿元，比上年同期增长 38. 6%；同时物价大幅上涨，1988 年全国零售物价指数比 1987 年上升了 18. 5%。

除了这些直接后果外，1988 年的抢购风潮也导致了银行储蓄存款的挤兑风潮，不仅挤兑活期存款，而且挤兑未到期的定期存款。当年 8 月城乡储蓄存

---

① 程美东. 透视当代中国重大突发事件（1949—2005）［M］. 北京：中共党史出版社，2008：145 - 160，此案相关数据也全部来自于该文。

款减少 26.1 亿元，其中定期减少 27.8 亿元，活期增加 1.7 亿元。这样，抢购风潮这个"影响市场稳定的突发事件"就进一步酿成了"金融突发事件"，北京、上海、南京、武汉、长沙等地的挤兑导致部分银行金库告急，不得不强行决定在几天之内停止取款，一些储户对此不满，情绪激动之下掀翻了储蓄所的柜台，事件紧张程度进一步升级。

此外，还有一些后续的较为严重的后果：由于物价上涨过快，通货膨胀严重，上海一些居民把人民币兑换为外币作为保值手段，于是黑市的外币行情大涨。

总体上来讲，这一次突发公共事件属于社会安全事件，但是这种社会安全事件的严重程度是不断升级的，由开始几个大城市的抢购发展到席卷全国的抢购风潮，由不多的商品种类发展到许多商品种类，由影响市场稳定的突发事件发展为金融突发事件（挤兑，黑市外币大幅升值），甚至发展为群体性事件（挤兑储户掀翻储蓄所柜台）。

这个案例有力地说明，突发公共事件是可以由小到大变异的，这种变异性加大了突发公共事件经济影响的复杂性，因为众多不可预测的因素，某一突发事件可能会发展到何种程度难以确定，由此，这一事件会通过何种路径产生何种程度的经济影响就难以确定了，进一步地，采取何种措施来应对这种经济影响也就变得难以决策了。

（二）突发公共事件类型的变异性

在一些情形下，一种突发公共事件可能衍生出另一种突发公共事件，这样，政府要处理的就不再是一类突发公共事件，而是两类或更多类型的突发公共事件，而且这些类型的突发公共事件之间还存在密切的联系，一类事件的处理会影响另一类事件的处理。

池州"6·26事件"就是一个典型的案例。① 2005 年 6 月 26 日下午 2 时 40 分左右，在池州一个菜市场门口发生了一起普通的交通擦碰事故。一浙江投资商吴某的汽车将当地一中学生刘某剐伤，刘某要求吴某送其到医院检查，而吴某则反过来要求刘某赔偿，继而发生争吵，争执中，刘某打了汽车的倒车镜，吴某于是指使车上另一人员（据说是吴某的保镖）对刘某进行殴打，并扬言"打死人无非就是赔几万块钱！"，这种行径引起了一些摩的司机的强烈反感，双方又发生了冲突，有人拨打 110 报警。

---

① 程美东. 透视当代中国重大突发事件（1949—2005）［M］. 北京：中共党史出版社，2008：188－196，此案相关数据也全部来自于该文。

　　如果警方处理得当，这一事件可能就此结束，一件普通的交通事故，纳入事故灾难中的"安全事故"都比较牵强，因为受伤较轻，财产损失也较小。即便为后来的打斗事件定性，至多只是社会安全事件中的"群体性事件"，因为没有人死亡，受伤也并不严重。

　　但是事情的发展出乎大家意料，九华路派出所接警后，派人赶到现场，将受伤的刘某送池州市第一人民医院急诊室就诊。围观市民指认车上乘坐者就是凶手，民警没有给肇事者带手铐，也没有将他们抓上警车，而是直接开着肇事者的车离去，据称是带到九华路派出所接受调查。这一细节引起了现场部分围观群众的猜疑与不满，认为警方有偏袒外地开发商之嫌，于是跟到九华路派出所，关注和了解事态发展，在派出所门口，据称为吴某的保镖的乘客当着民警的面拿出管制刀具，警察没有进行任何处理，于是群情激昂，强烈要求严惩凶手。

　　围观在外的群众越来越多，谣言迅速传播，主要有两个：吴某说了，打死一个安徽人，不就是 30 万元的事嘛；另一个是说，中学生刘某已不治身亡了！两种说法深深地刺激了约 2 000 名围观群众，而在警方劝解过程中，有民警不注意方法，态度粗暴，这似乎更加证实了群众的猜疑，于是围观群众与民警之间发生了争执与冲突。

　　从下午 4 点到晚上 6 点，围观群众与警方一直对峙，下午 6 点左右，现场秩序出现失控，部分围观群众开始推砸肇事车辆，并掀翻在地，与此同时，围观的群众越来越多，现场指挥人员开始大量调集武警部队，同时出动了消防车等大型装备。这使得现场群众更加反感，有人趁乱点燃了轿车，乱扔石块、鞭炮，引起了骚乱，此后情况迅速恶化，有武警战士被石块砸伤，派出所受冲击，宣传车和警车被冲击，附近的一家超市一楼被不法分子哄抢。就这样，一起简单的交通事故纠纷发展成为一起严重的群体性事件。相应地，本来几乎没有什么经济影响的小事故经过演变成大事件后，经济后果十分严重。

　　如果说这是一起由安全事故变异为社会安全事件的案例，那么，2007 年 8 月山东新汶煤矿透水事故则是一起由自然灾害引发的事故灾难的案例。2007 年 8 月 15 日夜间开始，山东新汶突降暴雨，山洪暴发，导致柴汶河东都河堤被冲垮。8 月 17 日 14 时洪水涌入华源煤矿致该矿 172 人被困井下，同样原因导致新泰市名公煤矿 9 人被困矿井下。后来，这 181 人被认定无生还可能。[①]另外，公共卫生事件也可以引发社会安全事件，有文章记载，1998 年荆州市

①　黄毅. 由自然灾害引发事故灾难的思考［J］. 现代职业安全，2007（10）.

某酒店发生一起食物中毒事件，卫生部门当即采取了行政控制措施，责令该酒店立即停止营业并派监督员进行监督。当天晚上有一对新婚夫妇在该酒店预订了 15 桌酒席宴请宾客，由于该酒店不能提供宴席且通知时间较迟临时不能更改地方，遂演变为社会安全事件，愤怒的人群聚集在酒店见人就打、见东西就砸，打伤 3 人，酒店直接经济损失 20 多万元。①

除此以外，自然灾害还能引发社会安全事件，自然灾害有可能激化不同群体之间的矛盾，进而发生社会安全事件；自然灾害也可以引发公共卫生事件，如历史上，中国大灾之年有大疫的情况并不少见，因为自然灾害导致人们的生活环境和生活水平大受影响，一些传染性疾病大为流行；事故灾难也可能引发公共卫生事件，如 1984 年 12 月 3 日，印度博帕尔农药厂发生毒剂泄漏事件，含毒烟雾扩散到附近村庄，致 20 万人中毒，2 500 人死亡。②

由此看来，不同种类的突发公共事件之间在一定的条件下可能相互触发，这种变异性加大了突发公共事件经济影响的复杂性，因为某一事件是否会引发何种类型的另一事件是不确定的，这样，对这一突发公共事件的经济影响的评估及应对就变得十分困难了。

第二节　突发公共事件宏观经济影响传导机制的复杂性

一、突发公共事件对宏观经济主体与市场影响的复杂性

（一）宏观经济主体与市场框架

在开放的宏观经济框架中，一共有四大主体：居民、厂商、政府和外国人，这四大主体之间形成了四大市场：商品与服务市场、要素市场、金融市场和国际市场。

在商品与服务市场上，居民是商品与服务的需求者和报酬的支付者。而厂商是商品与服务的供应者和商品与报酬的获取者。

在要素市场上，居民是要素的提供者和要素报酬的获得者；而厂商是要素的需求者和要素报酬的支付者。

---

① 唐德军，聂刚，彭淑琴. 防止食物中毒事件转变为社会安全事件［J］. 中国公共卫生管理，2007，23（6）.

② 李菊. 国外突发事件应急法律制度扫描［J］. 中国人大，2006（14）.

金融市场是把储蓄转化为投资的市场，是资金盈余单位向资金赤字单位提供资金融通的市场。

国际市场又分为国际商品与服务市场和国际金融市场，国际商品与服务市场是不同国家各类主体之间商品与服务交换的市场，而国际金融市场是不同国家各类主体之间资金融通的市场。

而政府则通过对居民和厂商征税与转移支付，在商品与服务市场上支出以实行政府购买、跨国采购与跨国投资并加入到宏观经济体系。

（二）突发公共事件对宏观经济主体影响的复杂性

各类突发公共事件对宏观经济的四大主体之间存在着或大或小的影响，要说明的是，这里我们是把这四大主体作为宏观经济主体来考虑，并不涉及四大主体的微观行为基础。

1. 突发公共事件对居民的影响

突发公共事件会对居民的消费与储蓄造成影响。其对消费的影响是相当复杂的，既可能有消费总量的影响，也可能有消费结构的影响，更为重要的是不同突发公共事件的影响可能大相径庭。一般说来，各类突发公共事件会影响一国居民的消费总量，因为这些事件或多或少会使得居民的财产直接毁损或是收入出现下滑，如有人对以色列的恐怖袭击事件对消费的影响进行了研究，其结果是：与 2004 年车祸影响相当的恐怖袭击使得人均年消费减少了5%。①该文章还通过收集的数据绘制成图形描绘了恐怖袭击对非耐用品消费的影响，见图 1−5 所示。到 2004 年第三季度，如果没有恐怖袭击，人均非耐用品的消费显著要高。如果恐怖袭击按 2002 年第四季度到 2003 年第三季度的水平持续，到 2005 年第三季度，与没有恐怖袭击的基准相比，人均非耐用品消费每年会降低1%。突发公共事件对居民的消费结构有影响非常容易理解，因为某一突发公共事件发生之后，面对某种紧急状态，人们会调整消费结构，以便缓解这种紧急状态，比如说公共卫生事件发生后，人们会增加医疗卫生方面的支出。

至于对居民储蓄的影响，对于不同突发公共事件应作不同的分析。比如在上述分析以色列恐怖袭击的经济影响的文章中，作者认为恐怖袭击降低了人们储蓄的意愿，因为恐怖袭击导致的死亡概率的提高降低了人们储蓄的动机。但是又有人研究了自然灾害对储蓄的影响，研究结果表明，一般而言，其他影响

---

① Eckstein, Z. and Tsiddon, D. , 2004, Macroeconomic Consequences of Terror: Theory and the Case of Lsrael, *Journal of Monetary Economics*, Vol. 51, pp. 971 − 1002.

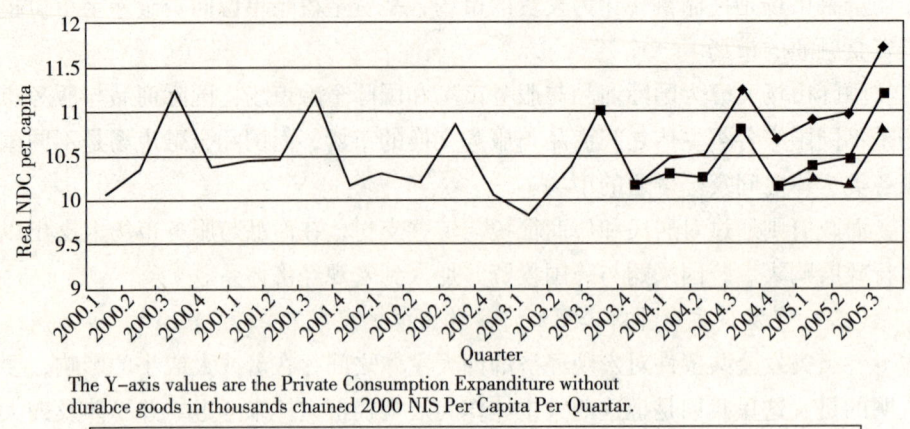

The Y−axis values are the Private Consumption Expanditure without durabce goods in thousands chained 2000 NIS Per Capita Per Quartar.

◆ No terror   ■ Terror until 2004：3   ▲ Terror until 2005：3   —— Actual

资料来源：Eckstein, Z. and Tsiddon, D. , 2004, Macroeconomic Consequences of Terror：Theory and the Case of Israel，*Journal of Monetary Economics*，Vol. 51, pp. 971 – 1002.

图 1 – 5   恐怖袭击对以色列非耐用品消费的影响

储蓄率的变量不变时，地质和气候灾难导致的损失与家庭储蓄率之间有显著的正相关性（见图 1 – 6 所示）[1]，这是因为，风险管理政策和保险市场没有提供有效充分的保护，人们不得不提高储蓄率以应对不测。

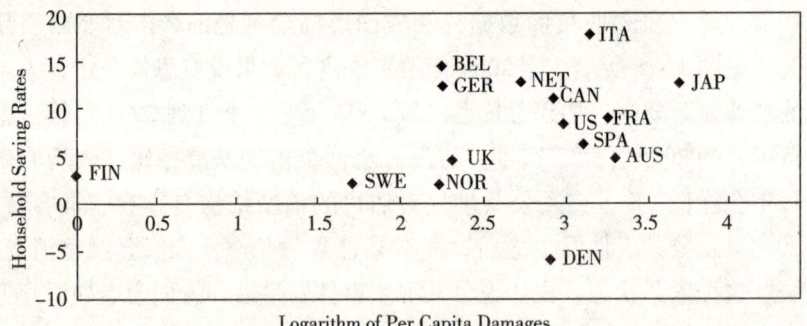

资料来源：Skidmore, M. , 2001, Risk, Natural Disasters, and Household Savings in a Life Cycle Model，*Japan and the World Economy*，Vol. 13, pp. 15 – 34.

图 1 – 6   自然灾害损失与家庭储蓄率之间的关系

---

① Skidmore, M. , 2001, Risk, Natural Disasters, and Household Savings in a Life Cycle Model，*Japan and the World Economy*，Vol. 13, pp. 15 – 34.

要说明的是，居民的消费与储蓄之间是有关系的，在收入一定的情况下，储蓄少一点，消费就会多一点，那么这里就存在更复杂的问题了，因为如果恐怖袭击降低了储蓄率，那么应该会拉高消费才对，怎么对以色列的分析中，储蓄和消费都降低了呢？这是因为，储蓄降低导致利率上浮，投资下滑，进一步导致产出下降，最后消费降低；反过来说，如果自然灾害提升了储蓄率，那么相应地，利率下降，投资升温，产出增加，消费增加。如此看来，突发公共事件对消费和储蓄的影响最终结果相当复杂，不同类型的突发公共事件，影响不一样，同一突发公共事件，对消费与储蓄的短期与长期影响不一样。因此，对这一领域的研究更要深入细致，不可一概而论。

2. 突发公共事件对厂商的影响

突发公共事件对厂商的投资会产生影响，这种影响或许是间接的，如前所述，突发公共事件对居民的储蓄有影响，导致了利率的变化，进而使得投资发生变化；这种影响也可能是直接的，因为突发公共事件可能会对厂商的固定资产投资造成直接毁损，如果要恢复生产能力，对固定资产的投资在所难免。在某些情况下，突发公共事件会对某些行业提出较为紧急的投资需求，如 SARS 期间，为了有效控制病情，更好地治疗患者，中国政府在极短的时间内在北京小汤山修建了一所临时医院。

图 1-7 是恐怖袭击对以色列投资的影响，如果恐怖袭击按 2002 年第四季度到 2003 年第三季度的水平持续，到 2005 年第三季度，与没有恐怖袭击的基准相比，人均投资水平每年会下降 10%[①]。

3. 突发公共事件对政府的影响

突发公共事件对一国政府在三大方面产生影响：税收、政府购买和转移支付。由于突发公共事件一般而言对一国的产出会有负面影响（后文将详细分析），很自然地政府的税收会受到影响。图 1-8 是研究人员基于 14 个中低收入国家的财政状况分析而绘出的图表，在图中，可以明显看出，与冲击前相比，冲突时期和冲突后，国家的财政收入明显减少。[②]

突发公共事件对一国政府的政府购买有或大或小的影响。原因有两个方面，其一是当突发公共事件给　个国家的某一部分或整体造成一种紧急状态之

① Eckstein, Z. and Tsiddon, D. , 2004, Macroeconomic Consequences of Terror: Theory and the Case of Israel, *Journal of Monetary Economics*, Vol. 51, pp. 971 - 1002.

② Gupta, S. et al. , 2004, Fiscal Consequences of Armed Conflict and Terrorism in Low - and Middle - Income Countries, *European Journal of Political Economy*, Vol. 20, pp. 403 - 421. 其资料来源：IMF, World Economic Outlook; World Bank, World Development Indicators 2001; and IMF Staff calculations.

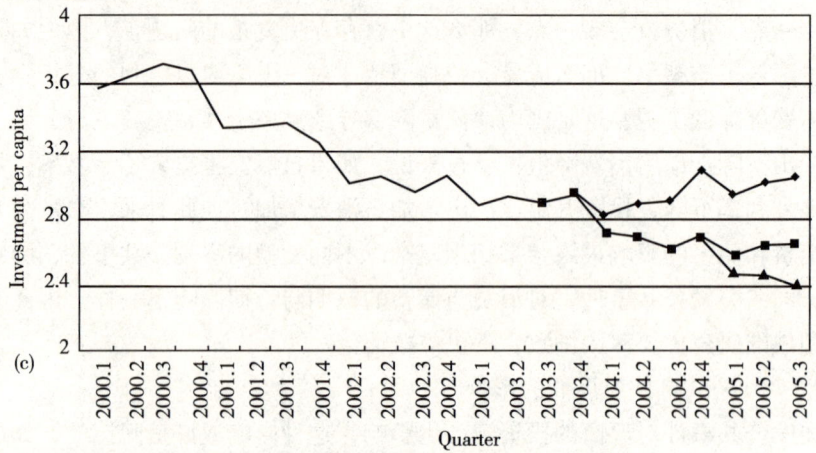

(c)

The Y-axis values are the Total Fixed Capital Formation without
Ships and aircraft in thousands chained 2000 NIS Per Capita Per Quarter.

资料来源: Eckstein, Z. and Tsiddon, D. , 2004, Macroeconomic Consequences of Terror: Theory and the Case of Lsrael, *Journal of Monetary Economics*, Vol. 51, pp. 971 – 1002.

图 1 – 7　恐怖袭击对以色列人均投资的影响

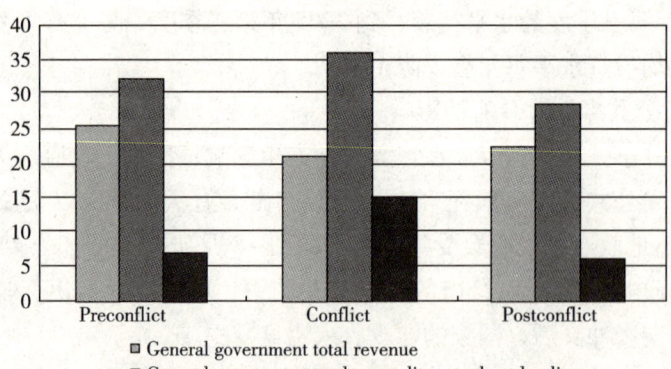

资料来源: Gupta, S. et al. , 2004, Fiscal Consequences of Armed Conflict and Terrorism in Low – and Middle – income Countries, *European Journal of Political Economy*, Vol. 20, pp. 403 – 421. 其资料来源: IMF, World Economic Outlook; World Bank, World Development Indicators 2001; and IMF Staff calculations.

图 1 – 8　武装冲突对财政状况的影响

后，政府当局会增加某一方面的政府购买来应对这种紧急状态；其二是紧急状态解除之后，政府为了有效地预防这种突发公共事件再次发生或者减轻该类事件再次发生后的损害，往往会增加防止这种突发公共事件发生方面的政府购买。图1-9是武装冲突对一国政府购买的影响[①]，从图中我们可以发现，在冲突前和冲突中，一国的国防支出占GDP的比例（纵轴）大大增加，直到冲突后才有所下降。

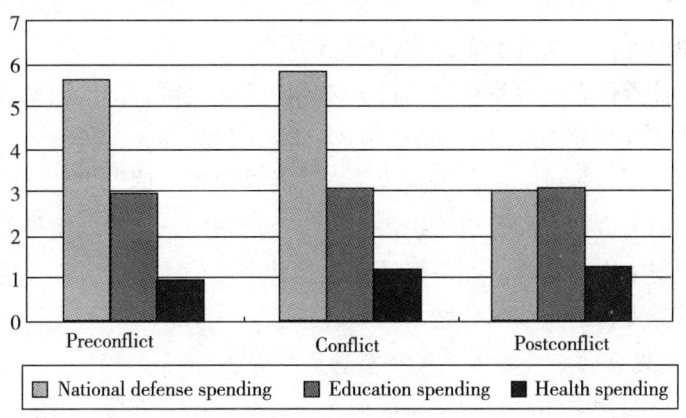

资料来源：Abadie, A. and J. Gardeazabal, 2008, Terrorism And The World Economy, *European Economic Review*, Vol. 52, No. 1, pp. 1 – 27.

图1-9　武装冲突对政府购买支出的影响

突发公共事件会直接对外国造成影响，这是因为某些突发公共事件本身具有跨国性，如1986年4月26日，俄罗斯的切尔诺贝利核电站发生了核泄漏事故，事故的辐射云在5天内向西北方向扩散到了波兰、波罗的海国家、芬兰、挪威和瑞典的部分地区，总体而言，500万到1 000万人的生活或多或少地受到了影响，切尔诺贝利泄漏出来的铯的10%沉降到瑞典。[②] 再如2007年2月爆发在美国的次贷危机，经过一年多的传播，到2008年已经演变成了世界性的大金融危机，席卷亚欧，大洋洲、非洲和拉美也未能幸免，给这些地区大大小小的经济体以沉重的打击。再如2003年底爆发的东南亚禽流感，蔓延的国

---

① Gupta, S. et al., 2004, Fiscal Consequences of Armed Conflict and Terrorism in Low – and Middle – Income Countries, *European Journal of Political Economy*, Vol. 20, pp. 403 – 421. 其资料来源：IMF, World Economic Outlook; World Bank, World Development Indicators 2001; and IMF Staff calculations.

② Hanemann, W. Michael et al., 1992, Natural Resources Damages from Chernobyl, *Environmental and Resource Economics*, Vol. 2, pp. 523 – 525.

家达 15 个之多。

突发公共事件也会间接对外国造成影响。一方面一国发生突发公共事件之后，该国的收入水平一般会下降，由于回荡效应，该国对他国的进口会减少，进而影响他国的经济增长；另一方面，某国发生突发公共事件之后，跨国投资者会重新评估该国的投资风险与收益水平，进而可能改变投资方向。如有研究表明，恐怖主义除了增加投资的不确定性以外，还降低了投资预期投资收益率，这又导致大规模的资本跨国界转移，平均而言，恐怖主义风险每上升一个标准差，净国外投资头寸会下降 GDP 的 5% 。[①]

突发公共事件在一国发生，通过上述两个传导机制，其他国家多少会受到影响，因此合理有效地应对突发公共事件对整个世界而言，具有公益性和外部性，所以当今世界各国大多认识到这一点，并针对某一国发生的突发公共事件往往并不是袖手旁观，而是纷纷提供力所能及的帮助，以协助事件发生国尽快地从紧急状态中恢复正常。经济援助往往是其中一个重要的方面，这构成了一国政府单方面支付的主要部分之一。

（三）突发公共事件对宏观经济市场影响的复杂性

宏观经济四大主体之间的交易活动，都要在市场上进行，突发公共事件对宏观经济市场也不可避免地造成了影响。

1. 突发公共事件对商品和服务市场的影响

如前所述，突发公共事件对居民消费和厂商投资一般有负面影响，这样不可避免地会使商品和服务市场交易总额萎缩。除了总量的影响之外，突发公共事件还对商品和服务市场有结构性的影响。如自然灾害发生后，对医疗、基本生活用品、食品和救灾物资的需求会大大增加，自然地要求这类商品和服务的供应商加快生产。再如，公共卫生事件发生后，对医疗卫生防疫类的商品和服务需求将大增。而不论是总量还是结构的影响，都将反映到交易的价格上来，价格或涨或跌当前没有定论，不同的事件，不同的商品的价格反应是不一样的，后文将进一步分析。

2. 突发公共事件对要素市场的影响

突发公共事件对要素市场的影响分为两个层次。首先，突发公共事件直接影响要素市场的供求和价格。如中东地区多次局势的紧张都带来了原油价格的上涨，其原因在于中东地区是世界主要的产油区，该地区一旦局势不稳定会导

---

① Abadie, A. and J. Gardeazabal, 2008, Terrorism And The World Economy, *European Economic Review*, Vol. 52, No. 1, pp. 1 - 27.

致原油供给减少，价格上涨也就在所难免了。其次，突发公共事件会间接影响要素市场的供求和价格。如 2007 年 2 月爆发于美国的次贷危机逐渐蔓延成了席卷全球的金融危机，由于人们纷纷预期经济增长放缓，对原油的需求下降，国际原油价格迅速下跌，到 2008 年 12 月 8 日，纽约商品交易所 2009 年 1 月交割的原油期货价格下跌 2.86 美元至每桶 40.81 美元，创下自 2004 年 12 月以来的最低收盘价格，比较 2008 年 7 月 3 日创下的 147.27 美元的历史高位，已经累计跌去 72.3%[①]。劳动力市场也是如此，美国劳工部于 2008 年 12 月 5 日发表报告说，2008 年 11 月份美国就业形势全面恶化，失业率升至 6.7%，为 15 年来的最高点。

3. 突发公共事件对金融市场的影响

如前所述，突发公共事件会影响到储蓄与投资，所以突发公共事件对金融市场会造成影响。由于储蓄与投资的变化，利率将随之而变化，利率这个金融市场的核心变量改变之后，证券市场和外汇市场都不可避免地会受到影响。有研究文章采用了逐日数据来分析证券市场和外汇市场对恐怖袭击的反应，分析显示，自杀式袭击和伤亡人数对证券市场和外汇市场都有长期影响，但是袭击的地点对两个市场都没有影响。[②]

4. 突发公共事件对国际市场的影响

突发公共事件对国际商品与服务市场是有影响的。这可以从两个方面来解释：一是突发公共事件直接影响国际商品与服务市场，特别是公共卫生事件，如禽流感和疯牛病，使得相关产品，如活禽和牛肉的进出口贸易大受影响；二是突发公共事件间接影响国际商品与服务市场，因为一些突发公共事件发生后，一国的收入下降，这一般会导致该国的进口下降。有研究结果表明，恐怖事件减少了双边贸易量，恐怖事件的数量增加一倍的话，双边贸易减少 4%。[③]

突发公共事件对国际金融市场也是有影响的。当前的国际金融市场高度一体化，使得一些较为严重的金融突发事件本身具有国际传导性，如 2007 年 2 月爆发的美国次贷危机，很快席卷了全球主要经济体。即便不是金融突发事件，其他类型的突发公共事件也可以影响国际金融市场，这种影响一般是通过

---

① 高健. 国际原油期价跌至 40 美元　上周累计跌幅高达 25% ［R］. 中国证券报，2008 - 12 - 08.

② Eldor, R. and R. Melnick, 2004, Financial Markets and Terrorism. *European Journal of Political Economy*, Vol. 20, pp. 367 - 386.

③ Nitsch, V. and D. Schumacher, 2004, Terrorism and International Trade: An Empirical Investigation, *European Journal of Political Economy*, Vol. 20, pp. 423 - 433.

两个核心的变量对国际金融市场造成影响。一个核心变量是利率，它一般影响直接投资，要说明的是这里的利率不是单纯的利率的高低，而是与某国投资风险相关联的利率，如果某国发生突发公共事件的可能性提高，那么投资者就会重新评估该国的风险收益关系，进而可能影响该国的净投资头寸。另一个核心变量是汇率，它一般影响证券市场，当一国汇率低估时，持有该国证券以待汇率恢复正常时，获得汇率上升带来的好处。关于非金融突发事件是否对汇率产生实质性影响，从现有的研究结果来看存在分歧。有研究表明，这种影响为期很短，只在突发公共事件发生近几日内对汇率有影响，如有人研究了"9·11"事件对欧元和美元汇率的影响，虽然有一些变量，如波动性和买卖价差在事件发生期间变大了，但是数据没有结构性改变，并且这种冲击仅仅只维持了2天。[①] 而另外有一些研究表明，突发公共事件对汇率存在较长时期的影响，如 Kugler 和 Weder（2005）观察到，考虑汇率方面可观测的变动，长期以来用瑞士法郎标价的资产的利率比用其他主要货币标价的存款的利率低。他们在小概率灾难框架内解释说，这是因为投资者们都预期瑞士法郎会对一次尚未发生的灾难事件作出反应而对其他货币升值——可能是一场大的战争。[②] 他们的研究表明汇率对利率平价偏离的原因就是这种小概率灾难对人们预期的影响。

突发公共事件对国际商品与服务市场和国际金融市场的影响是有关联的，这是因为汇率的变化会影响国际商品与服务贸易，而后者的失衡又会影响汇率，所以，一旦一种均衡被较长时间打破，后续的变化与影响都将是十分复杂的。

以上我们分析了突发公共事件对宏观经济主体与市场的影响，宏观经济主体和它们之间构建起来的各种市场或多或少地会受到各类突发公共事件的影响，不同的突发公共事件影响的点和面可能有所区别，但可以肯定的是，由于经济主体和宏观经济市场的多样性以及它们之间关系的复杂性，这种影响会非常复杂，以至于我们很难简单地按几个大类来分析它们的影响，可能每一个子类的突发公共事件发生在不同的地点，对宏观经济主体和市场的影响都是大相径庭的。

① Mende, Alexander, 2006, 09/11 on the USD/EUR Foreign Exchange Market. *Applied Financial Economics*, Vol. 16, No. 3, pp. 213–222.

② Barro, Robert J., 2005, Rare Disasters and Asset Markets in the Twentieth Century, *Working Paper*, December 4.

二、突发公共事件对宏观经济变量影响的复杂性

在经典的宏观经济学研究框架中，人们长期以来集中注意力于几个关键的宏观经济变量，通过这几个宏观经济变量，人们可以发现宏观经济主体在宏观经济市场中的行为特征与结果。前文我们已经较详细地分析了突发公共事件对宏观经济主体与宏观经济市场的影响，在这一部分我们将重点讨论突发公共事件对四大宏观经济变量的复杂影响。

（一）对经济增长的影响

突发公共事件对一个经济体的经济增长率有何种性质的影响，当前的研究没有统一的结果。有研究表明，有些自然灾害对经济增长有积极作用，如Skidmore 和 Toya（2002）对各国历史上和最近的自然灾害与一国人均经济增长率进行了回归分析，结果显示，它们之间是正相关关系，气候灾害提升一个标准差，平均的经济年增长率会提高 22.4%，或者说，一个标准差的气候灾害上升会使经济年均增长 0.47%。[1]

而他们的这一结果受到了质疑，如 Popp（2006）就认为：Skidmore 和 Toya（2002）收集的实证数据表明灾害发生的类型显著影响着其长期经济影响是积极的还是消极的。他们的研究表明，气候灾害与长期经济向好有关系，而地质灾害与长期经济走低有关系。但是这种差异的确切原因还不明确。他们的证据表明，气候灾害比地质灾害对人力资本积累以及全要素增长率的积极作用要更大一些，这可能是由于地质灾害对基础设施的冲击更大，从而阻碍了初期的恢复重建工作。但是洪水作为一种气候灾害，理论研究和一些历史证据表明它对长期经济有明显的负面影响，除非该国的经济是多样化的。[2]

更多的研究结果表明，突发公共事件对经济增长有负面影响。如有学者研究了艾滋病对长期经济增长的影响，认为艾滋病影响了一国的健康资本这一重要的总量经济投入，艾滋病通过影响健康资本的积累，进而影响经济增长，文章实证分析了 1960—2000 年亚太地区各国的面板数据，指出日益严重的 HIV/AIDS 感染对健康资本产生负面冲击并拖累了经济增长。[3] 见表 1 - 4 所示，柬

① Skidmore, M. and Toya, H., 2002, Do Natural Disasters Promote Long - Run Growth?, *Journal Economic Inquiry*, Vol. 4, pp. 664 - 687.

② Popp, Aaron, 2006, The Effects of Natural Disasters on Long Run Growth, *Major Themes in Economics*, Spring.

③ Tandon, Ajay, 2005, Macroeconomic Impact of HIV/AIDS in the Asian and Pacific Region, *ERD Working Paper*, No. 75.

埔寨 2003 年的艾滋病感染率为 2.6%，预计到 2010 年达到 4%，这会使该国 2004—2010 年的年人均 GDP 增长率下降 2%。

表 1 - 4 　　　　　　　　　　　艾滋病的预期经济冲击

国家	艾滋病感染率 2003 年	预计艾滋病 感染率 2010 年	艾滋病感染率对人均 GDP 增长率影响 2004—2010 年
柬埔寨	2.6	4	-2
泰国	1.5	3	-1.1
缅甸	1.2	2	-0.6
印度	0.9	1	-0.1
巴布亚新几内亚	0.6	6	-4
中国	0.1	0.5	-0.3

资料来源：UNAIDS (2004) 和 Chin (2003)。

　　另有研究人员分析了 1906 年旧金山地震的宏观经济影响，结论是：地震立即使得美国 GNP 下降了 1.5—1.8 个百分点。[1] 还有学者对社会安全事件进行了研究，如对以色列的恐怖袭击的研究表明，如果恐怖袭击按 2002 年第四季度到 2003 年第三季度的水平持续，到 2005 年第三季度，与没有恐怖袭击的基准相比，人均 GDP 约每年会降低 2%（见图 1 - 10 所示）。[2]

　　由以上分析可见，突发公共事件对经济增长究竟是有正面的影响还是有负面的影响依然存在争议，虽然大部分研究成果表明影响是负面的。即便我们断定突发公共事件对经济增长有负面影响，而具体的某一种突发公共事件影响有多大也是非常复杂的。

　　（二）对物价的影响

　　如前所述，突发公共事件会影响商品和服务市场的供求，而价格会随供求的变化而波动，所以突发公共事件对物价是有影响的。按照微观经济学原理，一般而言，如果供给和需求同时减少，那么交易量肯定会减少，但是价格则可能上涨也可能下跌。从现有的研究来看，自然灾害往往会引起食品价格上涨。如有人研究了 1998 年孟加拉洪水对粮食价格的影响，结果是，如果不是私人部门的粮食进口和政府进口政策的改变，1998 年洪水至少会使粮食供给减少

---

　　① Odell, Kerry A. and Weidenmier, Marc D. , 2002, Real Shock, Monetary Aftershock：The San Francisco Earthquake and The Panic of 1907, *NBER Working Paper* No. 9176.

　　② Eckstein, Z. and Tsiddon, D. , 2004, Macroeconomic Consequences of Terror：Theory and the Case of Lsrael, *Journal of Monetary Economics*, Vol. 51, pp. 971 - 1002.

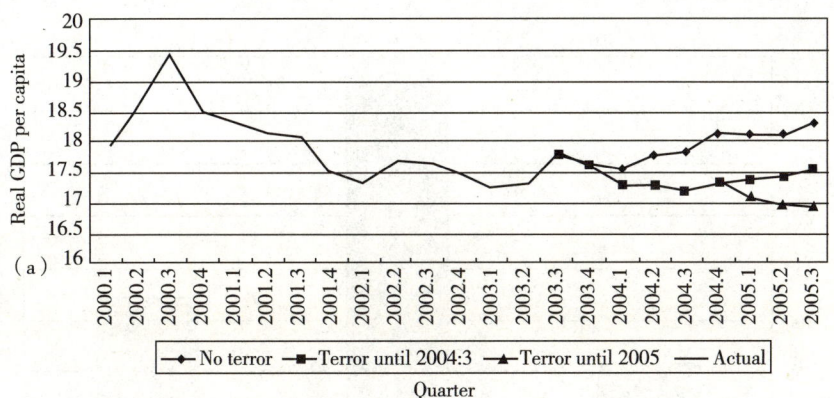

The Y-axis values are the Gross Domestic Product in thousands chained 2000 NIS Per Capita per Quarter

资料来源: Eckstein, Z. and Tsiddon, D. , 2004, Macroeconomic Consequences of Terror: Theory and the Case of Lsrael, *Journal of Monetary Economics*, Vol. 51, pp. 971 – 1002.

图 1 – 10 以色列恐怖袭击对人均实际 GDP 的影响

12.1%, 而这会使粮食价格上涨 40% ~ 60%。[①]

如果说自然灾害会使基本生活用品和食品价格上涨, 公共卫生事件会使医疗卫生服务和相关药品的价格上涨, 这些只是整个宏观经济体系的部分物价上涨, 那么武装冲突对物价的影响则是更为整体的。如有人研究了中低收入国家武装冲突和恐怖袭击对物价的影响, 结果表明伴随着武装冲突的往往是高通胀 (见图 1 – 11 所示)[②], 武装冲突过后, 通胀水平有所下降, 但依然高于冲突以前。

(三) 对就业的影响

突发公共事件对就业的影响可以分为以下两个层面。

一是结构性的, 这种影响一般是直接的, 往往是受冲击的行业或地区不得不面临突然的失业增加或就业增加。如 "9·11" 事件之后, 美国及其他国家航空业受到很沉重的打击, 表 1 –5 是世界各航空公司裁员人数。但是突发公共事件并不只是导致裁员, 还有可能带来对某些特定工种人员的需求上升, 如

---

① Ninno, Carlo Del and Dorosh, Paula, 2003, Public Policy, Markets and Household Coping Strategies in Bangladesh: Avoiding a food Security Crisis Following the 1998 Floods. *World Development* Vol. 31, No. 7, pp. 1221 – 1238.

② Gupta, S. et al. , 2004, Fiscal Consequences of Armed Conflict and Terrorism in Low – and Middle – income Countries, *European Journal of Political Economy*, Vol. 20, pp. 403 – 421. 其资料来源: IMF, World Economic Outlook; World Bank, World Development Indicators 2001; and IMF Staff calculations.

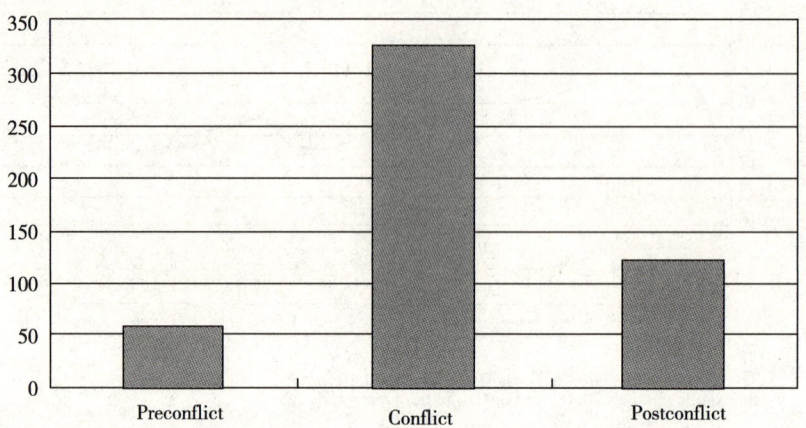

资料来源：Gupta, S. et al. , 2004, Fiscal Consequences of Armed Conflict and Terrorism in Low – and Middle – income Countries, *European Journal of Political Economy*, Vol. 20, pp. 403 – 421. 其资料来源：IMF, World Economic Outlook; World Bank, World Development Indicators 2001; and IMF Staff calculations.

图 1 – 11　武装冲突对物价的影响

自然灾害后的医疗卫生人员、社会安全事件后的安全保障人员等。

表 1 – 5　　　　　　　"9·11" 事件后世界航空公司裁员人数

公司名称	裁员人数
波音公司	30 000
美洲航空公司和环球航空公司	20 000
联合航空公司	20 000
三角洲航空公司	13 000
大陆航空公司	12 000
美国航空公司	11 000
西北航空公司	7 000
加拿大航空公司	5 000

资料来源：人民网，http://www. people. com. cn/GB/guoji/23/91/20010927/570949. html, 2001 – 09 – 26。

　　二是全局性的，这种影响比较间接，往往都是通过影响一国的经济增长情况来影响就业，如次贷危机蔓延为全球性的金融危机之后，全球的经济增长大受影响，由此整个世界的失业率都不断攀升。据国际劳工组织估计，金融危机期间全球失业人数约为2.1亿人，为有史以来最高。[①] IMF预计，2011年发达国家失业率为8.2%，就业情况不会有大的改善。[②]

（四）对国际收支的影响

突发公共事件对国际收支的影响可以分两个部分来分析。从经常项目看，突发公共事件对国际商品与服务市场有影响，这种影响不可避免地对一国的经常项目产生影响。同时，现在可以观察到的是，突发公共事件，特别是社会安全事件和公共卫生事件的发生对国际旅游业有较大影响。如中国新闻网2002年10月25日报道称，据印度尼西亚《雅加达邮报》25日报道，巴厘岛已难再成为游客的旅游目的，当地许多餐厅没有顾客光顾，之前向酒店预订房间的旅客，现时已取消一切预订。据酒店业及饮食业联合会发言人表示，巴厘岛发生爆炸后一周，酒店的入住率仍达20%，但过了两周后，入住率已降至10%。再如世界旅游组织的数据显示，2003年因为爆发"非典"疫情，到亚洲旅游的国际游客人数比2002年下跌了8.8%。毫无疑问的是，这种结果必然会反映到受影响国的经常项目上来。此外，针对突发公共事件，特别是重大自然灾害，各国政府、一些国际组织或民间组织和个人会对灾害发生国进行援助，这种转移也会影响受灾国的经常项目，如有学者对飓风样本进行研究的结果表明，对于较穷的国家而言，飓风发生接下来3年中各种途径的资金流入大约是飓风造成总损失的四分之三。[③]

从资本和金融项目看，突发公共事件的发生使得跨国投资者重新评估东道国的风险收益关系，可能使得直接投资者转变投资地点或改变投资计划，这会影响该国的直接投资项目；而利率和汇率的变化，不可避免地会影响一国的证券投资项目；此外，还有一点要说明的是，国际储备也会受到突发公共事件的影响。如有学者研究表明，1906年旧金山地震使得英国保险公司在1906年秋不得不动用国内储备来支付旧金山的赔付要求。[④] 由此可见，突发公共事件对直接投资、证券投资和国际储备三大项目都有影响，换言之，整个资本与金融项目都受影响。

---

① 高健.国际劳工组织警告 全球失业人数将突破两亿 [N].中国证券报，2008 – 12 – 18.

② 中华人民共和国商务部综合司，http://zhs.mofcom.gov.cn/aarticle/Nocategory/201011/20101107219445.html。

③ Yang, Dean, 2006, Coping with Disaster: The Impact of Hurricanes on International Financial Flows 1970–2002. *NBER Working Paper* No. 12794, December.

④ Odell, Kerry A. and Weidenmier, Marc D., 2002, Real Shock, Monetary Aftershock: The SanFrancisco Earthquake and The Panic of 1907, *NBER Working Paper* No. 9176.

三、突发公共事件对宏观经济的中观微观基础影响的复杂性

如前所述，突发公共事件会直接对某些行业或某些地区造成影响，而消费者和厂商在面对突发公共事件时也会产生心理和行为反应，我们认为，虽然这些内容并不是宏观经济层面的考虑因素，但是宏观经济主体、市场和变量受突发公共事件的影响正是建立在这些中观或微观影响的基础之上的。

（一）突发公共事件对宏观经济的中观基础影响的复杂性

1. 对地区经济的影响

任何突发公共事件都是先影响某一地区，然后再逐渐扩散蔓延的。公共卫生事件在这一点上表现得更为明显，比如禽流感、疯牛病、SARS 等，它们本身具有空间上的传染性，所以一个地区发现病例后，马上会引起恐慌和广泛的关注。社会安全事件也有一定的传染性，一旦某地发生了某种社会安全事件，引起了其他地区相关利益群体的共鸣或者是其他利益群体的反对，社会安全事件也可能从一个地区向另一个地区蔓延。如 1989 年 3 月，上海文化出版社和山西希望书刊社发行了《性风俗》一书，其中部分内容被认为冒犯了穆斯林，一些穆斯林群众自发地组织了抗议活动，从兰州开始，抗议活动迅速发展到西宁、呼和浩特、乌鲁木齐，最后影响到了北京和上海等地。

上述事件本身的地区间传播对不同地区经济造成冲击只是突发公共事件对地区经济影响的一个方面。而自然灾害和事故灾难事件本身往往只局限于一个特定的地区，但是它的经济影响却往往具有地区传导性。首先，某地发生突发公共事件，该地作为该国宏观经济的一个组成部分，对一国宏观经济总量而言是有影响的。其次，突发公共事件发生后，正常的经济秩序会受到影响，如雪灾将道路阻隔，经济活动几近停滞；SARS 使得人们正常出行受到极大的影响，这些都会对整个宏观经济产生影响，如少数商品的价格迅速上涨等。最后，突发公共事件发生后，恢复与重建工作使得整个经济体各个地区的资金和物质向该地流动，这也使得宏观经济变量如总供求等发生突然的变化。

除经济传导机制之外，突发公共事件在某地发生后，即便事件本身并没有像公共卫生事件那样具有传染性，但是某种紧急的状态也可能跨地区传染。如有学者研究了"9·11"事件对芝加哥市商业地产的影响，众所周知，芝加哥市并没有直接受到恐怖袭击，但是其研究结果却表明"9·11"事件使得芝加哥商业区的恐怖风险意识大大提高，人们认为这些商业区包括了全美最高楼（Sears Towers）及其他一些地标性的建筑，是大规模恐怖袭击的潜在目标。数据显示，"9·11"事件之后，与其他地区相比，三个标志性地区（Sears Tower，Aon Center 和 Hancock Center）及邻近区域的商业地产空置率经历了一次显著上升。① 其他案例并不少见，如某国某地受到恐怖袭击，该国其他地区的旅游业也大受影响。

由此可见，突发公共事件本身的跨地区传导、以经济联系为媒介的跨地区传导以及紧急状态的跨地区传导，使得一国的宏观经济状况实际受到的影响可能比事件直接造成的影响要大得多，也要复杂得多。

2. 对产业的影响

与地区类似，突发公共事件往往也是先直接影响某一些行业，然后，通过某种产业关联传导到其他行业，最后影响一国的宏观经济。如有研究表明，1986 年瑞典拉普兰（Lapland）地区受切尔诺贝利核泄漏事故影响最直接的是四个行业（如表 1 - 6 所示），该项研究认为受切尔诺贝利核泄漏事故影响，瑞典受损底限是 7. 36 亿瑞典克朗（SEK），其中驯鹿产业占约 80%，大约人均 112 瑞典克朗，文章特别说明，计算人均量并不牵强，因为政府对驯鹿产业有补偿，所以这个损失被瑞典全部的纳税人承担了。②

表 1 - 6　　　　切尔诺贝利核泄漏对瑞典拉普兰地区几个行业的影响

（SEK million，1995 prices）

1. Moose hunting①	150
2. Reindeer industry，1986/87—1993/94	567
3. Reindeer industry，1994/95—2007/08	18
4. Fishermen	1
Total	736

注①：From Hanemann et al.（1992）.

还有学者研究了澳大利亚证券市场对各类突发公共事件的反应，研究表明，在任意消费行业、基本消费行业、能源行业、金融行业、卫生保健行业、制造业、信息产业、原材料行业、电信服务业和公用事业十个部门中，在其他条件都相同的情况下，对各种灾害最敏感的行业是消费品行业、金融服务业和

---

① Abadie，Alberto and Sofia Dermisi，2006，Is Terrorism Eroding Agglomeration Economies In Central Business Districts? Lessons From The Office Real Estate Market In Downtown Chicago. *NBER Working Paper* No. 12678. November.

② Soderqvist，T.，2000，Natural Resources Damage from Chernobyl：Further Results，*Environmental and Resource Economics*，Vol. 16，pp. 343 - 346.

原材料产业。①

　　由此可见，不同行业对突发公共事件的反应敏感性是不一样的，有的反应比较迅速，然后再通过这些行业对其他行业扩展，最后对整个宏观经济情况产生影响。比如金融危机使得银行收缩信贷规模，从而导致对银行信贷比较依赖的房地产业大受影响。

　　（二）突发公共事件对宏观经济的微观基础影响的复杂性

　　如果说地区和行业对宏观经济而言还比较直接，那么厂商和消费者个人在微观决策时的心理和行为对宏观经济的影响就比较间接了，微观的行为往往先影响地区和行业等中观变量，进而影响宏观经济。

　　1. 突发公共事件对厂商行为的影响

　　对于厂商而言，最关心的无非是风险和收益了。突发公共事件往往正是通过改变厂商的风险收益评价来影响其决策的。

　　突发公共事件的发生，给厂商的最直接的影响就是风险意识的增强，起码短时间内是如此，我们知道，突发公共事件的三个必要构成要件之一就是"突发性"，即大多数受影响者无法准确预测，无法准确预测的突发公共事件发生，肯定会刺激各厂商重新评估它所处的地区和行业的风险性，并且由于近因效应，这种刺激短期内还会比较强。对风险的评估直接影响厂商的投资决策，一般是改变投资地点或投资规模。据美国商务部下属的经济分析局数据显示，美国境内的外国直接投资（FDI）于 2000 年达到 3 213 亿美元的最高点。2001 年"9·11"事件后，FDI 大幅下滑到 1 670 亿美元，此后 FDI 就开始一路下滑，2002 年降至 840 亿美元，2003 年降至 640 亿美元。② 这一方面是美国政府对国家安全更为重视而在吸引外资上更为谨慎的结果，另一方面也与更多的外国投资者重新评价了美国的风险状况有密切联系。

　　突发公共事件也会影响厂商的收益。利率和价格是两个核心变量，其中价格包括要素的价格和产品的价格。利率提高，厂商投资成本上升，要素价格提高，厂商运营成本上升，产品价格上升，厂商在产量不变时收入会提高。而突发公共事件往往会影响到一国的利率和价格。比如，中东地区局势一旦紧张，国际原油价格就会上涨，这使得单个厂商成本提高，表现在宏观经济变量上，就可能导致成本推进型通货膨胀。

---

　　① Worthington, Andrew and Valadkhani, Abbas, 2005, Catastrophic Shocks and Capital Markets: A Comparative Analysis by Disaster and Sector, *University of Wollongong Economics Working Paper Series*.

　　② 资料来源：美国向保护主义开战，中金在线（www.cnfol.com），2007 – 05 – 30.

要说明的是，对厂商而言，风险与收益并不是单独影响决策的，它们往往以相互关联的形式出现在厂商的选项当中，如果风险较大，但预期的收益也很高，许多风险厌恶水平较低的厂商还是愿意冒险的。

单个厂商的决策往往是通过影响市场中某一产品的供给来影响宏观经济的，我们知道，市场中某一产品的供给量是给定价格下所有厂商愿意生产的数量之和，单个厂商决策的变更，整个市场最终的结果如何可能有一个方向性的趋势，也可能没有，这与该产品市场的需求、市场结构、主要厂商之间的博弈以及政府的引导或调控有密切关系。

2. 突发公共事件对消费者行为的影响

突发公共事件给单个的消费者的冲击是很大的，首先突发事件会影响人们的心理，人们会反思他所处的环境，他所拥有的资源以及他的生存状态。这种心理上的变化反映在经济上，就是人们长期以来习惯的一种效用体系被打破，起码短期内会如此。而一旦消费者的效用体系出现变化，他的需求结构和需求总量可能都会受到影响，这种影响可以是当期的，也可以是跨期的。

有学者认为，恐怖袭击之所以会导致以色列人均投资水平下降，可能是因为恐怖袭击危及生命，从而未来的价值相对于当前而言就减少了。[1] 又有学者研究了 1998—2002 年 3 000 户以色列居民的证券投资行为，看恐怖袭击事件对普通证券投资有何影响。实证分析表明，恐怖主义对实际交易有明显的负面作用，研究人员对投资者不愿意进行股票交易提供了一些心理学的解释，包括对公共风险的担忧（结果是悲观的风险预期和风险厌恶选择），恐怖袭击导致的摇摆不定的感觉，焦虑和悲观失措的后果，努力回避未来后悔等。[2]

由此可见，由于突发公共事件，人们的心理受到震动，这种震动打破了人们习以为常的效用体系，开始重新评估各种商品、服务以及未来收益的效用，这又会影响到人们的需求结构、需求总量和储蓄行为，而这些参数的变化必将反映到某些特定的市场上，最后对宏观经济造成影响。

在这一节，我们分析了突发公共事件对宏观经济主体、宏观经济市场的影响，对将这些主体和市场联系起来的宏观经济变量会受到突发公共事件的何种影响也进行了简要的分析，最后分析了突发公共事件对宏观经济造成影响的中

---

① Eckstein, Z. and Tsiddon, D. , 2004, Macroeconomic Consequences of Terror: Theory and the Case of Lsrael, *Journal of Monetary Economics*, Vol. 51, pp. 971 – 1002.

② Levy, O. and Galili, I. , 2006, "Terror and trade of individual investors", *The Journal of Socio - Economics*, Vol. 35, pp. 980 – 991.

观和微观基础。我们认为，突发公共事件总是先影响微观的基础，再影响中观的结构，最后影响宏观的结果，这三种影响是相互联系的、层次分明的。但是这三个层次的影响在传导过程中，涉及的变量很多，受到多种因素的影响，所以某一具体的突发公共事件对宏观经济有何种性质何种程度的影响是非常复杂的。

第三节　突发公共事件宏观经济影响结果的复杂性

一、突发公共事件环境变量的复杂性

那么，假如突发公共事件对微观、中观和宏观三个层次经济的影响传导机制是一样的，是不是同样的突发公共事件（类型和紧急程度都一样）就会造成同样的宏观经济后果呢？答案仍然是否定的。有研究人员对比研究了自然灾害对美国和日本保险业的影响，结果显示，美国地震过后（如旧金山地震和洛杉矶地震），保险公司的证券市场估价上升了；而1995年神户大地震却导致了日本相关保险公司股票的大幅下跌。[①]

出现这样的结果并不奇怪，回到我们提出的"蛛网的危机"模型，如果蛛网比喻一个国家的宏观经济系统，那么这个蛛网是否结实，蛛网所处的环境是否更安全，对蛛网应对同样的危机时就显得尤其重要了。突发公共事件的环境变量是很复杂的，我们把这种环境变量分为两个部分，经济环境和经济以外的环境，经济环境好坏可以来衡量蛛网的结实程度，而经济以外的环境优劣可以来衡量蛛网所处的环境是否更安全。

（一）经济环境变量的复杂性

1. 经济发展水平

突发公共事件对宏观经济的影响被证明与事件发生国的经济发展水平有关，如有学者研究了自然灾害对三类国家的经济影响，这三类国家是所有国家、经济合作与发展组织（OECD）国家以及发展中国家，研究表明，在收入

---

① Yamori, N., and Kobayashi, Takeshi, 2002, Do Japanese Insurers Benefit from A Catastrophic Event? Market Reactions to the 1995 Hanshin – Awaji Earthquake, *Journal of the Japanese and International Economies*, Vol. 16, pp. 92 – 108.

水平更高的国家自然灾害造成的损失更小。[①]

经济发展水平除了影响突发公共事件的直接损失，还影响事后的恢复与重建。有学者对较穷的国家和较富裕的国家在发生飓风后三年，恢复和重建的国际资金来源进行了对比，研究表明，在文章选取的样本中较穷的那一半在飓风发生后外国援助大幅上升，与之相对比的是，样本中较富的那一半飓风刺激的资金流入主要来自于多种机构的新借款。[②]

为什么经济发展水平会影响突发公共事件对宏观经济的冲击？我们认为可能是因为这些国家的技术水平更高，人力资本存量更大，基础设施更为安全，生产和生活设施更为牢固。这样，当突发公共事件发生时，损失会相对小一些，在事后的恢复与重建中，这些国家可以迅速调动的资源要多一些，效率也要高一些。

2. 经济发展阶段

经济发展阶段也会影响突发公共事件对宏观经济的冲击力。有研究表明，自然灾害对经济的冲击在经济扩张期比在经济收缩期要更大一些。这似乎是一个矛盾的结论，但是研究人员对此解释认为，在经济扩张期，已存的不平衡会被自然灾害放大，而在经济收缩期，现存的闲置资源会使这种外生的冲击力量减弱。这表明，高增长时期对供给方而言也是高脆弱的时期，冲击会更猛烈。[③]

3. 经济开放性

经济开放性对突发公共事件施加在宏观经济的冲击力而言，影响分三个层次。其一，经济开放性与突发公共事件的发生之间似乎有某种内在的联系，如有研究表明，贸易的开放性虽然对 GDP 有积极作用，但是也为恐怖主义提供了更多的攻击点，反过来，贸易的开放性似乎可以降低"发源国"的恐怖袭击动力，由此可见，全球化和跨国恐怖主义的整体影响是相互依存的。[④] 其二，经济开放性与本国受国外突发公共事件冲击之间存在某种联系，有研究表

---

① Toya, H. and M. Skidmore, 2007, Economic Development and the Impacts of Natural Disasters, *Economics Letters*, Vol. 94, pp. 20 – 25.

② Yang, Dean, 2006, Coping with Disaster: The Impact of Hurricanes on International Financial Flows 1970—2002, *NBER Working Paper* No. 12794, December.

③ Hallegatte, Stéphane and Michael Ghil, 2008, Natural Disasters Impacting a Macroeconomic Model with Endogenous Dynamics, *Ecological Economics*, Vol. 68, pp. 582 – 592.

④ Mirza, D. and Verdier, T., 2008, International Trade, Security and Transnational Terrorism: Theory and a Survey of Empirics. *Journal of Comparative Economics*. Vol. 36, pp. 179 – 194.

明，资本账户更低开放程度的国家显示出更强更好的承受自然灾害的能力。①
第三，突发公共事件发生国的经济开放性影响事件对本国的冲击和恢复与重建
工作。如有学者对 1998 年孟加拉洪水事件进行了研究，结果表明，贸易的自
由化政策使得私人部门可以从印度进口更多的粮食来平抑物价，从而稳定了居
民的购买力，保证了居民营养状况。②

4. 金融体系的效率

突发公共事件对宏观经济的冲击受一国金融体系效率的影响。这种效率表
现在两个方面，其一是金融资源的总量水平，一般而言，金融资源的总量水平
高，受突发公共事件的影响越小，这种总量水平包括国际储备水平、国内信贷
规模等，有研究表明，那些有更高的外汇储备，更高水平的国内信贷的国家显
示出更强更好的承受自然灾害的能力，延伸到国内产出的负面影响也更小。③
其二是金融体系的运转效率，如证券市场和外汇市场的交易量和流动性等，一
般来说，金融体系运转效率越高，受突发公共事件冲击的时间越短，复原能力
越强。如有学者对 1990 年伊拉克入侵科威特和 2001 年 "9·11" 恐怖袭击事
件进行了对比研究，结果表明，美国的资本市场与过去相比恢复能力更强，并
且与全球其他资本市场相比能够更快地从恐怖袭击中复原，研究人员认为，稳
定的银行/金融部门提供了充足的流动性进而推动市场稳定并降低恐慌，可以
部分地解释这种市场恢复能力的提升。④

除了这四个方面的经济环境变量之外，对突发公共事件的宏观经济影响而
言，还有一些经济环境变量也比较重要，如一国的经济多样性，如果一国的经
济结构比较多样，那么突发事件对宏观经济的冲击可能会小一些，恢复也会更
迅速一些，这是因为突发公共事件一般影响的是部分行业或局部地区，如果一
国经济结构多样性特征明显，这种影响往往占经济总量的比例比较小。

（二）其他环境变量的复杂性

除经济环境变量外，突发公共事件的其他环境变量也呈现出复杂性。

---

① Noy, I., 2008, The Macroeconomic Consequences of Disasters, *Journal of Development Economics*,
doi: 10. 1016/j. jdeveco.

② Ninno, Carlo Del and Dorosh, Paula, 2003, Public Policy, Markets and Household Coping Strategies in
Bangladesh: Avoiding a food Security Crisis Following the 1998 Floods. *World Development* Vol. 31, No. 7, pp.
1221 – 1238.

③ Noy, I., 2008, The Macroeconomic Consequences of Disasters, *Journal of Development Economics*,
doi: 10. 1016/j. jdeveco.

④ Chen, A. H., and Siems, T. F., 2004, The Effects of Terrorism on Global Capital Markets, *European
Journal of Political Economy*, Vol. 20, pp. 349 – 366.

1. 信息环境

突发公共事件发生之后，信息传递的质量直接影响人们对事件的理解和反应。及时、准确的信息传递会减轻突发公共事件的不良后果，为恢复与重建工作提供良好的信息支持。不及时的信息传递会延误时机，我们知道对于一些突发公共事件而言，哪怕是一秒钟都有可能关系到人民生命财产的损失；而虚假信息，不仅于事无补，反而会误导社会主体作出不恰当的判断与决策，这会加重突发公共事件的不良后果。世界银行的一份报告指出："高质量的、可靠的信息对有效的灾害风险管理是十分必要的，国际社会应该支持全球和地区的风险研究和风险信息系统，这可以保证对一国现有水平有足够监控和信息传递的补充。在气候变化、地区和国家洪水预报以及地质灾害方面应该优先行动起来。"①

2. 语言文化环境

语言环境往往影响社会安全事件的发生，有研究报告指出，语言多样化与恐怖袭击之间正相关，而宗教与种族多样化则没有这种关联。另外一个重要的环境变量是教育水平，有学者通过对所有国家、OECD 国家和发展中国家的对比研究发现，学校教育年限越长的国家，在自然灾害中受到的损失越小。② 由此我们不妨引申一下，人力资本积累越多的国家，往往在各类突发公共事件中受到的损失越小，这与人们能更准确地理解突发公共事件，有更多的应对突发事件的知识和技能有关。

3. 政府运行效率

有学者探讨民主国家是否更易受到恐怖袭击，结果表明，政治权力水平更高的国家在遭到恐怖袭击之后，立刻遭受的损失更小一些。又有研究显示，制度结构更合理的国家往往能够更好地经受自然灾害的初始冲击和防止后续的宏观经济不利影响。③ 我们在这里并不探讨政治体制的优劣，从其他学者的分析结果来看，政府在突发公共事件发生后调动资源来应对和恢复的能力是十分重要的，这要求政府的各职能部门分工明确，运转效率高。因此，与其说是政治体制，不如说是政府运行效率，是决定突发公共事件的经济影响的重要环境

---

① Benson, Charlotte and Clay, Edward J., 2004, Understanding the Economic and Financial Impacts of Natural Disasters, *The World Bank Disaster Risk Management Series* No. 4.

② Toya, H. and M. Skidmore, 2007, Economic Development and the Impacts of Natural Disasters, *Economics Letters*, Vol. 94, pp. 20 – 25.

③ Noy, I., 2008, The Macroeconomic Consequences of Disasters, *Journal of Development Economics*, doi：10. 1016/j. jdeveco.

变量。

除上述三方面经济以外环境变量外，还有一些其他环境变量，如国土面积，同样的突发公共事件，对大国可能没什么经济影响，对一个小国或许影响重大，因为小国的经济比较单一，资源比较有限；再如生态环境，一国的生态环境对自然灾害的发生及灾难性后果有十分重要的影响，出于这种考虑，当前世界各国对保护生态环境已达成深刻共识。

上面我们分析了一国的经济环境和经济以外的环境因素对突发公共事件宏观经济冲击的影响，正是因为各国的这些环境变量不一样，即便是同类突发公共事件同等程度地在不同国家发生，其经济影响可能都不一样，因此，突发公共事件宏观经济影响的复杂性进一步加大了。

二、突发公共事件时间延续的复杂性

如果说前文本节分析的是同一突发公共事件在不同国家发生产生不同后果的影响因素，那么这一部分的重点是回答这样一个问题：为什么某国同一件突发公共事件发生后，不同的研究人员对这一事件造成的经济后果的评估不一样？即便是同一研究人员在不同时期的研究结果也会有差异？我们认为，出现这样的情况，撇开学术上的研究方法以及数据的选择不谈，突发公共事件本身具有后续影响的复杂性，或者说事件本身是不断发展的，这种发展造成的后续经济影响也是逐步被认识的；此外，一个关键的问题是，在研究突发事件的宏观经济影响时，是否把恢复与重建工作考虑在内，如果考虑在内，具体的影响如何估算。

（一）突发公共事件本身后续影响的复杂性

1. 突发公共事件会变异

本章第一节研究了突发公共事件来源的变异性，它包括两个层面，其一是突发公共事件发生后，造成的紧急状态严重程度会不断变化；其二是某一类突发公共事件发生后，有可能演变为其他类型的突发公共事件。这样一来，对某一突发公共事件的经济结果的评价，至少有两种评价思路，第一种思路，只研究突发公共事件的即时经济影响，比如说，关于汶川地震的经济影响，据中国新闻网 2008 年 9 月 4 日报道："国家汶川地震专家委员会副主任史培军表示，汶川地震造成的直接经济损失 8 451 亿元人民币，四川最严重，占到总损失的 91.3%，甘肃占到总损失的 5.8%，陕西占总损失的 2.9%。"史培军称，"关于地质灾情的报告，经过长时期的调查和利用遥感资料，以及地方政府的统计资料，国家汶川地震专家委员会制定了一套表格，分成了 13 个类、25 张表、

229 项指标进行统计。指标里分成了三类，第一类是人员伤亡问题，第二类是财产损失问题，第三类是对自然环境的破坏问题。"即便是这种即时经济影响，也存在计量的分歧，比如说关于汶川地震的直接经济损失，史培军没有说明它的具体构成，但如果按生态经济学家的观点，把建设资本、人力资本、自然资本与社会资本全部估算在内，估计这个损失的总额要大得多。

　　第二种思路，不仅要研究某一突发公共事件即时经济影响，还要把它变异后的影响全部计算在内——不论这种变异是程度方面的还是种类方面的。比如说，由于洪水这种自然灾害导致了煤矿透水的事故灾难，那么我们在计算这次洪水造成的损失时，就要把煤矿透水的损失也计算在内。关于这一点，人们的认识是有分歧的，有的学者可能会单独统计煤矿透水的损失，把它作为一个独立的突发公共事件，而有的学者可能会把它作为洪水损失的一个组成部分，这样一来，关于洪水这一自然灾害的经济影响评价就出现了差异。再比如美国次贷危机，美联储最初估计损失仅为 500 亿美元；标准普尔评级公司 2008 年 1 月 31 日发布报告称，次贷问题给全球金融机构带来的损失最终可能超过 2 650 亿美元；银河证券 2008 年 3 月 11 日撰文认为，与次贷相关的风险资产总额约 35 000 亿美元，估计的损失可能超过 7 200 亿美元。[①] 国际货币基金组织（IMF）2008 年 4 月 8 日发布的《全球金融稳定报告》预计，源于美国次贷危机的全球金融动荡将造成高达 9 450 亿美元的损失，同年 7 月 16 日，国际货币基金组织货币与资本市场部主任卡鲁那（Jaime Caruana）表示，预计美国次贷危机损失大约为 1 万亿美元。由此可见，事件本身在发展过程中，对其经济影响也是逐步认识的。

　　2. 突发公共事件的经济影响会发展传导

　　需要特别说明的是，我们研究的是突发公共事件的经济影响的传导性，这与突发公共事件本身的变异性是截然不同的。本章第二节简要研究了突发公共事件的宏观经济影响的传导机制，我们认为，突发公共事件的经济影响并不是造成了多大损失那么简单，往往会给微观主体、中观经济和宏观经济带来三个层次的影响，它们之间内在的传导机制是非常复杂的。比如说美国次贷危机，刚开始影响的是放贷公司（如新世纪金融公司），后来影响的是投资银行（如贝尔斯登、雷曼兄弟）和各国银行，再后来影响的是"两房"（房地美和房利美），接下来是保险公司（如 AIG），到 2008 年下半年，已经影响到实体经济了（如三大汽车巨头），这样看来，次贷危机不再是单纯的次级贷款的危机

① 阎海琪. 美国次贷危机及其影响［J］. 中国统计，2008（5）.

了，它的经济传导机制已经把它放大为一个全球性的金融危机，甚至是经济危机。这就产生了一个问题，次贷危机的经济影响如何评估？是只计算与次级贷款相关的影响，还是把后来的一系列影响综合起来算？如果按后一种算法，前文列出的一些数据就太小了。

（二）从危机中恢复与重建经济影响的复杂性

1. 是否将恢复与重建的经济影响考虑在内是一个关键的问题

现在有两种观点：一种是突发公共事件发生后，我们计算它的经济影响时，只计算事件的直接和间接影响，恢复与重建工作是另外一件独立的事；另一种观点是恢复与重建工作的经济影响也是突发公共事件的间接影响之一，应该计算在内。这样，同样一个突发公共事件的经济影响结果就大不一样了。如有研究人员计算了美国伊拉克战争的成本，报告称到 2005 年 12 月 30 日，为伊拉克战争和辅助运作已经支出的总成本是 2 510 亿美元，而美国在 2003 年入侵伊拉克时，当时的国防部长拉姆斯菲尔德称整体费用只需 500 亿美元左右，而更高的预估都是"胡扯"。但是，研究者认为这个数字大大低于战争的实际成本，他们认为，战争的成本还应包括不在国会预算办公室规划之内的支出，如卫生保健和回国士兵的伤残支付、军事装备的补充支出、招募新兵的支出等。据他们保守估计，美国部队在 2010 年以前回国，实际的成本超过 1 万亿美元，如果按照国会预算办公室的规划，美国部队驻伊拉克到 2015 年，实际成本可能超过 2 万亿美元。据诺贝尔经济学奖得主斯蒂格利茨估计，确实的成本更接近 3 万亿美元，这包括照顾伤者和油价上涨的费用等等。① 无论哪一种情况，实际成本都会远远高于管理当局原先预计的 500 亿—600 亿美元。此外，他们还认为，这个估计的成本还没有包括其他国家承担的成本，直接的（如军队支出）和间接的（如上升的石油价格）都不包括。最重要的是，这个成本还没有包括伊拉克的成本，基础建设的损失和生命损失都没包括在内，如果把这些都计算在内，伊拉克战争的代价将会高得多。②

其至于还有研究认为，如果把突发公共事件后的恢复与重建工作考虑在内，一些突发公共事件反而对经济增长有好处。如有研究结果表明，气候灾害提升一个标准差，平均的经济年增长率会提高 22.4%，换言之，一个标准差

---

① 参见新华网：http://news.xinhuanet.com/world/2010 − 09/02/c_ 12511639. htm，2010 − 09 − 02。

② Bilmes, Linda and Joseph Stiglitz, 2006, The Economic Costs of the Iraq War: An Appraisal Three Years After the Beginning of the Conflict, *NBER Working Paper* No. 12054, February.

的气候灾害上升反而会使经济年均增长率提高。① 当然，这一结论是否正确我们不作评论，但是这个研究突出了恢复与重建工作经济影响的重要性，必须引起我们的重视。

2. 具体的恢复与重建工作的经济影响是多样的

恢复与重建工作的经济影响也是受多种因素影响的。如针对上面提到的气候灾害对长期经济增长有利的说法，有人评价说："自然灾害对长期经济增长的影响是积极的还是消极的依赖于灾后的恢复过程、灾害在哪里发生以及发生的是哪一种灾害。自然灾害是加速或减速长期经济增长有赖于环境。合理的制度有助于保证健康的灾后恢复。而健康的灾后恢复则有助于对宏观经济有重要影响的那些变量的积极作用最大化，消极作用最小化。同时，合理的制度可以降低灾后金融危机发生的可能性、最小化人口损失，这两者（金融危机和人口损失）都对长期经济增长有害。"②

由此可见，恢复与重建工作的经济冲击受到多种因素的影响，如突发公共事件的类型、事件发生的地点、事件发生国的制度变量、采取的恢复与重建方式等，这些因素的多样性，使得对恢复与重建的经济影响的评价也变得非常复杂。

【小结】

本章的主要目的是研究突发公共事件对宏观经济影响的复杂性，我们通过三个方面来论证这一问题，即突发公共事件来源、经济传导机制和经济影响结果的复杂性决定了突发公共事件经济影响的复杂性。

我们提出了一个"蛛网的危机"模型，生动形象地解释了突发公共事件宏观经济影响的复杂性。

我们认为，突发公共事件的来源具有多样性、区域性和变异性，即来源广泛，来源有地区性差异，来源可以发生程度和类型方面的变异，正是因为突发公共事件来源的这些特征，使得来源不同、发生的地区不同，发展变异情况不同的突发公共事件的宏观经济结果是不同的，所以突发公共事件的宏观经济影响是相当复杂的。

---

① Skidmore, M. and Toya, H., 2002, Do Natural Disasters Promote Long-Run Growth?, *Journal Economic Inquiry*, Vol. 4, pp. 664-687.

② Popp, Aaron, 2006, The Effects of Natural Disasters on Long Run Growth, *Major Themes in Economics*, Spring.

　　我们认为，突发公共事件经济影响的传导机制是复杂的，这种复杂性体现在，突发公共事件会对微观经济主体（厂商和消费者）、中观经济结构（行业和地区）造成影响，最后对整个宏观经济主体、市场和宏观经济变量造成影响，这种影响是分层次的，彼此之间关联错综复杂，突发公共事件造成的经济影响往往不是简单的某一点上的影响，而是更广泛层面的系统性影响，所以突发公共事件的宏观经济影响是非常复杂的。

　　我们认为，突发公共事件经济影响的结果是复杂的。由于不同经济体的经济环境和非经济环境存在着差异，同一类突发公共事件发生在不同的国家，其经济影响是不一样的。与此同时，突发公共事件具有时间延续方面的复杂性，这一方面是因为突发公共事件本身是不断发展变异的，其经济影响也是不断发展传导的；另一方面是因为恢复与重建工作的经济影响是否考虑在内，以及恢复与重建工作的经济结果本身受到多种因素的影响，使得对同一件突发公共事件的认识存在差异，所以突发公共事件的宏观经济影响是很复杂的。

第二章
突发公共事件短期影响
我国宏观经济的路径分析

在认识到突发公共事件宏观经济影响复杂性的基础上，我们继续将突发公共事件对宏观经济的影响区分为长期和短期两大类，从短期和长期两个角度分别探讨突发公共事件对宏观经济的影响。

本章利用一个基本的宏观经济模型（见图 2－1）分析突发公共事件对宏观经济的短期影响。我们将在概述突发公共事件短期影响我国宏观经济的路径的基础上，从金融市场、劳动力市场以及商品和服务市场三个具体市场入手，

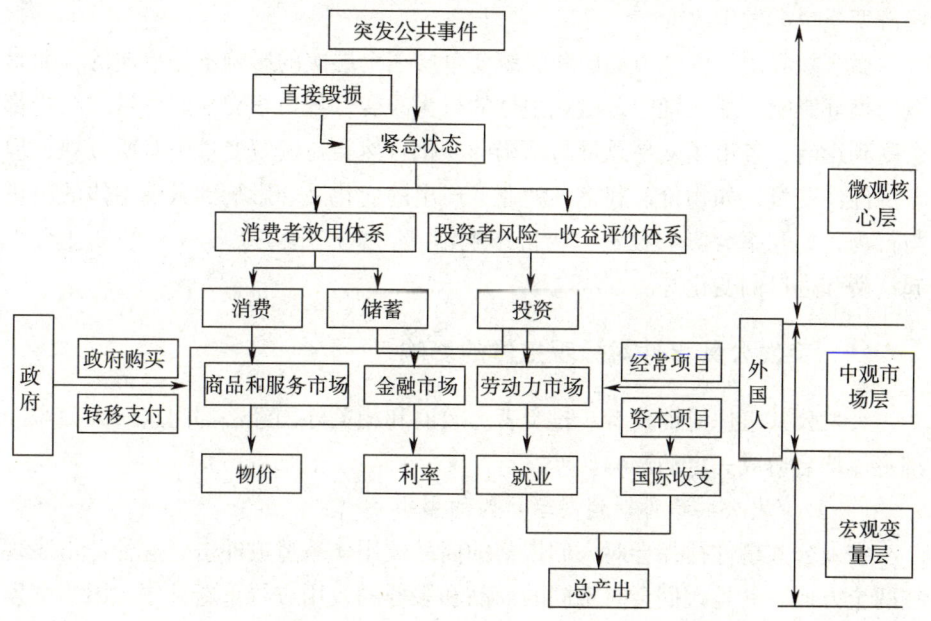

图 2－1　突发公共事件对宏观经济短期影响的基本分析框架

探讨突发公共事件如何从微观核心层开始，经过中观市场层，最后到达宏观变量层，实现对我国宏观经济的短期影响。

必须强调的是，突发公共事件对微观核心层、中观市场层和宏观变量层三个层次的影响不是单向的，而是双向循环影响，所以将三个层次的影响割裂开来分别研究不利于深入分析这种双向联系；同时，突发公共事件的短期影响是通过金融市场、劳动力市场以及商品和服务市场三个具体市场实现的，分市场讨论有助于我们发现突发公共事件短期影响传导机制的异同。

第一节　突发公共事件短期影响的路径概述

突发公共事件对宏观经济造成短期影响的路径可以分为三个层次：微观核心层、中观市场层和宏观变量层，其中微观核心层主要是指突发公共事件发生后，最主要的微观经济主体——消费者、投资者（即生产者）、政府和外国部门——的行为将会发生改变；中观市场层的影响则是指微观主体的行为发生改变后，商品市场、要素市场、金融市场和国际市场会受到影响；宏观变量层的影响是指各市场因突发公共事件发生波动后，物价、利率、就业和产出等宏观经济变量也会发生改变。

微观核心层、中观市场层和宏观变量层三个层次的影响不是单向的，而是双向循环影响。毫无疑问，微观主体的行为改变，各市场交易的总量与结构都会受到影响，各市场交易总量与结构的变化自然会在宏观变量中有所反映，但宏观经济变量，如物价、利率、就业、产出的变化又会影响到微观主体的决策与行为，如利率会影响投资，物价影响消费，总产出（总收入）的变化会引起消费和进口的变化等。

一、突发公共事件对微观主体的影响

突发公共事件对消费者、投资者、政府和相关外国经济部门这四大微观经济主体均会造成一定的影响。

（一）突发公共事件对消费者行为的影响

突发公共事件往往会对人们惯常的商品效用体系造成冲击，这种冲击表现在两个方面：一是人们会对不同的商品和服务的效用进行重新排序，因为突发公共事件发生前后人们对同一种商品和服务的效用评价往往会发生较大变化；二是人们会对当期和跨期消费效用进行重新排序，因为突发公共事件的发生会

改变微观经济主体的未来预期，进而改变其对当期消费和跨期消费效用的赋值。

关于前者，许多现象都能生动地说明这一点，例如，出于对爆发于墨西哥的甲型 H1N1 流感的担忧，国内市场上人们对抗病毒口服液、板蓝根等药品的购买显著增加，广药白云山及和记黄埔旗下的板蓝根、口炎清等药物的订单增幅大概在 30% 左右。① 再如，"9·11" 事件之后，人们对搭乘飞机心有余悸，导致美国航空业短期内受到沉重打击，损失累计达到了 400 亿美元，至少 10 家航空公司申请破产，15 万个工作岗位被削减。直到 2006 年第二季度，才出现自 2000 年以来的第一个全行业盈利季度，当季平均客机上座率达到 86%，美国航空业才逐步恢复到比较正常的状态。②

关于后者，有学者对恐怖袭击进行了深入分析，认为上升的恐怖袭击可能性使人们暴露在更大的危险当中，随着死亡概率的上升，生命的未来价值变小，于是人们的储蓄率降低，短期消费会上升，但从长期来看，由于稳态的资本水平下降，产出下降，消费下降③，从这个研究结果来看，突发公共事件对消费总量的短期和长期影响方向截然相反。

（二）突发公共事件对投资者行为的影响

突发公共事件的发生，可能导致各类投资主体对各种投资的风险收益进行再评估，从而使得他们的投资决策发生改变，有可能增加、取消或延迟在某一方面的投资，或者把原计划在某地或某产业的投资转移到其他地区或产业，这种投资既包括实业投资，也包括金融投资。

有学者认为，2001 年 "9·11" 事件以及马德里和伦敦的火车爆炸事件，使得人们对城市商业区的安全以及恐怖分子致力于攻击高人口密度及标志性建筑的关注程度提高了。他们对芝加哥中心商业区商业地产的空置率进行了研究，数据显示，"9·11" 事件后，与其他地区相比，三个标志性地区（Sears Tower，Aon Center 和 Hancock Center）及邻近区域的商业地产空置率经历了一次显著的上升，他们针对此现象进一步的研究证明，中心商业区的经济活动会

---

① 任珊珊. SARS 团队重出江湖迎战猪流感 [N]. 广州日报. 2009 – 04 – 29.

② 中国青年报. "9·11" 5 年后美国航空业现生机. http://zqb. cyol. com/content/2006 – 09/06/content_ 1501761. htm. 2006 – 09 – 06.

③ Eckstein, Z. , D. Tsiddon, Macroeconomic Consequences of Terror: Theory and the Case of Lsrael. *Journal of Monetary Economics*. 51（2004），971 – 1002.

随着对恐怖主义担忧的加大而受到极大的影响。[①] "9·11" 恐怖袭击事件也是美国股市在 "9·11" 后开盘第一天大多数个股急跌而国防、能源、黄金、储存、安全及视频等类个股却显示出很强抗跌性的直接原因，其中以航空、保险以及计算器硬件、网络、软件等个股的跌幅最大。航空类股票的走势最弱，其中联合航空（UAL）、美国航空（AMR）和大陆航空（CAL）分别下跌了43%、39%和49%。飞机制造商波音公司的股价盘中一度下跌近20%。[②] 另有学者分析了自然的、工业的突发公共事件和恐怖袭击对澳大利亚资本市场的冲击。他们比较分析了十个行业：非必需消费品（Consumer Discretionary）行业、日常消费品（Consumer Staples）行业、能源行业、金融行业、卫生保健行业、制造业、信息产业、原材料行业、电信服务业和公用事业。结果表明，自然事件引发的震动对上述十个部门的回报有影响。在其他条件都相同的情况下，对各种灾害最敏感的行业是非必需消费品行业、金融服务业和原材料产业。[③]

（三）突发公共事件对政府行为的影响

突发公共事件发生后，政府往往会及时采取一系列手段稳定态势，避免突发公共事件给当地乃至全国带来更大的损失，这些手段包括各种经济手段、社会心理手段，必要时甚至要动用军事力量。在经济手段方面，基于时滞的考虑，财政政策往往最先被采用，具体包括政府购买和转移支付两个方面的调整。

在政府购买方面，一种情况是突发公共事件发生后，政府需要采购必要的救援物资来分发给受冲击群体，如地震发生后必要的帐篷、衣物等，再如旱灾发生后必要的打井设备和饮用水等；另一种情况是某种突发公共事件发生后，政府必须加大在某一方面的开支来使事件尽快结束，如战争发生后，国防方面的开支一般会明显增加。

在转移支付方面，政府必须有计划地对受冲击地区和群体加大转移支付力度，让他们的基本生活能够得到保障并尽快地回复到正常的生产生活状态。如汶川大地震后，我国政府对灾区群众提供了数额巨大的财政支援，截至2008

① Abadie, Alberto and Sofia Dermisi, Is Terrorism Eroding Agglomeration Economies in Central Business Districts? Lessons from the Office Real Estate Market in Downtown Chicago. *Journal of Urban Economics*, 64 (2008), 451–463.

② 高阗. 华尔街遭遇历史性 "黑暗" [N]. 国际金融报. 2001–09–24.

③ Worthington, Andrew and Abbas Valadkhani, Catastrophic Shocks and Capital Markets: A Comparative Analysis by Disaster and Sector, *University of Wollongong Economics Working Paper Series*, 2005, WP 05–20.

年底，中央财政共下拨汶川地震受灾群众生活救助资金 417.94 亿元。[1]

（四）突发公共事件对外国经济主体行为的影响

突发公共事件发生后，相关外国经济主体的贸易行为、直接投资行为、金融投资行为和单方面转移行为也会发生改变。

有学者对 1960 年至 1993 年间 200 个国家的双边贸易进行了调查，应用引力模型对恐怖事件和大规模暴力事件进行了测量，研究发现恐怖事件数量增加一倍，双边贸易将减少 4%。[2]

有研究指出，恐怖袭击增加了不确定性，降低了预期投资收益率，如果世界经济足够开放，恐怖主义强度的改变可以导致大规模的资本跨国界转移，平均而言，恐怖主义风险每上升一个标准差，净国外直接投资头寸的下降约为 GDP 的 5%。[3] 事实上，"9·11" 事件后，对美国的直接投资的确大幅下降。

关于国际资金流动，有文章分析指出，1906 年旧金山地震的冲击还反映在黄金流动上，英国保险公司在 1906 年秋不得不动用国内储备来支付旧金山的赔付要求，资本的外流促使英格兰银行提高利率并抛售美国金融票据，英格兰银行的这一政策进一步把美国推向衰退并由此开始了 1907 年的金融危机。[4]

单方面转移也受到突发公共事件的影响，如截至 2008 年 6 月 4 日 12 时，国际社会共向我国汶川地震灾区提供现金援助约 35.55 亿元人民币；捐赠物资价值约 11.54 亿元人民币。[5] 2009 年墨西哥爆发甲型 H1N1 流感，中国政府向墨西哥政府提供了 500 万美元紧急人道主义援助。[6]

二、突发公共事件对各类市场的影响

由于微观主体的经济行为受到突发公共事件的影响，商品市场、要素市场、金融市场和国际市场都不可避免地受到冲击。

---

① 人民日报. 中央临时生活救助资金发放工作基本完成，2009 - 01 - 05.

② Nitsch, Volker and Dieter Schumacher, Terrorism and International Trade: An Empirical Investigation, *European Journal of Political Economy* Vol. 20 (2004), 423 - 433.

③ Abadie, Alberto, Javier Gardeazabal, Terrorism and the World Economy, *European Economic Review*. 52 (2008), 1 - 27.

④ Odell, Kerry A., Marc D. Weidenmier, Real Shock, Monetary Aftershock: The San Francisco Earthquake and The Panic of 1907, *NBER working paper* No. 9176, 2002, 9.

⑤ 中国民政部. 民政部在发布会介绍汶川地震接受国际援助情况. http://www.mca.gov.cn/article/mxht/ftzb/zxft/200806/20080600016109. shtml. 2008 - 06 - 04.

⑥ 新华网. 中国向墨西哥提供 500 万美元紧急人道主义援助. http://news.xinhuanet.com/newscenter/2009 - 04/29/content_ 11282749. htm. 2009 - 04 - 29.

（一）突发公共事件对商品市场的影响

突发公共事件对商品市场的影响表现在两个方面：交易总量的变动与交易结构的变动。

在突发公共事件后，人们会对当期和未来消费效用进行重新评估，从而引起商品市场上交易总量的变化。有一些突发公共事件，可能引起交易总量的短期放大。1988年3月至8月，我国政府有步骤地放开商品价格，在这一过程中，出现了多次抢购风潮。抢购的直接结果是零售商品总额增幅迅速提高，当年8月份社会商品零售总额636.2亿元，比上年同期增长38.6%，扣除物价上涨因素，1988年8月份零售商品总额增加了13%。① 但更多的情况是，突发公共事件会使交易总量变小，如1929—1933年大危机期间，美国的国民生产总值减少了40%，失业率达到24.9%，到1933年，工业总产量和国民收入暴跌了将近一半，商品批发价格下跌了近1/3，商品贸易下降了2/3以上。② 由此可见，突发公共事件也可以通过影响人们的收入进而影响商品市场的交易总量。

如前所述，突发公共事件发生后，人们对不同商品的效用会重新评价，这也会引起商品消费结构的变化。有研究表明，1994年底爆发的墨西哥比索危机降低了几乎所有年龄组和所有教育水平的居民的收入和消费。为应对危机，消费结构发生了巨大的变化，家庭减少在奢侈品上的支出，推迟耐用品和半耐用品（如服装、玻璃器皿、床上用品和娱乐设备等商品）的消费，增加在主食上的支出，食品支出的下降远远低于总支出的下降。③

（二）突发公共事件对要素市场的影响

突发公共事件发生后，投资者可能会重新评估投资收益与风险，进而改变投资决策，这势必对要素市场产生影响。某些情况下，突发公共事件可能引发对某些要素的需求增加，如战争期间，对石油等能源的需求会增加，而更多的情况是，突发公共事件发生后，投资者往往会认为该地的投资风险上升，进而他们会取消、延迟或转移原计划在该地的投资，这就会导致当地对各种要素的需求减少。有研究结果表明，卡特里娜飓风使得当地居民被雇佣的概率减少了

---

① 程美东. 透视当代中国重大突发事件：1949—2005 ［M］. 中共党史出版社. 2008年1月：145-160.

② 庄宇辉. 对1929年美国经济大萧条的历史考察——访中国社科院美国经济专家陈宝森 ［N］. 深圳特区报. 2008-12-09.

③ Mckenzie, David J., The Consumer Response to the Mexican Peso Crisis, *Economic Development and Cultural Change*, 2006, vol. 55, 139-172.

0.5%，这一比例在 5% 的水平下是显著的。① 另有研究分析了卡特里娜飓风对劳动力市场的影响，数据显示，卡特里娜飓风后的 10 个月中平均工作岗位损失为 95 000 个。②

（三）突发公共事件对金融市场的影响

突发公共事件发生后，由于各市场参与主体的风险收益评价体系受到冲击而短期内发生改变，不同的金融工具或者同一金融工具内的不同产品均可能会有不同的变化。如前文所述，"9·11"事件发生后，美国股市上，航空、保险类股票大幅下跌，而国防、能源类股票不跌反涨，这是结构性的变化。从总量而言，突发公共事件发生后，大多数金融交易品种的交易会短期内萎缩。有学者通过利用 1998—2002 年以色列 3 000 家居民相关数据进行实证研究，发现恐怖主义对金融交易有明显的负面作用。投资者不愿意进行股票交易的原因在于：对公共风险的担忧（预期悲观和风险厌恶），恐怖袭击导致的摇摆不定的感觉，焦虑和悲观失措，回避未来后悔等。③

（四）突发公共事件对国际市场的影响

无论突发公共事件在哪一国发生，相关国外经济主体都会对这一事件进行反应，如前所述，受到恐怖袭击后，该国的国际贸易和国际直接投资都会受到影响，国际资本流动也会因为经济主体的风险重新评估而改变趋势。如中东地区一旦形势紧张，国际大宗商品交易市场往往会迅速反应，如原油价格上涨。

三、突发公共事件对各种宏观经济变量的影响

（一）突发公共事件对就业的影响

一方面，突发公共事件多数情形下会对社会资本存量造成影响，有研究估计，"9·11"恐怖袭击事件使美国毁损和需要置换的物理资本和基础设施总价值为 216 亿美元④，而新资本的形成是需要时间的，这往往会加剧失业；另一方面，由于突发公共事件对国内投资和外商直接投资造成冲击，计划投资的取消、推迟与转移也会加剧失业，因此，一般而言，突发公共事件会使就业机

---

① McIntosh, Molly Fifer, Measuring the Labor Market Impacts of Hurricane Katrina Migration: Evidence from Houston, Texas, *American Economic Review: Papers & Proceedings*. Vol. 98, No. 2, 2008, 54 –57.

② Wasser, Solidelle Fortier and Bruce Bergman, The Effects of Hurricane Katrina on the New Orleans economy, *Monthly Labor Review*. June 2007, 5 –30.

③ Levy, Ori and Itai Galili, Terror and trade of individual investors, *The Journal of Socio – Economics*. 35 (2006), 980 –991.

④ Bram, Jason, James Orr and Carol Rapaport, Measuring the Effects of the September 11 attack on New York City, *Frbny Economic Policy Review*, November 2002, 5 –20.

会减少，加重失业。2002 年 3 月，美国纽约市失业率继续高涨至 7.5%；为自 1998 年 12 月以来的最高水平。劳工部研究统计部主席托马斯·洛迪克指出："纽约仍没有从'9·11'的阴影中走出，过去一年，纽约市失业率上涨了 2.2%。"[①]

（二）突发公共事件对物价的影响

突发公共事件对物价的影响机制比较复杂。一方面，因为消费效用评价受到冲击，效用评价变高的商品往往会涨价，如公共卫生事件发生后，许多有预防疾病作用的医药用品和服务价格都会上涨；另一方面，由于受到突发公共事件的冲击，部分商品的供给可能会减少，这有可能使得这些商品价格上涨，如 2010 年西南大旱之后，由于土豆产量受影响，土豆的价格上涨。但是这些价格的上涨只是部分商品的物价短期上涨，一般对整个国家的物价水平影响不大。而某些特定情形下，如果突发公共事件影响到了某种重要的原材料或能源供给，比如原油，那就有可能引发成本推进型通货膨胀，同时还会导致失业加剧，历史上，几次石油危机都造成了这种严峻的后果。

（三）突发公共事件对利率的影响

突发公共事件可能对利率造成影响，突发公共事件影响的范围越大，利率越有可能发生较明显的波动。首先，突发公共事件对投资造成影响，因为事件造成的投资环境恶化会降低投资愿望，减少资金需求，同时事件后社会和政府开展的恢复和重建，增加资金需求，一"增"一"减"的综合结果理论上还不能明确，但对资金需求的影响进而对利率的影响客观存在。其次，突发公共事件对资金供给也会产生影响，因为事件所造成的冲击往往会打破原有的资金供给格局和规模，即便资金供给总规模不变，资金供给量在"条块"之间的转移也会造成利率波动。最后，政府为应对突发公共事件，可能会采取必要的利率政策，这也可能使利率发生波动。如 2007 年美国次贷危机爆发后，一方面该类事件造成投资环境的恶化却少有物质损失，不需大量恢复和重建，致使总体投资水平下降，利率下降；另一方面，美联储为促进经济恢复和增长，一再下调基准利率，直到 0 ~ 0.25% 的低利率水平。

（四）突发公共事件对国际收支的影响

如前所述，突发公共事件会对国际贸易产生影响，同时也会影响国际单方面转移，这些都会影响到经常项目，如 2007 年爆发于美国的次贷危机逐渐演

---

① 湖南省统计局. 国际经济信息综述（第 42 期）. http：//www. hntj. gov. cn/gjjj/200207240619. htm，2002 - 04 - 22.

变为全球性金融危机之后，我国的贸易顺差在一段时间内明显收窄；同时，突发公共事件也会影响国际金融市场，国际资金往往会短期从风险较高的国家（往往是发生突发公共事件的国家）流出，而当这一事件的影响较为平和之后，又会重新流入，无论是短期资金流动还是直接投资大多具有这样的特征，如"9·11"事件后，美国即遇到过这一情形，这又会影响到金融和资本项目。由于国际收支平衡表中的两大项目都受到影响，虽然不同的组成部分受影响程度不一样，但国际收支势必受到影响。

（五）突发公共事件对总产出的影响

如前所述，由于消费、投资、政府购买、就业、国际收支等都会受到突发公共事件的冲击，那么总产出也一定会受到影响，有人提出过一种观点认为，受到突发公共事件的冲击后，一方面现存的资本存量减少，另一方面，可能会出现加速的资本替代——这对经济可能产生正面影响。换言之，用更有技术含量、效率更高的资本替代了低效率的资本，当前的产出受损，但未来的产出可能会增加。有学者用一个包含技术变化的模型来研究自然灾害的这种效应，在其研究框架中，自然灾害能影响产出水平但不影响增长率，类似索洛模型中的储蓄率。但是这种效应结果如何有赖于重建的质量，包含了技术变化的解释既可以降低又可能增加灾害的成本。一方面，灾后重建可能会从长期获益；另一方面，当灾难损失超过了重建能力时，可能导致贫困陷阱[①]。但可以肯定的是，长期是否获益是一个未知数，短期受损则往往是难以避免的。

第二节　突发公共事件短期影响的金融市场传导

金融市场是资金供给者与资金需求者双方通过金融工具进行资金融通的总体活动，是实现资源优化配置的重要保证。金融市场按照融资的期限可以分为货币市场和资本市场，按照融资方式可以分为证券市场（直接融资）和信贷市场（间接融资）。

本节主要从融资方式的角度来考察突发公共事件对金融市场短期影响的传导机制。按照本研究对突发事件长短期影响的划分标准，在此仅考虑金融市场受到的直接影响，不考虑后续政策调整对金融市场的影响。突发公共事件发生

---

① Hallegatte, S., P. Dumas, Can Natural Disasters Have Positive Consequences? Investigating the Role of Embodied Technical Change, Ecological Economics (2008), doi: 10.1016/j. ecolecon. 2008 - 06 - 11.

后，实体经济首先受到直接损毁，进而损害宏观基本面，宏观基本面的恶化又会导致整个社会的收益——风险环境的改变，进而影响到微观层面的效用和风险收益评价体系。在微观层面，由于预期收益和风险偏好的改变，资金需求方和资金供给方的行为随之改变，进而改变金融市场的资金供求关系，引起资本价格、资本存量、资本流向、借贷关系的改变，这些改变可能制约着金融市场优化资源配置功能的发挥。

一、突发公共事件短期影响的证券市场传导

证券市场提供直接融资，为资金盈余者和资金短缺者提供了资金转移的平台。突发公共事件短期影响证券市场的传导基本遵循两条路径：资金供给影响路径和资金需求影响路径。

（一）资金供给影响路径

资金供给影响路径可以简要描述为：突发公共事件——宏观基本面——收益＋风险环境——资金供给——证券市场。突发公共事件发生后，实体经济受损，宏观基本面可能恶化，如 GDP 增长率下降、失业增加、物价上涨、收入水平下降等，这些变化会影响到资金供给者。一方面，收入水平下降，居民的投资能力下降，这会减弱居民储蓄转化为投资的能力，进而减少居民对证券市场的资金供给；另一方面，企业的获利能力下降，也会削弱他们的投资能力，进而减少他们对证券市场的资金供给。

证券市场不同的结构特征决定着突发公共事件对其影响程度，一般来说，在一个个人投资者占主导地位的市场，由于个人投资者的止损和获利行为通常缺乏理性，突发公共事件发生后，其投资往往是非稳定性的，会助涨助跌，引起证券市场更大的波动，这时突发公共事件就会对金融市场的资金供给产生较大的影响。而在一个机构投资者占主导地位的市场，机构投资者具有较强的风险控制意识、更大的资金规模，在面临突发公共事件时，他们会有更理性的判断，有利于市场的稳定，这时突发公共事件对金融市场的资金供给的影响就较小。

（二）资金需求影响路径

资金需求影响路径可以简要描述为：突发公共事件——宏观基本面——投资回报水平——资金需求——证券市场。在证券市场中，资金需求方，包括企业和政府，通过发行股票和债券从证券市场上筹集资金，并直接或间接地投资于实体经济。

突发公共事件发生后，劳动力、生产资料、市场环境等要素会直接或间接

地受到一定程度损害，除了要素的必要恢复能刚性增加资金需求外，由于要素的毁损、生产能力下降，实体经济收入减少，人们的消费能力降低，市场需求不足，产品和服务销售困难这一系列前因后果式的连锁反应，投资的收益很难满足因资金供给总量缺乏而上升的资金边际报酬即必要投资回报率，证券市场上新增资金需求则相应减少。证券市场的资金需求总量也因为这种增减发生波动。

资金需求影响路径中决定突发公共事件对证券市场资金需求影响程度的关键环节是投资回报水平。如果突发公共事件对投资回报率造成的影响小，投资者对未来的投资预期会保持在一个合理的水平，资金需求减少相对较小。反之，如果突发公共事件对投资回报率造成较大的影响，投资者对未来的投资预期会趋于悲观，并减少对实体经济的投资，资金需求就可能出现大幅下降。

（三）两条影响路径的综合

由金融市场经典理论可知，证券市场上资金供给和需求的变动决定着资本价格的变动、资本存量的变动和资本的流向，进而对证券市场产生重要影响。当正面的突发事件发生时，通过以上两条路径，资金供给和需求同时增加，资本存量增加，储蓄不断转化为资本，资本由资金供给方不断流向资金需求方。当负面的突发事件发生时，资金供给和需求同时减少，资本存量减少，资本流动出现反转，由资金需求方流回资金供给方。可见，突发公共事件对证券市场的短期影响主要是通过改变资金需求者和供给者的行为，进而改变资金供求来影响证券市场。

突发公共事件影响证券市场的程度是由证券市场行为主体结构、投资—风险匹配度、投资回报率变动及预期以及证券市场规模等因素共同决定的。我国证券市场还处于初级阶段，主要表现为证券市场的投机性较强、投资回报—风险不匹配等，在这一特殊国情下，我国证券市场相比成熟的证券市场，在突发公共事件发生时，抗冲击能力较弱。

（四）证券市场传导案例——2007 年美国次贷危机

2007 年美国次贷危机经过不断蔓延和传播于 2008 年对我国资本市场产生了重大影响，主要表现在两个方面：第一，金融机构遭受直接损失。2007 年 6 月末，中国银行投资美国次级住房贷款抵押债券 89.65 亿美元，占集团证券投资总额的 3.51%，其中 AAA 级占 75.38%，AA 级占 21.70%，A 级占 2.92%。投资于美国次级住房贷款抵押债券相关的债务抵押债券 6.82 亿美元，占该行证券投资总额的 0.27%，其中 AAA 级占 81.8%，AA 级占 18.2%。到 2008 年中期，该行持有次级债券账面价值降为 36.42 亿美元，其中，AAA 级占

53. 84%，AA 级占 31. 67%，A 级占 6. 30%，中国银行中报时计提减值准备余额为 19. 03 亿美元；同时，还针对该类债券公允价值的下降，确认了 0. 49 亿美元的公允价值变动储备。该行持有的 Alt - A 债券为 18. 28 亿美元，其中 AAA 级占 98. 35%，中报时计提减值准备余额为 5. 22 亿美元。该行持有 Non - Agency 债券的账面价值 50. 77 亿美元，其中 AAA 级占 99. 03%，中报时计提减值准备余额为 5. 99 亿美元。2007 年 6 月底工行持有次级债 12. 29 亿美元，损失 4 亿美元，损失率为 32. 5%[①]。次贷危机致使我国金融机构遭受巨大损失，这影响到了我国资本市场的资金供给方，并在此基础上对我国资本市场产生影响。

第二，通过香港资本市场影响内地市场，并对内地股市产生估值压力。香港金融市场国际化和自由化程度相当高，直接受到国际金融市场影响，而香港市场又大量持有沪深两地发行的内地红筹股，香港股市上红筹股指数的变化通过比价效应影响内地股市，经过港股市场的持续震荡后，在 2008 年 12 月 4 日时，A 股股价平均对 H 股股价的溢价率为 44. 17%，达到了史无前例的地步。与此同时，在全球股市暴跌的冲击下，恒生指数从 2008 年 5 月 7 日最高位 26 387. 37 点跌至 2008 年 10 月 28 日的 10 676. 29 点，跌幅超过了 50%。[②] 这无疑触发了 A 股市场投资者的投资恐惧情绪。A 股投资者一直有惯性做多的观念，但随着我国资本市场对全球恶化环境认识的逐渐深化，投资者对 A 股产生畏缩不前的心理。在以上因素作用下，大盘蓝筹股的上涨受到了制约，并影响到 A 股指数的表现。

幸运的是，在市场分割的情况下，这种影响有限。因为虽然国内居民投资 H 股的渠道被打通，但国内主要机构投资者进入 H 股的渠道仍然不顺畅。在我国资本市场相对封闭的情况下，资本市场受美国次贷危机的影响有限，原因是突发公共事件影响资本市场的传导路径的某个环节受到了限制，这在某种程度上阻隔了突发公共事件影响在资本市场上蔓延的规模和范围。

二、突发公共事件短期影响的信贷市场传导

信贷市场提供间接融资，广义上由存款市场和贷款市场组成。但因为我国商业银行还是以国有控股银行为主体，国家在很大程度上提供了一种信用，起

---

① 草根网. 中国金融机构持有的次贷相关资产［R］. 2009 - 04 - 09. http：//www. caogen. com/blog/infor_ detail. aspx？ id = 256&articleId = 13813.

② 资料来源：招商证券网。

到稳定存款存量的作用，突发公共事件对存款市场的短期影响不大，即便有影响也很难继续传导至贷款市场和我国宏观经济全局，所以基于研究的重要性原则，本研究将其暂时搁置。因此，我们这里所提的信贷市场是狭义的，也就是贷款市场，这也符合当前的一般定义。信贷市场的资金供给方是商业银行，资金需求方包括家庭、企业和政府等。

（一）传导路径

突发公共事件对信贷市场短期影响的传导，基本遵循"突发公共事件发生——宏观基本面恶化——投资回报、风险环境改变——中介机构信贷评价改变、贷款者贷款需求改变——信贷市场信贷关系改变"这样一条路径。突发公共事件发生后，宏观基本面因突发事件而改变，实体经济的投资回报和风险匹配度发生改变。一方面，在贷款风险识别难度加大和投资回报缺乏保障的情况下，商业银行会缩减贷款，从而减少信贷市场的资金供给；另一方面，在投资回报减少和不确定性加大等经营环境恶化的背景下，贷款者也会减少贷款申请，从而减少信贷市场的资金需求。在两方面因素的作用下，信贷市场的信贷关系发生改变，信贷资金存量减少，整个信贷市场出现收缩。

突发公共事件对信贷市场的短期影响程度主要由信贷市场的开放度、市场化程度、信贷双方力量对比、投资和风险匹配度、信息对称度等因素决定。如果信贷市场开放度高、市场化程度高、信贷双方力量平衡、信息愈对称，突发公共事件对信贷市场影响程度就愈大，反之则反。目前，我国信贷市场具有相对封闭、市场化程度不高、国有控股商业银行在信贷双方力量对比上具有垄断优势等特点，这在一定程度上提高了我国信贷市场抵御突发公共事件冲击的能力。1997 年 11 月，受亚洲金融危机影响，在信贷市场开放度高、市场化程度高、信贷双方力量均衡的日本与泰国，许多银行差不多同时破产。与此形成鲜明对比的是，我国信贷市场却较少受到亚洲金融危机的影响。

（二）信贷市场传导路径案例

2007 年美国次贷危机发生后，于 2008 年上半年首先导致了我国加工贸易出口增长减少，很多以出口为主营业务的中小企业陷入经营困难，有些甚至倒闭，宏观经济发展势头在次贷危机影响下收缩，最终对信贷市场的资金需求产生了短期紧缩效应。

根据中国人民银行公布的 2008 年货币信贷统计数据，2008 年全年人民币、外汇贷款按可比口径共增加 5.087 万亿元。值得关注的是，2008 年四个季度，人民币贷款增量分别为 13 304 亿元、11 148 亿元、10 278 亿元和 14 306 亿元，呈现出"V"字形，但"V"字右边的斜率更高。2008 年 11 月、12 月份信贷的放量拉升是 2008 年信贷投放的一大特色。人民币贷款继 2008 年 11 月份按可比口径猛增 4 769 亿元之后，12 月份又增加 7 718 亿元，同比多增 7 233 亿元。① 在这里，"V"字形左侧可以看成次贷危机（突发公共事件）对信贷市场的直接影响，即短期影响，右侧则是在信贷市场受到次贷危机直接影响后，政府对信贷市场进行的政策调整，即长期影响。

第三节 突发公共事件短期影响的其他市场传导

突发公共事件短期影响通过在微观核心层发挥作用，传导至中观市场层，并在各市场内部进行衍化传导，形成一定的传导路线和传导效果。

一、突发公共事件短期影响的劳动力市场传导

（一）劳动力市场传导的路径

突发公共事件短期影响在劳动力市场的传导路径描述为：突发公共事件发生——劳动力和物质资本的毁损——劳动力供给主体和需求主体理性预期的变化和非理性干扰的产生——劳动力供给和需求的结构和总量的变化。

各种类型的突发公共事件都有可能直接或间接地造成劳动力和物质资本的毁损，以此为起点，开始突发公共事件短期影响在劳动力市场的一系列传导。

首先，突发公共事件造成劳动力直接或间接损失。劳动力直接损失是指劳动力主体在突发公共事件中死亡或丧失劳动能力；劳动力间接损失则是指劳动力直接损失导致的劳动力再生能力的下降。比如为某家庭提供主要经济来源的家庭成员在突发公共事件中死亡或丧失劳动力，造成劳动力直接损失，随后由于恶化的经济条件影响到该家庭未成年或已成年但正在接受教育的成员的健康成长和教育的继续，相比突发公共事件前，该家庭为社会提供的劳动力质量降低，客观上造成了劳动力间接损失，另外，突发公共事件中该家庭的物质毁损也可导致类似的间接损失。除社会安全事件中的经济安全事件外，其他各类突发公共事件都会在一定程度上对生命和财产造成直接损失和间接损失，然而大多数事件即便造成了这些损失，损失对于整个市场或整个宏观经济来讲也是微不足道，甚至可以忽略的，比如偶然的小规模恐怖袭击，独立发生的小规模地

---

① 搜狐网. 央行公布 08 年信贷数据 信贷增量走出个 "V 形" ［R］. http：//news. sohu. com/20090114/n261734082. shtml.

质灾害和不具备扩散效应的公共卫生事件等。所以，只有当突发公共事件对劳动力造成大量损失时，对劳动力市场才会产生较大的短期影响，比如对人员造成重大伤亡的地震、无法遏制的传染病等。

其次，出现劳动力供给主体和需求主体理性预期的变化和非理性干扰。突发公共事件造成的大规模劳动力损失，会导致劳动力市场上劳动力供给主体理性地赋予生命和健康更高的价值，从而造成劳动力供给风险成本的增加，理性预期改变的结果是要求获得更高的报酬，从整体上降低了供给曲线斜率，同时降低了劳动力供给的价格弹性（见图 2 - 2a）。此外，由于突发公共事件造成的大量伤亡可能在受害区域或整个社会产生心理反应，人们对于某些高危岗位如采矿作业岗位和高空作业岗位等产生抵触心理，尽管这些行业已改进其安全措施，对这些行业，劳动力供给弹性几乎趋近于零。

劳动力需求主体包括政府和企业，但突发公共事件发生后，预期会发生变化的劳动力需求主体只有企业，因为从经济角度看，政府不以营利为目的，对劳动力需求与成本和报酬无关，而企业则不同，他们需要衡量劳动力成本和雇用劳动力能带来的报酬，突发公共事件的发生一方面造成劳动力成本上升，并且由于劳动力供给弹性缩小，某些行业对劳动力的需求无法通过上调工资来满足，这就会造成潜在的劳动力供给缺口，给企业原有和新增的投资造成压力，同时由于大规模的物质损失，社会消费锐减，商品市场萎缩，预期报酬下降，企业维持生产和新增投产的积极性下降，对劳动力的需求下降，尤其是对于事故高发行业而言，潜在的劳动力需求主体往往会因事故造成的教训而形成禁入心理，劳动力需求曲线因此下移，并且对价格变得敏感，也就是劳动力曲线的曲度会变大，劳动力的需求价格弹性变大（见图 2 - 2b）。

最后，劳动力供给和需求的结构和总量发生变化。如果不考虑政府的劳动力需求，那么通过分析突发公共事件造成的劳动力市场供给曲线和需求曲线的变化（见图 2 - 2c），我们可以发现，突发公共事件发生后，劳动力市场供求均衡的数量会下降，而均衡价格的变化则不定，图中是大规模突发公共事件的结果。我们很清楚，政府在突发公共事件后实施救济和恢复性建设势必在短期内形成大量的劳动力需求，使得事件后的劳动力需求曲线上移，救济和恢复性建设力度越大，动力需求曲线上移的幅度越大，因此，政府需求的加入能不能实现事件前的劳动力市场均衡量，或者说能不能实现 E^* 和 E 两个均衡点的均衡量相等，关键在于政府救济和恢复建设力度的大小（见图 2 - 2c），当这两个均衡点的均衡量相等时，很明显 E^* 点对应的均衡价格要比 E 点高，这意味着只要政府在事件后参与力度足够大以至于能够实现事件前的就业水平，那也就同时实现了单个劳动力主体福利水平的提升。

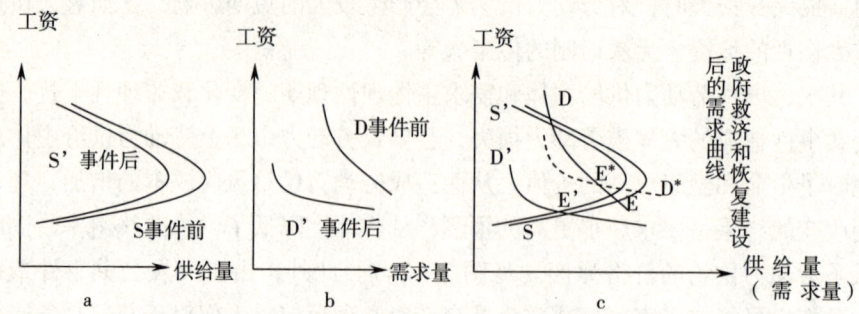

图 2-2　突发公共事件前后劳动力供求关系图

（二）突发公共事件短期影响劳动力市场传导的案例分析

1. "5·12" 汶川地震短期影响的劳动力市场传导

2008 年 5 月 12 日汶川地震对劳动力市场的影响主要表现在两个方面：一是对四川省内劳动力市场的影响，二是对全国劳动力市场的影响。

（1）对四川省内劳动力需求的影响。地震对四川省劳动力市场有非常直接的影响，从劳动力需求总量的角度看，短期内地震灾害直接破坏了企业的基础设施和生产场所，会直接导致灾区企业因灾停工、因灾关闭而造成大量就业岗位丧失或减少；也会由于震后某些劳动力密集性行业的不景气导致一些行业工作岗位的暂时减少；还会导致对各类学校毕业生的需求短期内减少。这些因素共同作用会导致短期内对劳动力的总体需求下降。

四川省 2007 年和 2008 年的统计数据也反映了这种变化。根据四川省人民政府公布的统计公报，2007 年末四川省城乡劳动力资源达到 6 152 万人，年末城乡就业人员 4731.1 万人，其中，城镇就业人员 1 298.4 万人，乡村就业 3432.7 万人。全年城镇新增就业 65.9 万人，比 2006 年增加 2.8 万人，除城镇集体企业就业减少 1 万人外，其他经济类型城镇就业都有不同程度的增长。2007 年末实有城镇登记失业人员 34.8 万人，比 2006 年减少 1.3 万人，城镇登记失业率 4.3%，比 2006 年下降 0.2 个百分点。①

汶川地震共造成四川省 37.2 万城镇人员失业，城镇登记失业率由上一年的 4.3% 上升至 4.6%；同时 115.2 万农业劳动者失去收入来源。2008 年末，四川省城乡劳动力资源达到 6 206 万人，城乡就业人员 4 740 万人，其中，城

---

① 2007 年四川省劳动和社会保障事业发展统计公报，http：//www. sc. gov. cn/zwgk/jjjs/tjsj/tjgb/200805/t20080506_ 276373. shtml.

镇就业人员 1 310 万人，乡村就业 3 430 万人；与 2007 年相比，企业就业人员 572.8 万人，减少 5.0 万人，其中，国有企业 115.2 万人，减少 4 万人；城镇集体企业 31.4 万人，减少 2.4 万人。①

从中长期看，随着灾后重建工作的推进，特别是一些废墟清理和城市基础设施建设等工作，需要大批的劳动力；国家资本的注入也会拉动投资进而带动就业岗位的增加。根据国家汶川地震专家委员会副主任、北京师范大学常务副校长、著名灾害评估专家史培军教授的评估，汶川地震造成的直接经济损失 8451.4 亿元，其中，四川省的损失又占总损失的 91.3%，建筑物和基础设施的损失占到总损失的 7 成。按照比例排序，民房和城市居民住房的损失最大，占总损失的 27.4%。基础设施包括道路、桥梁和其他城市基础设施的损失其次，占总损失的 21.9%，包括学校、医院在内的其他非住宅用房的损失第三，占总损失的 20.4%。这三项之后，损失排序依次为工业占 7.7%，服务业占 4.9%，农业占 4.5%，居民财产占 4.4%，土地资源占 3.3%，社会事业占 3.2%，文化遗产占 1.1%，矿山资源占 0.7%，自然保护区占 0.6% 等。②

根据人力资源和社会保障部信息中心调查分析处副处长陈大红的估算③，2007 年四川省的劳均 GDP 为 22 204 元/人，重建恢复这些 GDP 需要就业人员约 3 500 万人，在考虑到现有劳动力的情况下，每年仍会产生相当数量的新增劳动力需求。此外，地震重建需要大批专门人才，对大学毕业生会有大量需求。因此，从一个较长时期看，灾区的就业需求会比较大。

从劳动力供给的角度，地震所带来的重大人员伤亡不可避免地会对区域劳动力供给造成影响，这不仅表现在劳动力数量的减少，而且由于伤残人员的增加，减低了本地区劳动力的人力资本和就业能力；此外，由于四川省传统上是一个劳务输出大省，因此可能会有一部分人以不同的方式迁到外地就业或居住，当然，也会有一些外出就业人员因为照顾家人等原因回到本地就业。因此，地震灾害除了导致劳动力存量的下降以外，还会对劳动力的流量产生影响。

（2）汶川地震对全国劳动力市场的影响。2007 年，四川省外出务工 2 002

---

① 2008 年四川省劳动和社会保障事业发展统计公报，http：//www. bzdrc. gov. cn/fz/ShowArticle. asp？ ArticleID = 5983.

② 资料来源：http：//news. cctv. com/china/20080904/102837. shtml.

③ 四川劳动保障网. 汶川地震对就业和劳动保障工作的影响和启示［EB/OL］. http：//www. sc. lss. gov. cn/news/page. jsp？ artID = 2005.

万人，约占其总人口的 24.6%，其中 56% 的人在省外就业①。按照该比重推算，汶川地震重灾区大约有 380 万外出务工人员，加上四川其他受灾地区，地震受灾区外出务工人员至少会超过 500 万人。受灾后恢复重建的影响，四川大量外出务工人员返乡，这对四川务工人员较为集中的沿海地区的劳动力市场会产生一些不利影响。

但从全国范围来看，2007 年四川省年末就业总人数为 4 731 万人，约占全国就业总人数的 6.2%，其中，城镇就业人员占全国城镇就业人员的 4.4%，农村就业人员占全国农村就业人员的 7.2%。从就业人口情况看，地震中受灾严重的 6 个市所含的 30 个重灾区县，大约涉及近 900 万的就业人口，其中城镇就业人数约为 250 万，农村就业人数约为 650 万人；所涉及的就业人口约占 2007 年末全国就业人口的 1.2%②。因此，尽管汶川地震对四川省，尤其是四川省农村劳动力的就业影响较大，但对全国的就业形势并没有产生太大的影响。

2. 2007 年美国次贷危机短期影响的劳动力市场传导

金融危机源于美国次贷危机，即由于美国次级抵押贷款借款人违约增加，引起与次贷有关的金融资产价格大幅下跌，进而导致的全球金融市场的动荡和流动性危机。在这一危机中，高度市场化的金融系统相互衔接产生了特殊的风险传导路径，即低利率环境下的快速信贷扩张，加上独特的利率结构设计使得次贷市场在房价下跌和持续加息后出现偿付危机，抵押贷款证券化和衍生工具的快速发展，加大了与次贷有关的金融资产价格下跌风险的传染性与冲击力，而金融市场国际全球化程度的不断深化又加快了金融动荡从一国向另一国传递的速度。在信贷市场流动性紧缩的情况下，次贷危机最终演变成了一场席卷全球的金融危机。

（1）金融危机对美国劳动力市场的影响。金融危机使得美国工厂订单下降，就业岗位减少，失业人数增加，据美国劳工部 2009 年 1 月 9 日的报告③，2008 年 12 月，全美非农部门工作岗位削减 52.4 万个，失业率上升至 7.2%（经调整后的失业率为 7.3%），为 16 年来的最高点。2008 年全年，全美新增失业人口 260 万人，而在 2007 年，美国共新增就业岗位 110 万个，失业率最

---

① 四川劳动保障网．汶川地震对就业和劳动保障工作的影响和启示［EB/OL］．http：//www. sc. lss. gov. cn/news/page. jsp? artID = 2005.

② 四川劳动保障网．汶川地震对就业和劳动保障工作的影响和启示［EB/OL］．http：//www. sc. lss. gov. cn/news/page. jsp? artID = 2005.

③ 新华网：美国失业率创 16 年来新高．http：//news. xinhuanet. com/world/2009 - 01/11/content_10638651. html.

高的 12 月也只有 5%。随后的 2009 年情况进一步恶化,失业率一路攀升,在 2009 年 10 月达到创纪录的 10.1%。此后几个月的失业率虽有小幅下降,但仍然都在 9.5% 以上,直到 2010 年 12 月才降至 9.4%。[①]

(2) 美国金融危机对我国劳动力市场的影响。美国经济占全球比重达 30%,其进口占世界贸易的 15%。[②] 因此,美国经济走软甚至出现衰退会导致全球商品贸易量下降,进而影响全球经济。美国房地产泡沫破裂后,对建筑机械、建筑和装饰材料、家居用品、家电等商品的需求量下降,这对中国出口影响较大。

2007 年中国国内生产总值为 246 619 亿元,货物出口 12 180 亿美元,出口占 GDP 比率高达 37.57%。[③] 美国市场对中国出口商品需求量减少致使中国众多生产企业倒闭或面临倒闭,大量工人失业。东莞的玩具代工商合俊集团于 2008 年 10 月 14 日倒闭,近 7 000 名员工面临失业和生活困境。据国家发展改革委中小企业司统计,2008 年上半年,全国有 6.7 万家中小企业倒闭,中国面临严峻的失业问题。[④]

根据中国国家统计局的统计,2008 年全国城镇登记失业率为 5.1%,但中国社会科学院 2009 年发布的《社会蓝皮书》认为,2008 年中国城镇的实际失业率为 9.6%,远高于国家统计局的统计数据。[⑤] 如果计算农村的失业人口,实际失业人数可能还要更高。因为从破产倒闭的工厂流失的劳动力并没有纳入常规的就业统计,所以他们不能反映在失业率中,从统计上可能看不到失业数字。失业使家庭收入减少,收入减少导致消费和投资减少,这是一个恶性循环,将造成更多的失业现象,甚至可能导致更大的问题。

房地产、制造业、金融服务业等产业的业务量和资金减少,必然导致与其相关联的 IT 业、装修业、建筑业、钢筋水泥制造商、贷款抵押公司、物流公司、初级半成品制造商等相关产业出现需求衰减。而更多行业的从业人员,也

①　以上均来自美国劳工部的统计数据. http://data. bls. gov/PDQ/servlet/SurveyOutputServlet? data_tool = latest_ numbers&series_ id = LNS14000000.

②　新浪网. 华尔街衍生危机拖累全球经济 [EB/OL]. http://finance. sina. com. cn/stock/usstook/c/20081005/23175355931. shtml. 2008 – 10 – 05.

③　国家统计局网站. 2007 年国民经济和社会发展统计公报 [EB/OL]. http://www. stats. gov. cn/tjgb/ndtjgb/qgndtjgb/t20080228_ 402464933. htm. 2008 – 02 – 28.

④　凤凰网. 上半年 6.7 万中小企业倒闭 [EB/OL]. http://news. ifeng. com/society/5/200810/1029_ 2579_ 852438_ 3. shtml. 2008 – 10 – 29.

⑤　社科院调查失业率远高于人保部公布数据. http://news. sina. com. cn/c/2009 – 01 – 02/042616964176. shtml.

将如同拴在这些行业链上的蚂蚱，不得不面对减产、停产和减员减薪的危机。

上述两个案例不管有没有造成劳动力和物质资本的直接损失，只有通过政府救济或恢复建设才能使得劳动力均衡点恢复到原来的水平，随着均衡点的恢复，劳动力价格随之提高，这也显示出政府的参与提高了单个劳动力主体的福利。

二、突发公共事件短期影响的商品和服务市场传导

（一）商品和服务市场传导的路径

突发公共事件短期影响的商品和服务市场传导路径可以描述为：突发公共事件发生——居民和厂商预期变化＋收入变化——商品价格变化——市场交易总量和交易结构变化。由于突发公共事件发生后，人们对当期和未来消费效用进行重新评估，同时突发公共事件的发生也会影响到人们的收入水平，这两者的共同作用会影响到商品和服务市场的价格水平，从而导致商品市场上交易总量发生变化。同时突发公共事件发生后，人们对不同商品的效用会进行重新评价，从而影响商品消费结构的变化。在上述传导过程中，居民和厂商预期变化、商品价格变化和消费者收入变化是核心，我们不妨对其做较详细的分析。

首先，突发公共事件往往会对人们惯常的商品效用体系造成冲击，这种冲击表现在两个方面：一是人们会对不同的商品和服务的效用进行重新排序，因为突发公共事件发生前后，人们对同一种商品和服务的效用评价会发生较大变化；二是人们会对当期和跨期消费效用进行重新排序，因为突发公共事件的发生会改变微观主体的未来预期，改变其对当期消费和跨期消费效用的赋值。

其次，突发公共事件的发生会导致不同群体的收入水平发生变化，某个行业所发生的突发公共事件会对这个行业的从业人员收入带来冲击，同时也会影响到其上下游行业从业人员的收入水平，譬如某个地区的旱灾会直接影响到这个地区农民的收入水平。这种收入水平的变化会导致两种效应：一是总体收入水平的减少会影响到商品消费总量，二是居民收入结构的变化会影响到商品消费结构。

最后，突发公共事件会影响商品的价格水平，突发公共事件发生后，直接受冲击的行业的产品价格会受到影响，如"禽流感"疫情会对禽蛋价格造成负面冲击；另一方面突发公共事件会影响到人们对不同商品的偏好，进而影响商品价格；此外，从收入的角度来看，突发公共事件造成的人们收入水平变动会影响到人们对商品的消费需求，进而影响商品价格。

商品和服务价格水平的变动又会反作用于居民的收入水平，并对商品和劳

务市场产生影响。价格水平的变动不外乎两种情况，即各种商品的价格同幅度改变或者不同幅度变动。当所有商品的价格同幅度改变时，在居民名义收入不变的情况下，势必会影响居民的实际收入，从而通过收入效应影响居民的商品消费。此外，各种商品之间价格的不同幅度的变动亦会使得商品消费结构发生变动。

（二）突发公共事件短期影响商品和服务市场传导的案例分析

1. 2003 年"非典型性肺炎"

（1）概况。2003 年初，我国广东省首先发生传染性"非典型性肺炎"（以下简称"非典"）。2003 年 1 月，广东省河源市、中山市发生两起医院和家庭聚集性不明原因肺炎病例，广东省卫生厅及时派出临床医学和流行病学专家进行临床和流行病学调查。经回顾性调查，最早的病例发生在 2002 年 11 月 16 日。2003 年 1 月至 2 月间，广西、湖南、四川三省分别有少数输入性病例报告；2 月下旬，山西省发生 1 例输入性病例，并引发当地传播；2003 年 3 月初，北京市发现来自山西省、香港特别行政区的输入性病例，很多不具备收治条件的医院开始收治"非典"患者，由于防护不到位，交叉感染严重；2003 年 3 月 27 日，世界卫生组织宣布北京为"非典"疫区，全国内地除海南、贵州、云南、西藏、青海、黑龙江、新疆外，其余 24 个省份均有"非典"临床诊断病例报告。据卫生部统计，截至 2003 年 7 月 31 日，全国累计报告诊断病例 5 327 例（其中医务人员 969 例），死亡 349 例。2003 年 6 月 2 日，全国首次出现无新发病例报告，此后再无新增病例。2003 年 6 月 13 日，世界卫生组织将广东从"近期有当地传播"的名单上删除，2003 年 6 月 24 日，世界卫生组织宣布解除对北京的旅行警告，并从"近期有当地传播"的名单上删除，标志着北京和全国防治"非典"的斗争取得了阶段性胜利。[①]

（2）"非典"对商品和服务市场的影响。在"非典"疫情初期，社会反应相对平稳，但到了 2003 年 4 月 20 日左右，疫情的陡然加剧给人们造成了巨大的心理冲击，社会和市场产生了突发性反应。在商品市场上，从 2003 年 4 月 21 日起，北京市生活必需品市场和医药类商品市场突然出现了异常情况。许多超市一时间粮、油、方便食品、消毒用品等出现了不同程度的缺货断档。随后，蔬菜、鸡蛋等农副产品价格飙升。具体解剖"非典"冲击中各种经济主体的行为，可以帮助我们认识突发公共事件商品市场传导的若干内在规律。

---

① 新华网. 中华人民共和国突发事件应对法［N］. 2007 - 08 - 03. http：//www. ycxyz. com/Special/emergency/tfdsj/2003/tfdsj2. html.

从居民的角度来看，2003 年 4 月 20 日后，随着疫情的加重，人们的商品效用体系开始发生变化，为了减少相互接触，预防"非典"，北京市居民普遍开始集中采购，集中采购的结果是，市场突然出现了短缺的"市场信号"，为预防买不到东西或价格上涨，居民们纷纷开始抢购。

从供应商方面来看，疫情的发展和消费者的行为也对供应商的效用体系产生了影响。许多零售机构供应商采取大量增加库存的方式来满足消费者的集中购买，而 2003 年 4 月 26 日以后，随着抢购趋于缓解，部分商品就出现了"滞销"；鲜活商品运输商和供应商的对策行为又有不同，抢购风潮初期，鲜活商品供应曾一度非常紧张，其中的一个重要原因是，因北京将要封城的传言甚嚣尘上，北京周边地区从事鲜活商品运输的商户减少了作业。由于搜寻、洽谈运输服务及进入北京的运输费用急剧上升，而进入北京城后销售场所、价格的变动情况也非常不确定，结果向北京供应鲜活商品的交易成本大大提高，致使鲜活商品供应商减少了对北京的市场供应；而口罩、消毒液等预防"非典"的医药类商品的供应则出现了较长时间的断货。由于我国缺少全国性的市场信息集中发布设施和机制，在应急情况下，这些信息没有能够及时传播到全国乃至国际市场，因而未能组织起更有效的供应。

从这个案例来看，突发公共事件发生后市场主体的效用评价体系和行为的变化是突发公共事件对商品和服务市场影响的决定因素。就这个案例而言，影响市场主体的效用评价体系和行为的因素主要包括：事前产品价格，事中抢购价格，居民预期价格，居民预期供应量，市场需求信息传播的广度和深度，厂商预期市场价格，为应急生产和销售需增加的交易成本，等等。

2. 2008 年南方雪灾

（1）概况。2008 年 1 月中旬到 2 月上旬，我国南方地区连续遭受四次低温雨雪冰冻极端天气过程袭击，总体强度为 50 年一遇，其中贵州、湖南等地为百年一遇。这场极端灾害性天气影响范围广，持续时间长，灾害强度大。全国先后有 20 个省（市、区）和新疆生产建设兵团不同程度受灾。低温雨雪冰冻灾害给电力、交通运输设施带来极大破坏，给人民群众生命财产和工农业生产造成重大损失。①

（2）雪灾对商品和服务市场的影响。自然灾害对实体经济的影响是显然的。通常像水灾、雪灾、台风之类的自然灾害会导致生产设施的破坏，导致正

---

① 中华粮网. 南方雪灾对粮油市场的影响［N］. http：//www.cngrain.com/adpage/new_ad/dpd/Events.html.

常的生产活动无法有效进行。本研究拟通过雪灾对商品市场的各个行业，即农产品、电力、能源、化工、交通、电力设备、钢铁、有色金属、建筑、旅游等行业的影响进行分析来研究雪灾对商品和服务市场的影响。

南方雪灾发生后，南方蔬菜种植受损明显，部分蔬菜大棚被积雪压塌，军民不得不抢收蔬菜。冻雨对广西甘蔗生长造成影响，部分地区尚未采收的甘蔗糖分减少 1 ~ 1.5 个百分点。因为雪灾导致运输不畅，引起南方部分地区玉米价格大幅上涨，甚至出现部分准备不足的饲料企业被迫停产的现象。受暴雪影响，食品价格直线飙升，其中蔬菜价格涨幅惊人。如武汉遭遇持续冰冻大雪天气，小白菜价格从降雪前的每公斤 2 元左右逐渐上涨到 8 元左右。①

由于暴风雪影响，主要受灾省份的输电塔倒塌，输电线路断裂，资产损失较大；由于冰冻影响，一些 500 千伏主要线路发生跳闸等自保护动作，造成不同电网之间失去相互支援能力，用户用电受到限制；电力系统不得不启动用户侧重管理，主要是保证居民用电和主要工业用电，对于高耗能用电适当进行控制。火电企业由于煤炭供应不上，发电量受到影响；由于暴风雪封路，一些高等级电气化铁路受到影响，公路运煤基本停滞，减少了电煤供应。在电荒和雪灾的情况下，部分企业和单位为了保证正常运营，加大了柴油发电的力度，这增加了成品油淡季的需求，使得国内为迎接旺季到来的库存积累受到了影响。

雪灾致使交通陷入瘫痪，铁路系统由于电力供给问题而瘫痪，公路、航空因路面冻冰问题而难以成行。雪灾暴露的交通脆弱性问题促使国家进一步加大对交通运输等基础设施的投资，建筑行业由于基础设施投资力度的加大而受益。

至于旅游业，雪灾对旅游行业的影响主要体现在春节黄金周期间国内旅游规模及收入大幅度下降，但从以往历次突发事件对旅游业的影响来看，旅游业在事件过后都能够快速复苏。由于雪灾发生在旅游淡季，在全年所占比重不大，旅游旺季到来后，在居民收入持续快速增长的背景下，雪灾对旅游业的冲击不大。

在以上两个案例中，由于突发公共事件对居民整体收入水平影响不大，所以通过收入来影响商品和劳务市场的效应不明显。事实上，持续时间较长的突发公共事件如金融危机对居民的收入冲击很大。据国家统计局农民工统计监测调查数据反映，2008 年全国农民工总量为 22 542 万人，其中，本乡镇以外就

---

① 网易新闻．暴雪打通农产品绿色通道［N］．http：//news. 163. com/08/0128/17/43AFSKJ6000120GU. html.

业的外出农民工数量为 14 041 万人。2009 年春节前返乡的外出农民工大约
7 000 万人，占外出农民工总量的 50%。① 从返乡原因看，只是回家过年的返
乡农民工为 4 500 万人，占 64.3%；因家庭原因、工程季节性停工等非经济原
因返乡的农民工为 1 300 万人，占 18.6%；因企业关停、企业裁员、找不到工
作、收入低等与金融危机有关的因素而返乡的农民工为 1 200 万人，占
17.1%。受金融危机影响而返乡的 1 200 万农民工占全部外出农民工总数的比
例为 8.5%②，这组数据充分表明金融危机对居民的收入造成了相当大的冲击，
而农民工收入的减少必然影响到需求从而对商品和服务市场产生影响。

　　由此可见，商品市场传导途径是突发公共事件影响宏观经济的重要传导途
径。突发公共事件通常会影响人们对特定商品和服务的消费需求从而改变该商
品的供求关系，影响商品价格，进而影响相关厂商的盈利水平，对相关产业造
成直接影响并影响关联产业的生产经营。通过进出口贸易额的改变，其对经济
的影响还会通过国际贸易途径在更广泛的范围内传导。

【小结】

　　通过分析突发公共事件短期影响我国宏观经济的路径，我们发现，突发公
共事件首先造成的就是生命和财富的直接毁损，虽然直接毁损可能并不大，但
会对相关产业产生直接影响，然后通过不同路径传递到实体经济。突发公共事
件会打破厂商的风险收益评价体系，导致厂商的投资决策和投资行为发生变
化，从而必然会对劳动力市场产生影响。突发公共事件通常还会影响人们对特
定商品和服务的消费需求从而改变该商品的供求关系，进而影响相关厂商的商
品价格和盈利水平，对相关产业造成影响并影响关联产业的生产经营。突发公
共事件会造成金融资产风险溢价突然改变，进而影响金融市场。此外，突发公
共事件还会影响人们的风险偏好和消费与投资信心，从而对宏观经济造成
冲击。

---

　　① 统计局. 截至 2008 年末全国农民工总量为 22 542 万人［R］. 2009 - 03 - 25. http：//
www. hinews. cn/news.
　　② 盛来运. 国际金融危机时农民工流动就业的影响［J］. 中国农村经济，2009（9）.

第三章

突发公共事件长期影响
我国宏观经济的路径分析

在前面的研究中，我们通俗地总结突发公共事件的长期经济影响和短期经济影响的区分，认为短期经济影响是各类市场主体针对突发公共事件"必须接受和不得不做的事"的经济结果，而长期经济影响是各类市场主体从某一突发公共事件中"学会了要做的事"的经济结果。

随着研究工作的深入，课题组达成的新共识是：长期代表的是一种经济增长趋势，一种经济效率和均衡的体现，一种经济决策者对新信息的充分理性反应；短期代表的是经济的周期性波动，一种效率的缺乏和非均衡的体现以及经济决策者对新信息的不充分或非理性（应急性）反应。

我们认为，原有的原则和新共识之间是统一的。当一个经济系统受到某种突发公共事件的冲击之后，经济系统被动地接受与紧急性地应对可以看成是一种短期影响，它强调的是一种被动的、紧急的、非理性的、效率缺乏的失衡性影响；而经济主体在以后的经济行为中，为避免这种突发公共事件的发生或者在这类突发公共事件发生之后尽可能地减少损失的努力，则可以看成是一种长期影响，它强调了一种主动的、合理预期的、理性的、有效率的均衡性影响。

本章拟从三个方面来分析突发公共事件的长期经济影响：首先，从理论框架的角度对突发公共事件的长期经济影响的发生机制进行探讨；其次，从实际案例出发，对提出的突发公共事件的长期经济影响理论框架进行例证；再次，选择一个或少数几个突发公共事件，对其长期经济影响进行实证分析，这一研究框架见图 3-1 所示。

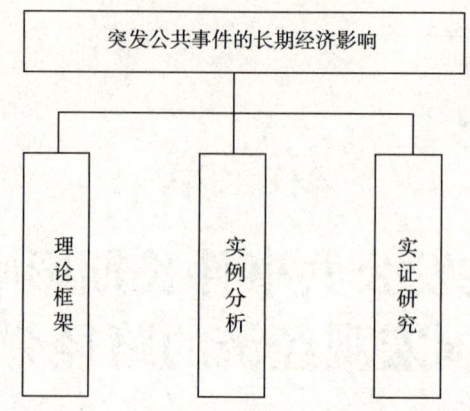

图3-1   突发公共事件的长期经济影响研究框架

第一节   突发公共事件的长期经济影响研究综述

突发公共事件会给经济系统带来意外的或无法预知的，可能正面、也可能负面的冲击。根据形成的原因来分，这些冲击可分为内部冲击和外部冲击。内部冲击是经济体内部因素造成的，如国内冲突、政局动荡、金融危机、经济危机和宏观经济决策的失误等。外部冲击是由外部因素造成的，如自然灾害的发生、重要进口商品价格的大幅波动、恐怖袭击以及国际政治经济形势的剧烈变化等。根据对总需求和总供给的影响来分，这些冲击可分为总需求冲击和总供给冲击。总需求冲击是指使商品或服务的需求暂时增加或减少的突发事件。例如，次贷危机中房地产价值的损失迫使人们大幅减少消费支出，造成了全球性的负面总需求冲击。总供给冲击是使商品或服务的供给暂时增加或减少的突发事件。典型的总供给冲击包括技术冲击和能源价格的突然变化。随着经济全球化进程的不断深入，引发突发公共事件的因素大大增加，这些冲击对经济发展的影响也日趋增强。

当前国内外的研究主要集中于突发公共事件对宏观经济的短期影响，这主要是因为传统的经济周期理论认为，一国的实际产出以大致不变的自然增长率增长，经济波动只是一种对自然增长率的暂时偏离，突发公共事件不会对产出造成长期影响。这一理论主要基于两个基本假设：第一，经济波动主要由总需求冲击造成；第二，总需求冲击对产出的影响是短期的。但一些实证研究表明，某些突发公共事件会对经济造成长期影响。Campbell 和 Mankiw（1987）对二战后美国经济的季度数据进行分析后发现，事前未曾预料到的突发公共事件所造成的实际 GNP 变化会给经济带来长期显著影响。他们通过对传统经济周期理论两个基本假设进行批判来解释这一发现。首先，他们认为经济波动是由总供给冲击和总需求冲击共同造成的，运用 Kydland 和 Prescott（1982）的实际经济周期模型可从理论上说明实际冲击是造成经济波动的可能原因。其次，他们认为总需求冲击也可能会对产出造成长期影响，总需求冲击可能使宏观经济在不同的均衡状态间转换，总需求冲击也可能带来技术创新。因此，不能简单地认为总需求冲击只在短期发生作用，或者说只有总供给冲击会对经济造成长期影响。

我们认为，无论突发公共事件是对总需求还是对总供给造成长期影响，这种影响最终会反映到一个经济体的生产率上来。因此，我们在对相关文献进行整理的过程中，采用了 Lipsey 和 Courant（2009）所提出的标准来判断突发公共事件是否会造成长期经济影响，即分析突发公共事件是否会对宏观经济造成长期影响，主要看突发公共事件是否会对生产率造成影响。如果突发公共事件对生产率的影响是正面的，就说明突发公共事件对宏观经济有长期促进作用。如果这种影响是负面的，就说明突发公共事件对宏观经济有长期负面影响。

Mankiw（2009）认为，生产率的增长主要由实物资本、人力资本、自然资源和生产技术所决定，一般的生产函数可以写成

$$Y = AF(L,K,H,N) \qquad\qquad (3-1)$$

式中，Y 代表产出，K 代表实物资本，H 代表人力资本，N 代表自然资源，A 是反映生产技术的变量。假定规模报酬恒定，那么可以得到

$$Y/L = AF(1,K/L,H/L,N/L) \qquad\qquad (3-2)$$

注意到，Y/L 是人均产出，代表生产率。所以式（3-2）表明生产率由人均实物资本存量、人均人力资本存量、生产技术和人均自然资源占有量所决定，我们将从这四个方面对相关的研究成果进行综述。

一、突发公共事件对实物资本的影响

虽然实物资本（Physical Capital）存量与经济增长之间的关系仍然存在一些争论，例如 Easterly 和 Levine（2001）认为，要素积累并非产出增长的主要驱动力。但大量的实证研究表明，实物资本存量的积累是产出增长的必要条件，产出的快速增长与实物资本存量的快速增长相伴。Krueger 和 Lindahl（2001）在截面数据回归分析中发现，人均资本存量对产出增长率具有巨大影

响。Bond 和 Leblebicioglu 等（2004）的研究发现投资对产出增长率和产出水平都具有长期的正向作用。突发公共事件可以直接损毁实物资本或通过影响投资来影响实物资本的积累，进而对长期经济增长造成影响。

自然灾害会造成实物资本不同程度的损失，但最终实物资本存量的变化则主要取决于灾后重建的投资是否能弥补损失的实物资本。有些国家能够迅速弥补实物资本损毁，而有些国家由于制度的不健全，重建比较困难，损毁的实物资本不能得到及时更替。保险的缺失、官僚主义和腐败等因素都会延缓甚至阻止重建的进行，从而导致实物资本的更替无法完成。Skidmore 和 Toya（2002）的实证研究表明，自然灾害与实物资本存量之间存在负相关关系，但他们的实证结果缺乏稳健性。这主要是因为在自然灾害发生后人力资本有可能增加，而这将带来更高的实物资本回报率，从而促进实物资本的增加。Auffret（2003）发现，自然灾害对长期经济增长的影响很难预测，因为这取决于重建工作如何开展，特别是实物资本的更替非常关键。如果损毁的实物资本没有得到更替，那么经济增长就会受到自然灾害影响。他也没有提供任何实证研究的结果来支持他的观点。Loayza 和 Olaberria（2009）的实证研究则表明，自然灾害对不同的部门资本劳动比的影响不同。如果自然灾害会降低某一部门资本劳动比，则该部门的产出增长率在灾害过后会减少，如果自然灾害会增加某一部门资本劳动比，则该部门的产出增长率在灾害过后会增加。

金融危机本身并不会损毁实物资本，但是如果危机持续的时间过长，那么实物资本可能会因为闲置得太久而报废。更重要的是，金融市场与实体经济联系紧密。在金融危机期间，金融资产的必要回报率会急剧升高，根据套利原理，这将导致实物资本的必要回报率急剧升高，进而使实体经济中实物资本使用量急剧减少。金融危机也不可避免地会影响企业的借贷能力，减少它们的投资水平，这会降低实物资本存量的增长速度。Jermann 和 Quadrini（2009）的研究表明，金融危机期间企业借贷能力的削弱和资本结构的刚性会对经济增长带来显著的负面影响。Yilmazkuday（2007）的实证研究发现，金融危机对长期经济增长有明显的负面作用。

恐怖袭击或国内小规模冲突的爆发通常只会对很小部分的实物资本存量造成破坏，但这些事件的发生意味着社会或政治不稳定性因素的增加，这会增加经济环境的不确定性，进而抑制投资的增长，并最终影响实物资本的积累。对许多国家来说，政治不稳定是经济增长的主要障碍（Barro, 1991; Alesina 和 Ozler 等，1996）。由于实物资本的跨国流动日益增加，社会的稳定性对投资者的经济决策有重要影响。Svensson（1998）指出，社会不稳定会导致国内投资的减少，并使储蓄投向非市场化产品的生产或导致资本外逃。Lucas（1990）认为，一些发展中国家的政治风险严重阻碍了国外直接投资（FDI）的流入。许多实证研究（Aharoni，1966；Basi，1963；Schollhammer，1974）发现，20世纪60年代至70年代的政治冲突事件是影响国外直接投资的最重要因素之一，当然这跟当时的冷战氛围有重要关系。Abadie 和 Gardeazabal（2008）的实证研究发现，恐怖袭击的发生会对实物资本在各国之间的分配产生重大影响，恐怖袭击发生的风险每增加1个标准差，就会使 FDI 在 GDP 中的比重下降5个百分点。

二、突发公共事件对人力资本的影响

人力资本（Human Capital）对经济增长有实质贡献，人力资本是指劳动者受到教育、培训、实践经验、迁移、保健等方面的投资而获得的知识和技能的积累，亦称"非物力资本"，其内涵远大于劳动力。马歇尔（Alfred Marshall）曾强调所有资本中最有价值的是人力（Tilak，1989）。然而，直至20世纪50年代还没有研究将经济增长归因于人力资本，相对地，当时还认为劳动力数量及资本才是经济增长的动力。Schultz（1961）首先指出教育不仅是消费活动，而且也是一项投资。他认为与实物资本投资相较，教育是人力资本形成的重要因素。后续很多的人力资本对经济影响的实证研究也陆续出现。Leeuwen 和 Foldvari（2008）的实证研究发现，整个20世纪印度和印度尼西亚的人力资本存量与总收入之间都存在协整关系，日本在20世纪50年代之后也存在这种协整关系。突发公共事件对人力资本的影响主要通过两种方式。第一，突发事件可能造成人力资本载体——劳动者数量的减少；第二，突发事件可能会对教育产生影响。

自然灾害和重大生产安全事故可以造成大规模的人员伤亡（见表3-1）。2008年我国发生的汶川大地震造成的伤亡人数高达87 846人。1976年唐山大地震造成了242 000人死亡，是20世纪以来造成伤亡人数最大的地震。1984年12月印度博帕尔（Bhopal）毒气泄漏事故造成25 000人死亡，10万到20万人身体留下了永久性伤害。1986年的切尔诺贝利核电站泄漏事故使60万人遭到了核辐射。① 对于有移民传统的国家或地区来说，自然灾害造成的劳动者数量减少还不仅限于劳动者的伤亡。联合国开发计划署（UNDP）（2006）年的报告指出，严重的自然灾害会造成显著的移民效应。特别是这些移民往往拥

---

① 百度网. 100次人类大灾难［R］. http：//wenku. baidu. com/view/9c97b60d4a7302768e993965. html.

有较高技术水平，这会对灾害发生地区的人力资本存量造成显著损害。传染病造成的人员伤亡更令人触目惊心，大规模的传染病对人力资本存量的损害极为严重。1917 年 10 月俄国"十月革命"前后，俄国斑疹伤寒严重流行，造成约300 万人死亡。1918 年 3 月，"西班牙大流感"在一年之内席卷全球，患病人数超过 5 亿，死亡人数近 4 000 万，相当于第一次世界大战死亡人数的 4 倍。①马尔萨斯在《人口原理》中认为，人口的快速增加会导致经济的负增长，而瘟疫和传染病可以降低人口增长率，使经济重新呈现正增长。Brainerd 和 Siegler（2003）的研究也发现，在美国"西班牙大流感"中死亡率较高的州，人均资本存量会得到大幅增长，在流感过后，这些州的人均产出和收入均得到提高。与马尔萨斯的观点相反，现代的经济学家们普遍认为瘟疫和传染病会对人力资本存量造成负面影响，但灾难过后人们的健康状况会得到改善，而 Pan-yarachun（1995）的研究表明，健康状况的改善可以使生产率、储蓄、投资和 FDI 增加，最终促进经济增长。

表 3 - 1　　　　　1900—2008 年我国死亡人数前 10 位的自然灾害

排名	灾害	时间	死亡人数（万人）
1	洪水	1931 年 7 月	370
2	干旱	1928 年	300
3	洪水	1959 年 7 月	200
4	传染病	1909 年	150
5	干旱	1920 年	50
6	洪水	1939 年 6 月	50
7	地震	1976 年 6 月 27 日	24.2
8	地震	1927 年 5 月 22 日	20
9	地震	1920 年 12 月 16 日	18
10	洪水	1935 年	14.2

资料来源：EM - DAT：The OFDA/CRED International Disaster Database。

　　自然灾害也会对教育系统产生损害，例如学校的损毁会造成学生的停课，从而影响教育的进程。在经济落后地区，如果自然灾害造成了家庭收入的减少，那么学生就可能辍学回家来赚取家庭收入，这就会对人力资本积累产生长远影响。Cuaresma（2009）采用跨国面板数据回归对自然灾害与教育投入之间的关系实证研究后发现，自然灾害的发生频率对中学入学率存在负面影响，是

---

　　① 百度网 . 100 次人类大灾难 ［R］. http：//wenku. baidu. com/view/9c97b60d4a7302768e993965. html.

造成各国中学入学率差距的一个重要因素。Almond（2006）对"西班牙大流感"的长期效应进行研究后发现，流感造成许多受感染的儿童失去了教育机会，同时流感给一些感染者的身体造成了永久性损害，这些都是对人力资本的负面影响。Paul 和 Levine 等（2003）指出，自然灾害和传染病造成的家庭中父母的死亡，会对儿童的人力资本的形成造成巨大的影响。因为这会导致儿童丧失家庭教导者，缺少来自父母的价值观传递以及情感和精神上的支持。Skidmore 和 Toya（2002）指出除干旱外的气候灾害会提高经济增长率，同时他们发现地质灾害会降低经济增长率，原因在于气候灾害过去之后人力资本会增加，而地质灾害发生后，实物资本和人力资本都会发生损失。

自然灾害的发生也可能对人力资本的积累产生正面影响。由于未来自然灾害风险的存在，实物资本的投资不如人力资本的投资更具吸引力，政府可能会增加教育系统和职业培训的投入，从而增加人力资本积累。Lopez（2009）运用动态一般均衡模型证明，对于那些实物资本相对充裕、人力资本相对匮乏、经济增长停滞不前的经济体，自然灾害的发生会使其转而重视人力资本的积累，进而走上稳定增长的道路。

现有的经济环境是人力资本积累的重要因素，Lucas（1988）将人力资本的增长视为现有人力资本水平和质量的函数。金融或经济危机会造成经济环境的恶化和生活水平的下降，无论是企业还是个人都会减少对人力资本的投资。联合国儿童基金会（UNICEF）（1997）的报告指出，未预料到的经济危机是童工增加的重要原因。在经济危机时期，儿童被迫辍学来挣取家庭收入。大部分童工在将来都不会再接受教育。他们即使返回学校，也已经落后于普通同龄人。

金融或经济危机也可能会刺激人力资本的增加。金融危机会使实物资本投资大量减少，进而导致就业机会大量减少。劳动者会通过增加人力资本的投资，来增加就业竞争力。特别是如果年轻人认为危机是暂时的，那么他们会考虑在危机期间学习，并推迟工作，这会导致人力资本的增加，在危机过后这些人力资本可以推动经济增长。Heylen 和 Pozzi 等（2004）对 86 个国家 1975—2000 年的数据进行实证分析后证实了通货膨胀危机对人力资本的增长有正面影响。

三、突发公共事件对生产技术的影响

熊彼特在《经济发展理论》中创造性地提出，不是资本和劳动力，而是技术创新，是资本主义经济增长的主要源泉。在索洛增长模型（Solow，1957）

中，技术进步可以通过改变生产函数使生产函数曲线向上移动，达到经济增长的目的。Romer（1990）把增长建立在内在技术进步上，在理论上第一次给出了技术进步内生增长模型。突发事件可能促进或阻碍技术进步，也可能改变技术创新的外部环境。

对财政不充裕的国家而言，为了维持社会的稳定，灾后重建的资金可能会挤占研发部门科技创新所需的资金，继而影响技术进步。Cuaresma 和 Jhlouskova 等（2008）的实证研究发现，发展中国家的自然灾害风险对这些国家在对外贸易中的技术外溢效应有负面影响，因此会阻碍技术进步。但 Skidmore 和 Toya（2002）的实证研究表明，自然灾害与全要素生产率之间存在正向关系。全要素生产率中体现了资本中的技术含量，因此该研究间接说明自然灾害可以推动一国技术水平的发展。Okuyama 和 Hewings（2004）认为，技术含量低的陈旧生产设备在自然灾害中更易遭到损毁，因而这些受损设备被更替为技术含量高的新设备后可以提高生产率。此外，自然灾害的发生也迫使人们投入更多资金来研发新的技术以预测、防范和减轻灾害的危害。

金融危机的发生会对风险资本市场产生影响，继而影响技术创新。Block 和 Sandner（2009）发现，金融危机的发生会造成风险投资的减少，此时 IPO 市场的疲软也会影响企业的融资，技术进步与创新所需的融资会严重短缺。但历史经验也表明，全球性经济危机往往催生重大科技创新突破和科技革命。1857 年的世界经济危机引发了以电气革命为标志的第二次技术革命，1929 年的世界经济危机引发了战后以电子、航空航天和核能等技术突破为标志的第三次技术革命。Mensch（1978）通过对 112 项重要的技术创新考察发现，重大基础性创新的高峰均接近于经济萧条期，技术创新的周期与经济繁荣周期成"逆相关"，因而认为经济萧条是激励创新高潮的重要推动力，技术创新又将是经济发展新高潮的基础。Freeman 和 Perez（1988）就认为，高技术研究开发和新兴产业发展是解决经济危机的关键。

国际贸易通常也被视为是一种生产技术，其投入是进口商品和服务，产出是出口商品和服务。因此，国际贸易状况的变化可以视为生产率的变化。Easterly 和 Kremer 等（1993）的实证研究发现，国际贸易冲击对解释长期经济增长和经济波动有重大意义。Easterly 和 Islam 等（2001）认为，对于小的开放经济体，国际贸易的负面冲击与生产技术的负面冲击产生的效果是一样的。Fratianni 和 Kang（2006）指出，恐怖主义会增加交易费用和通关难度，从而减少实际贸易量。他们的研究还表明，发生恐怖活动的国家与其他国家的边境距离越远，这种影响就越小，恐怖主义会将距离较近国家之间的贸易转变为距离较远之间的国家的贸易。金融或经济危机也通常会对国际贸易造成影响。金融或经济危机发生后，经济系统中的流动性匮乏，企业和厂商借贷困难，继而导致企业减产或破产，这会进一步造成进口和订单的大幅减少，最终影响国际贸易量。与此同时，危机发生国的本币可能会贬值，这会提高厂商的生产成本。零售商们为了获得流动性，也会低价销售库存商品，这很容易造成贸易摩擦。为了保护本国经济和弥补财政赤字，各国政府往往采取贸易和金融保护主义的做法，这会加剧各国间的紧张关系，恶化经济危机。

四、突发公共事件对自然资源的影响

现代经济增长理论发展之初，自然资源和环境因素并没有被纳入分析范围。直至 20 世纪 70 年代，经济学家们认识到新古典增长模型的局限时，才开始重视自然资源与环境对经济增长的作用（Solow，1974；Stiglitz，1974）。Grossman 和 Krueger（1995）通过对 42 个国家横截面数据的分析，发现部分环境污染物排放总量与经济增长之间的关系呈现倒 U 形曲线。Chambers 和 Guo（2009）的研究表明，经济增长率与自然资源在生产过程中的利用正相关。

自然灾害会对一国自然资源存量造成影响。飓风和暴风雨会摧毁大量的森林资源。飓风和干旱会冲走或减少土地的肥沃程度，从而导致农作物减产。自然灾害对风景区的破坏，会在较长时间内影响旅游业。但自然灾害也并不是总会给自然资源存量带来负面影响，例如 Abbott（2004）指出洪水过后或火山爆发后，土地的肥力都会增强，虽然农民短期遭受了损失，但是从长远来看是受益的。同样旅游业也会在将来进一步地繁荣，因为游客会受到灾难本身的吸引。因此，如果自然灾害没有造成大量的自然资源损失，而是带来了长期的自然资源存量增长，那么这些自然灾害对长期经济增长就是有益的。

重大生产安全事故造成的环境污染则可能会对自然资源造成重大破坏。切尔诺贝利核电站泄漏事故的污染物对 37 个国家和地区的环境和自然资源造成不同程度的破坏。Söderqvist（2000）估计切尔诺贝利核电站泄漏事故对瑞典的驼鹿资源损害造成的经济损失不低于 7.36 亿瑞典克朗，而瑞典的驼鹿资源只占受事故影响的自然资源的很少部分，事故对自然资源的损害之大由此可见一斑。

五、简评

突发公共事件对经济的长期影响长期以来并没有得到主流经济学家和经济理论界的充分重视。随着突发公共事件发生频率的增加和影响的增大，突发公

共事件对经济的长期影响也开始逐渐引起学术界的注意。近年来的一些理论和实证研究都表明，突发公共事件在不同程度上确实对长期经济增长的决定要素会产生影响，不同类型的突发公共事件造成的长期影响不同。突发公共事件造成的负面影响更为直观和为人所知，如自然灾害对实物资本存量和人力资本存量的损毁、恐怖主义对国际贸易的损害、金融危机对教育投入的影响和生产安全事故对环境资源的影响。对突发公共事件造成的负面影响的了解，可以使我们更重视对这些冲击的防范，也可以使我们事前做好应对冲击的准备。但更应该引起我们重视的是，这些研究当中所揭示的往往为人所忽略的突发公共事件可能带来的正面影响。自然灾害过后实物资本的有效更替、经济危机期间对教育和技术创新的支持等都可以为经济在遭受短暂冲击后的进一步长期增长奠定基础。一国政府是否能充分利用突发公共事件的正面影响，是转"危"为"机"的关键。Stromberg（2007）和 Kahn（2005）的研究都发现，从世界范围看，那些贫穷的、治理能力落后的国家受自然灾害的影响更严重。

全球化的不断推进使世界经济体系变得高度复杂，突发公共事件导致的经济冲击传播速度越来越快、影响范围越来越广、对经济的影响也越来越复杂。根据复杂性理论的"蝴蝶效应"，即便一个小经济冲击也会以高度不可预测的结果扩大和传播，带来难以预测的结果。羊群效应、恐慌、不确定和不完整信息的传播可能使负面反馈循环出现，导致冲击加剧，从而对世界经济造成长期深远的影响。当前的研究局限于在主流经济学范式下对突发公共事件进行研究，不能充分深入地对这种复杂的长期影响进行分析。因此，将来亟待引入复杂性范式及研究工具对突发公共事件的长期影响作进一步深入研究。

第二节　突发公共事件长期影响宏观经济的理论框架

现有的文献表明，不同的突发公共事件，其对长期经济影响的结果存在较大的差异，有研究表明，自然灾害对经济可能有长期正面影响，而恐怖袭击对经济可能存在长期的负面影响。即便同属自然灾害，Skidmore 和 Toya（2006）收集的实证数据表明灾害发生的类型对灾害给长期经济的影响是积极的还是消极的有显著作用，研究表明气候灾害与长期经济走好有关系，而地质灾害与长期经济走低有关系。即便是同一种具体的突发公共事件，其严重程度不同，对经济的长期影响可能存在着明显的差异，如 Hallegatte 和 Dumas（2008）的研究表明，灾后一个更好但缓慢的重建放大了灾难的短期后果，但是会从长期获益，但当灾难损失超过了重建能力时，可能导致贫困陷阱。除了突发公共事件的类别外，突发公共事件对经济的长期影响还受到一些环境变量的影响，如经济系统的规模和结构，一次火山喷发对于一个小的岛国而言，可能是一次灭顶之灾，而对一个大的国家而言，可能长期影响比较有限，如果发生在一个大国海边的一个已知的活火山旅游景点，可能有长期的正面影响。由此可见，想要明确地指出哪一类突发公共事件会产生何种性质何种程度的长期经济影响是很困难的。

本节的研究重点并不在于弄清楚突发公共事件的长期经济影响的结果，而在于初步理清突发公共事件长期影响经济的路径或机制，本节主要回答以下一个问题：突发公共事件为什么会对经济造成长期影响？

为了更加简洁地回答上述问题，我们认为有必要设定几点假设：其一，我们研究的对象是一个较大的经济体，经济实力较强，产业结构比较完整，受到突发公共事件的冲击后，有较强的经济应对和恢复能力，相对应地，发生的突发公共事件并没有严重到超过该国的承受能力；其二，不区分突发公共事件的类别，不针对某一类突发公共事件，研究其长期经济影响的结果；其三，不考虑其他非经济环境变量的差异，如文化背景、政治法律环境的差异等。

突发公共事件对经济造成长期影响可以看成是一个包括三个阶段的过程。第一阶段，突发公共事件发生，对宏观经济造成一定程度的外生冲击，可以称这一阶段为冲击阶段；第二阶段，人们对所发生的突发公共事件作出反应，改变了其决策与行为的习惯，可以称这一阶段为解构阶段；第三阶段，人们在突发公共事件发生后改变的决策与行为习惯，有一些随着该突发公共事件过去的时间越来越长而逐渐回复到突发公共事件发生前的状态，而另外一些则无法回复到突发公共事件发生前的状态，这些不能回复到事件发生前的决策与行为的改变所造成的经济影响就是突发公共事件对经济的长期影响，可以称这一阶段为重构阶段，它主要指一种决策与行为特征的重构。

本节的研究框架与这三个阶段的影响过程相一致，在第一部分，我们讨论突发公共事件对宏观经济会造成哪些外生冲击，主要从对经济资源的冲击和对经济主体的冲击两个方面来分析；在第二部分，我们讨论突发公共事件发生后，人们的决策与行为特征会发生哪些变化，主要分析消费者行为、投资者行为和政府行为会有哪些特征的变化；在第三部分，我们讨论那些无法回复到事件发生前的决策与行为特征会对宏观经济造成什么影响，主要分析消费者、投资者和政府三个经济主体的决策与行为特征重构会对总需求和总供给造成何种类型的长期经济影响（见图 3 - 2 所示）。

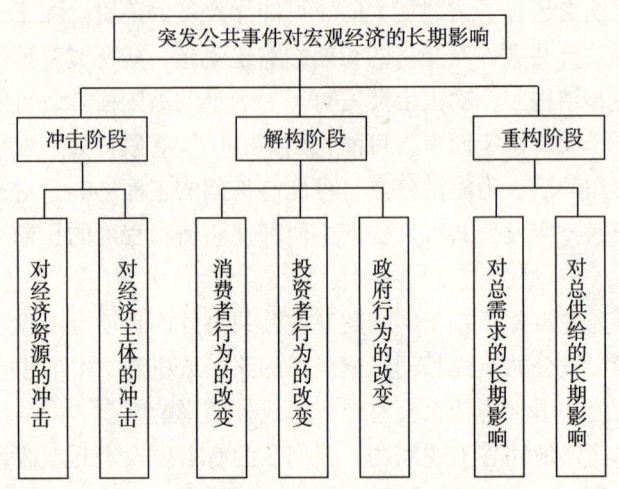

图 3 - 2　突发公共事件对宏观经济的长期影响分析框架

一、突发公共事件对宏观经济的外生冲击

突发公共事件对宏观经济的外生冲击可以分为两类：其一是对经济资源的冲击，其二是对经济主体的冲击，前者主要是对一些实际的经济资源的冲击，而后者主要是对各类经济主体的精神和思维习惯的冲击。

（一）对经济资源的冲击

西方经济学传统的观点认为，经济资源主要有三种：劳动力、资本和土地（自然资源），后来，人们认为企业家才能也是其中一种重要的经济资源，当前人们对经济资源的认识仍在不断地发展，如新要素理论认为，技术、信息、人力资本以及研究与开发等因素也都是重要的经济资源，前文中，我们述及了Mankiw（2009）的一般生产函数（式 3 - 1），其中 Y 代表产出，L 代表劳动力，K 代表实物资本，H 代表人力资本，N 代表自然资源，A 是全要素生产率，它代表了技术进步、制度以及规模经济等经济变量的综合影响。

按照这一生产函数以及广泛的经济资源的观点，突发公共事件对上述五个方面的经济资源均可能造成冲击。① 但是对于全要素生产率 A，由于它是通过影响前四种经济资源的配置效率和生产效率发生作用，所以突发公共事件对它的直接冲击比较少，我们暂不讨论。

---

① 这里的冲击只包括突发公共事件发生后最直接的冲击，至于直接的冲击造成的后续冲击则不考虑在内，这是本研究后面部分所要讨论的问题。

突发公共事件对劳动力 L 的直接冲击主要表现为劳动力的减少。有些突发公共事件会导致部分劳动人口丧失劳动力甚至生命，除了生命这一重要的价值外，从经济上讲，劳动人口的减少意味着产出能力的降低。如有研究人员在"9·11"恐怖袭击事件后，以生产能力对生命损失作了一个估计，总数达到78 亿美元。

突发公共事件对资本存量 K 的直接冲击主要表现为对现存资本的冲击。如5·12 汶川地震，震区的厂房、设备毁损严重。如处于汉旺镇的东方电气公司，地震造成的直接财产损失金额为 15.65 亿元。[①] 一般来说自然灾害、恐怖袭击及其他社会安全事件都会使一个经济体现存的资本存量减少。有研究估计，"9·11"恐怖袭击事件使美国毁损和需要置换的物理资本和基础设施总价值为 216 亿美元。

突发公共事件对人力资本 H 的直接冲击一方面表现为广大的受过良好训练的劳动者丧失劳动力甚至生命，另一方面表现为教育与训练体系运转效率因受冲击而降低。如公共卫生事件爆发后，一些受教育者可能永久性地受到伤害从而失去受教育机会，也有可能因为受公共卫生事件的影响，教育系统运行中断，这些都会影响一国的人力资本。

突发公共事件对自然资源 N 的直接冲击主要表现在两个方面：其一表现为自然资源的毁损，如一次较大的火山爆发，可能使得以前可耕种的农田再也无法耕种；其二表现为自然资源的利用难度加大，如一次地震可能使得原本较容易开发的矿产变得难以开采。

（二）对经济主体的冲击

在第一章突发公共事件对我国宏观经济影响的复杂性研究中，我们讨论过突发公共事件的概念，其中一个重要的结论是：突发公共事件是指那些在社会上引起较大影响，受影响主体大多无法准确预测，并导致或可能导致在较大社会范围内形成一种严重紧急状态的事件。处于这种紧急状态中的经济主体毫无疑问地会产生某种紧张感，这种紧张感对经济有重要影响。因为，无论是消费者、投资者还是政府一旦处于某种紧张状态之中，他们的经济决策和经济行为就有可能在短期或长期发生变化，这种变化对宏观经济产生重要影响。

Levy 和 Galili（2006）分析了恐怖袭击对个人投资者金融交易可能的影响。文章采用了以色列一家大型银行提供的超过 3 000 家居民的数据，研究了1998—2002 年人们对恐怖袭击事件对普通证券投资的反应。实证分析表明恐

---

① 范彪. 东方电气地震带来直接损失 15.65 亿［N］. 证券时报. 2008 - 12 - 24.

怖主义对实际交易有明显的负面作用，有可能限制人们通过交易证券来分散风险的空间。文章对投资者不愿意进行股票交易提供了一些心理学的解释，包括对公共风险的担忧（结果是悲观的风险预期和风险厌恶选择）、恐怖袭击导致的摇摆不定的感觉、焦虑和悲观失措的后果、努力回避未来、后悔等。

突发公共事件对经济资源的冲击和对经济主体的冲击在时间先后上并不是一定的。有一些突发公共事件首先对经济资源造成冲击，进而对经济主体造成冲击，如自然灾害，它往往造成实际资本的毁损、人力资本的减少、生产效率的下降，进而对经济主体形成某种紧张感；而有些突发公共事件首先对经济主体造成冲击，如某国出现较大规模的群体性事件，社会安全无法得到保障，可能并没有直接造成经济资源的毁灭或减少，但人们可能出现普遍性的对安全的担忧，进而减少工作时间、减少储蓄或工作效率降低，这就造成了对经济资源的冲击；还有一些突发公共事件可能同时造成对经济资源的冲击和对经济主体的冲击，如公共卫生事件，它一方面通过影响人们的健康对经济资源造成冲击，另一方面人们会对这一公共卫生事件产生较为强烈的恐慌感。

二、突发公共事件对宏观经济冲击的内生化的行为基础

前文讨论的是突发公共事件对宏观经济的直接冲击，这种冲击对于人们惯常的经济系统而言是"意外的"，是没有合理预期到的，人们往往会针对这种意外的情况作出经济上的反应，这种反应对于突发公共事件发生前的决策与行为特征而言，是"非理性的"、"失衡的"以及"缺乏效率的"。但是，如果人们在这些突发公共事件发生后，从中吸取教训、总结出应对的经验，以至于他们长期的决策和行为特征都发生了改变，以便当同类型的突发事件再次发生时，他们尽可能不受损失或损失尽可能地小，那么他们的经济反应相对于这种新的决策与行为特征而言，则是"理性的"、"均衡的"以及"有效率的"。

由此可见，突发公共事件要对宏观经济造成长期影响，关键在于突发公共事件这种外生的冲击深入人们的经济观念，更充分地为人们所认识，成为经济系统的一个内生变量。所以，从这个意义上讲，突发公共事件对宏观经济的长期影响过程实际上是一个外生冲击内生化的过程，这种外生冲击变成内生变量的过渡或者行为基础即是各类微观主体的决策和行为特征的改变。

（一）消费者行为的改变

突发公共事件可能在三个方面改变消费者的决策和行为特征：其一，突发公共事件可能直接影响消费者的收入水平或未来的收入预期；其二，突发公共事件可能影响消费者对不同商品的效用评价序列；其三，突发公共事件可能影

响消费者在当期和未来时期的跨期消费效用评价。

有一些突发公共事件直接影响消费者的收入水平，如自然灾害发生后，受灾地区人们的生产经营活动遭到沉重打击，财富存量可能大幅变少，日常收入也可能大幅下降。如世界银行的 Mckenzie（2006）对墨西哥比索危机的研究表明：1994 年 12 月 20 日比索被迫贬值之后，墨西哥面临着大萧条以来最严重的经济危机，1995 年实际人均国民生产总值下降 9.2%，1994—1996 年期间制造业的工资下降了 21%，家庭支出下降了 15%；而另外一些突发公共事件可能并不导致当期的收入下降，但可能改变人们对将来的收入预期，如某国发生了恐怖袭击事件，可能事件并没有直接冲击该国的旅游业，但该国从事旅游业的居民可能会预期未来的收入将会下降，而公共卫生事件的频发，则有可能使得医药卫生用品的从业人员预期未来的收入会上升。

突发公共事件的发生有可能影响人们对不同商品的效用评价排序，如流行感冒的爆发，可能使得人们对流感预防类药物的重要性有了新的认识，与其他的商品相比，这类药物可能会变得更重要，相对应地，它们的边际效用将相对变大。

突发公共事件的发生也可能影响人们跨期的消费效用评价。如 Tsiddon（2004）研究表明，由于恐怖袭击事件密集发生，以色列居民的储蓄率逐渐下降，原因在于未来的风险很高，当期的高消费相对而言效用更高一些。

根据微观经济学常识，收入水平的变动会导致预算线发生移动，而不同商品的效用排序的变化则会导致无差异曲线发生变化，如果消费者的收入水平和效用评价序列发生了改变，那么最优决策的点（预算线和无差异曲线的切点）就会发生变化。如果这种变化是长期的，那么长期的消费总量（受收入水平限制）和消费结构（受不同商品的边际效用排序限制）就会发生变化。而跨期的效用评价发生变化会引起收入在当期和未来的分配，这势必影响当期和未来时期的消费总量。

（二）投资者行为的改变

如果说突发公共事件对消费者的影响主要是通过对"消费者的收入—效用评价体系"产生影响来发挥作用的，那么突发公共事件对投资者的影响则主要是通过对"投资者的收益—风险评价体系"产生影响来发挥作用的。

投资者的决策较少地受到当期的收益水平的影响，因为投资是一项时间跨度较长的决策，投资者更多地追求未来各期收益的现值最大化。但是与收益水平联系在一起的是风险水平，如果某一市场准入条件较低，那么不大可能出现低风险—高收益或者高风险—低收益的情形，往往高风险对应着高收益。

　　突发公共事件的发生往往会同时改变投资者的收益和风险评价。一方面，突发公共事件的发生，从一定程度上而言，投资环境的风险水平上升了，在同等收益水平条件下，投资者可能会寻找风险水平较低的投资地点进行投资；另一方面，突发公共事件的发生，由于消费者的收入—效用评价体系发生了变化，进而不同商品的需求曲线发生变化，生产不同商品的收益水平可能发生显著的改变，投资者可能会选择新的行业进行投资。

　　选择不同的投资地点和投资项目要比较收益和风险水平的综合影响，并不一定非要改变投资地点和投资项目。如果因为突发公共事件的发生，原投资地点风险水平上升了，但收益水平也上升了，并且超过了投资所必需的风险溢价，那么还是应该在原投资地点投资，只不过在具体的投资过程中，要着重强调该类突发公共事件再次发生的可能性以及应该在投资中做好的必要准备。比如，在地震带建厂，需要选择在较为平坦开阔的地区，厂房的抗震性要比较好，机器设备的安装与运行要更为稳固。

　　例如，人们一般认为在某城市的地标级建筑物里办公，可能是实力与品质的象征，可能带来更多的商业机会与更高的声誉，但 Abadie 和 Dermisi（2008）研究表明，"9·11"事件之后，没有直接受到恐怖袭击的芝加哥，三大地标商业楼空置率大幅攀升，这说明"9·11"恐怖袭击的发生，改变了人们对商业地产的投资收益—风险评价体系，人们认为商业地产的风险水平更高了，而收益水平却并没有显著地提高，于是纷纷离开地标级的商业办公楼，寻找更安全而收益并不会下降很多的办公地点。

　　（三）政府行为的改变

　　政府一方面是经济体系的参与者，另一方面又是经济体系的管理者。作为参与者，它往往通过政府购买参与到产品市场和要素市场中来；作为管理者，它可以通过制定一系列的经济政策干预宏观经济，以弥补市场的不足。因此，在突发公共事件发生后，政府行为的改变也包括两个方面，其一是政府购买行为的改变，其二是政府管理行为的改变。

　　政府作为购买主体，其决策行为与消费者类似。一方面，突发公共事件也会影响到政府的税收，进而影响到政府购买的总量①；另一方面，突发公共事件也会影响政府购买不同产品的效用评价排序，如恐怖袭击发生后，政府往往会较大幅度地增加安全保障支出，因为安全保障问题显得更重要了。

----

　　① 此处并不是说政府购买总额一定会因为税收收入减少而下降，因为政府购买只是政府支出的一部分，政府可以通过提高政府购买金额所占的比例来保持政府购买水平。

政府作为管理主体，其决策更多地是以社会福利的最大化为目标。当突发公共事件发生后，政府有可能会通过增加转移支付的方式帮助受冲击地区的居民和企业渡过难关，也有可能通过制定一系列的总需求政策（财政政策、货币政策）和总供给政策（收入政策、科技政策、产业政策、人力资本政策）对整个国民经济进行干预。要注意的是，这些政策有些是短期的（如总需求政策），主要目的在于克服突发公共事件所造成的短期困难，有些政策则具有长期效果，如总供给政策，这种政策的改变势必对经济造成长期的影响。

三、突发公共事件对宏观经济的长期影响

消费者、投资者和政府这三大微观经济主体的决策和行为特征是一个系统，突发公共事件的发生造成的紧张感可能会打破这个系统，在应对突发公共事件的过程中，各类微观主体的决策和行为特征系统会逐渐得到重构，重构后的系统与以前的系统之间的差异就会对经济造成长期的影响。

（一）对总需求的长期影响

突发公共事件可能对总需求产生长期影响，一般的总需求公式可以表示为

$$Y = C + I + G + NX \qquad\qquad (3-3)$$

式中，Y 为总需求，C 为消费，I 为投资，G 为政府购买，NX 为净出口，即出口额与进口额之差。消费者、投资者和政府的决策和行为特征均有可能由于受到突发公共事件影响而发生改变，如果这种改变无法回复到突发公共事件发生之前的状态，那么这些改变必将对总需求造成长期影响。

如前所述，突发公共事件会对消费者的行为产生三方面的改变：对当期收入或收入预期的改变，对不同商品的效用水平序列的改变以及对跨期消费效用水平评价的改变，如果这些改变中有一些是长期的甚至是永久的，那么对消费将产生长期影响。Blunk、Clark 和 McGibany（2006）分析了"9·11"恐怖袭击对美国旅游航空业的影响，他们认为航空业不可能回到袭击前的发展趋势，这一影响将会是永久的。只要机场提高了安全措施使旅行者到达机场的时间要求比恐怖袭击之前要早，航空部门的预期收入就会低于袭击前的水平。

突发公共事件通过改变投资者的收益—风险评价体系来影响投资者行为，投资者行为的改变既可能改变投资总量，也可能改变投资结构。Eckstein 和 Tsiddon（2004）的研究表明：由于恐怖袭击，处于更严重死亡威胁下的以色列人民对未来的价值评价变小，于是储蓄倾向降低，社会的储蓄率下降，与此同时，随着死亡概率的上升，利率上升，这两方面的共同作用必将导致投资下降。这表明，突发公共事件可能在一国国内通过影响边际储蓄倾向使投资总额

发生变化。

另外 Abadie 和 Gardeazabal（2008）的研究指出，恐怖袭击增加了不确定性，降低了预期投资收益率，如果世界经济足够开放，恐怖主义强度的改变可以导致大规模的资本跨国界转移，平均而言，恐怖主义风险每上升一个标准差，净国外直接投资头寸占 GDP 的比重就会下降约 5%。这表明，突发公共事件可能导致投资的跨国界转移——投资将从风险较高的国家转移到风险较低的国家，这是一种地区结构的变化，在一国国内，投资也可能从高风险的地区转移到低风险的地区。除了地区结构外，突发公共事件有可能改变投资的行业结构——一些风险较高而收益率相对较低的行业对投资者而言将逐渐失去吸引力。

从总需求的角度而言，政府行为的改变主要是指政府购买行为的改变。突发公共事件一方面可能影响政府税收，这可能改变政府购买总体水平，但从长期的角度来考虑，更重要的影响可能在于改变政府购买的结构：在突发公共事件发生后，那些以前没有充分重视或者重视程度不高的购买项目在政府购买的优先序列中可能会前移，并且出于预防的考虑，这种前移一般不会是短期的，这必将对政府购买结构产生长期影响，进而对总需求结构产生长期影响。Krugman（2004）分析"9·11"事件的成本时指出，从 2001 年到 2004 年，应对恐怖主义的预算成本占 GDP 的比重上升了 1.3%—1.4%，如果这是一个长期取向，那么这个成本比直接毁损要大得多。

在前文的分析中，我们没有讨论净出口这一部分，事实上，外国部门也可以分为消费者、投资者和政府这几个部分，受到突发公共事件的冲击后，他们的反应与国内这三大部门的区别不大，主要的区别在于净出口是一个跨国界的变量，受到的影响因素可能更多。

（二）对总供给的长期影响

根据式（3-1），突发公共事件一方面影响劳动力 L、实物资本 K、人力资本 H 和自然资源 N 的总量，进而影响总产出；另一方面，突发公共事件可能影响全要素增长率 A。

按照宏观经济理论，长期内失业率总是维持在自然失业率水平，这样一来，突发公共事件长期对劳动力 L 的影响就主要表现在事件对劳动力总量的影响方面，因为突发公共事件对失业的影响是一种短期影响。而突发公共事件对劳动力总量的影响是不确定的，有一些突发公共事件，如特大流行性疾病，可能使得某地区在较长时间内劳动力减少，而如果该国政府采取了鼓励生育的政策，从更长的时间来看，劳动力总量却增长很快。另外一些突发公共事件，即便也会导致局部地区劳动力减少，但由于我们假设是一个大国，这种劳动力的减少对宏观经济的影响并不一定明显。

突发公共事件对实物资本 K 的影响至少表现为两种效应：其一为资本存量的替代效应，其二为资本流量的引导效应。关于资本存量的替代效应，Okuyama 和 Hewings（2004）进行过较为深入的研究，他们认为突发公共事件有可能使得原有的实物资本发生毁损，如果受损企业想继续在当地从事生产经营活动，势必用更新的、一般更为先进的实物资本来代替受损资本。即便实物资本没有发生毁损，对原有资本的更新替代也可能因为突发公共事件的发生而加速，原因在于突发公共事件可能让厂商认识到原有资本很脆弱或效率低下，难以防范和应对可能再次发生的同类突发公共事件，于是他们主动地更新原来资本，采用更安全、效率更高的实物资本。突发公共事件对资本流量有引导效应。如前所述，突发公共事件可以改变投资者的收益风险评价体系，他们可能改变原来的投资计划，转而投资到更为安全或收益率更高的项目中去，这是一个流量，但是它会影响将来某一时点的实物资本存量。

突发公共事件对实物资本 K 的影响取决于这两种效应的综合效应，而这种综合效应最终结果如何很难确定。比如替代效应，如果某次突发公共事件造成的毁损超过了这个国家经济回旋的能力，那么可能在很长时间内都很难有正面的替代效应。再比如引导效应，如果某国长期受到恐怖袭击的威胁，外国的直接投资可能大量外流，即便该国替代效应比较明显，但最后的综合效应如何，还要看这两个效应孰大孰小。

人力资本 H 水平的衡量，不仅是一个"量"的问题，更重要的是一个"质"的问题。毫无疑问，一些突发公共事件，如地震、流行性疾病可能使得人口的数量减少，但是这些突发公共事件过后，人们可能会因为实物资本的积累风险更大一些，更注意身体的健康，更重视人力资本的积累，政府也可能增加教育和培训支出，这些都有可能使人力资本在"质"上有更快的增长。因此，突发公共事件在短期内可能对人力资本 H 有一个较大的负面影响，在长期内的影响则有可能正好相反。但是这一结论至多只是一种可能，因为不同经济休的环境变量不一样，最后的结果也可能不一样，如对一个极端贫穷落后的国家，受到突发公共事件的冲击之后，该国的人力资本的量减少了，可能更多学龄青少年不得不辍学谋生，以弥补人力资本量的不足，这就谈不上质的快速积累了。

突发公共事件长期主要影响自然资源的存量和质量。一些突发公共事件，主要指一些自然灾害，可能使得可利用的自然资源的存量减少。而一些突发公共事件则有可能使得自然资源的质量发生变化，这种变化有可能是负面的，如核泄漏会使得受污染地区的自然资源基本无法被利用，也有可能是正面的，如洪水过后土地的肥力会增加，农业产出可能会因此获益。

突发公共事件对全要素增长率的长期影响，主要通过两个途径来实现：其一为资源配置的改善，其二为资源利用效率的提高。前者主要是制度改善的结果，后者主要是技术改进的结果。Skidmore 和 Toya（2002）的实证研究表明，自然灾害与全要素生产率之间存在正向关系。

当受到突发公共事件的冲击后，一国政府以及社会组织有可能对突发公共事件进行反思，进而修改或重新设计制度，使之配置资源的方式更为安全、有效率。如受到金融危机的影响后，受冲击各国会重新审视本国的金融管理体制，进行必要的改革，这一方面提高了金融体系的稳健性，另一方面也会提高金融体系的效率。

突发公共事件对技术进步产生长期影响至少有两个途径：其一，如前所述，突发公共事件发生后，厂商会被动或主动地更新其实物资本，这些实物资本的技术含量更高一些。其二，有研究表明，受到某种突发公共事件的冲击后，人们会投入更多资金来研发新的技术以预测、防范和减轻这类突发公共事件的危害，如 Mensch（1978）通过对 112 项重要的技术创新考察发现，重大基础性创新的高峰均接近于经济萧条期，技术创新的周期与经济繁荣周期成"逆相关"，因而认为经济萧条是激励创新高潮的重要推动力。

综上所述，突发公共事件对宏观经济的长期影响是一个三阶段的过程：冲击阶段、解构阶段和重构阶段。在冲击阶段，直接冲击、经济主体精神上的紧张感将打破人们既有的决策与行为特征。在解构阶段，各类经济主体决策与行为特征发生改变，这些改变将对宏观经济造成长期影响。在重构阶段，各类经济主体的决策与行为特征重新形成，会对宏观经济造成长期影响并最终导致总供给发生变化。

第三节　突发公共事件长期影响宏观经济的案例分析

突发公共事件的发生，一方面造成了巨大的资源损失，另一方面也破坏了经济活动的正常进行，给宏观经济带来了较大的影响。本节通过案例分析的方式探讨突发公共事件对宏观经济的长期影响。按照前文的界定，本节采用 Lipsey 和 Courant（2009）所提出的标准来判断突发公共事件是否会造成长期经济影响，即主要看突发公共事件是否会对生产率造成影响。如果突发公共事件对生产率的影响是正面的，就说明突发公共事件对宏观经济有长期促进作用。如果这种影响是负面的，就说明突发公共事件对宏观经济有长期阻碍作用。本章第一节已经指出，生产率由人均实物资本存量、人均人力资本存量、人均自然资源占有量和生产技术所决定。所以，我们在对突发公共事件长期影响宏观经济的路径进行案例分析时，也主要从突发公共事件对实物资本、人力资本、技术、自然资源这四个方面的影响来进行。

一、突发公共事件对实物资本的长期影响

实物资本是指有物质形态的资本，包括存货和固定资产等。大量的实证研究表明，实物资本存量的积累是产出增长的必要条件，产出的快速增长与实物资本存量的快速增长相伴。突发公共事件可以直接损毁实物资本，或通过影响投资来影响实物资本的积累，进而对长期经济增长造成影响。我们以"5·12"汶川地震为例来说明突发公共事件对实物资本的长期影响。

汶川地震可由两条路径影响实物资本进而对宏观经济产生长期影响，地震一方面会对实物资本造成直接损毁，另一方面灾后重建活动又会形成新增的实物资本，这两方面的综合作用会影响到最终的实物资本的积累，并对长期经济增长产生影响，如图 3 - 3 所示。

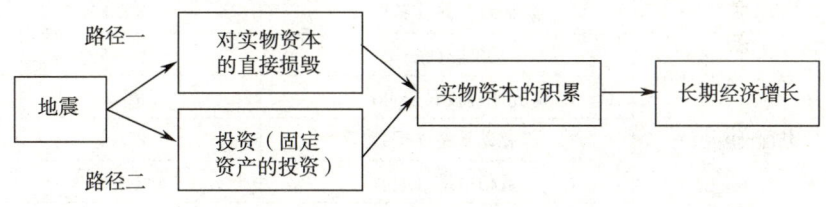

图 3 - 3　汶川地震影响实物资本路径图

（一）造成实物资本的损毁

汶川地震带来的实物资本损毁主要包括房屋损毁和基础设施损毁。地震造成的房屋损坏包括两种情况，一种是倒塌，即完全损毁；另一种是房屋的主结构虽未受损坏，但需要加固修理。据统计，汶川地震造成 2 314.3 万间房屋受损，652.5 万间房屋倒塌，仅四川省就有 440 多万间房屋倒塌，倒塌房屋涉及337.9 万户农村居民，153.2 万户城镇居民，汶川、北川和清川的县城和部分

乡镇，基本成为废墟。①

基础设施毁损包括五个方面：一是道路交通损失，四川 6 条高速公路局部受损，5 条国道、10 条省道严重受损，四川 2 300 多公里的农村公路基本上全部毁掉；二是通信设施毁损，地震造成四川、甘肃、陕西三省累计受灾电信局所 3 897 个，移动通信、小灵通基站累计损毁 28 714 个，光电缆损毁 28 765 皮长公里，累计通信电杆倒断 142 078 根，大约造成通信行业直接经济损失 67. 2亿元；三是水利设施毁损，地震造成全国水库出险 2 380 座，其中四川 1 803座，四川省出险水库中有溃坝危险的 69 座，高危险情的 310 座，水利设施灾后修复重建需资金 360 亿元左右；四是电力设施毁损，地震共造成 764 座水电站受损，地震给国家电网带来的直接经济损失超过 120 亿元，其中四川公司超过 106 亿元；五是农业生产设施，全国因地震损毁乡村供水设施 49 949 处，供水管道 36 521 公里，全国堤坝损毁 996. 4 公里，其中四川 686. 71 公里。②汶川地震的直接损毁如表 3 – 2 所示。

表 3 – 2　　　　　　　　汶川地震造成的实物资本直接损毁情况

房屋	受损（万间）	2 314. 3
	倒塌（万间）	652. 5
基础设施	高速公路（条）	24
	国省干线（条）	161
	农村公路（条）	8 618
	铁路（条）	5
	光缆（皮长公里）	28 765
	移动基站（个）	28 714
	通信电缆（根）	142 078
	水库（座）	1 803
	农田水利抽排灌站堤坝（公里）	9 664
	水电站（座）	764
	10 千伏以上输电线（条）	1 643

资料来源：中国公路网. 重灾抗击出重拳 ［N］. 2010 – 09 – 20.

① 席涛，范军，崔浩，胡林. 四川汶川地震对中国经济、社会、环境的影响分析 ［J］. 国际经济评论，2008 (7).

② 中国公路网. 重灾抗击出重拳 ［N］. 2010 – 09 – 20 日. http：//www. chinahighway. com/news/2010/439761. php.

（二）灾后重建对实物资本的影响

汶川地震无疑造成了大量实物资本的损毁，地震发生后，四川省的抗震救灾和灾后恢复重建得到了全国人民的大力支持，在灾后恢复重建中，中央财政总计下达四川省重建基金 2 203 亿元，全省各级政府安排灾后重建基金 412 亿元。① 灾后重建活动所形成的固定资产投资对实物资本的长期积累带来了一定的积极影响。

（三）对实物资本的长期影响

由于汶川地震带来了大量的实物资本的损毁，导致很多生产经营活动处于停滞状态，虽然灾后重建活动会带来实物资本的恢复，但这是我们举全国之力协助灾区灾后重建的效果。由于我国是一个大国，这使得灾区的实物资本的更替得以较为顺利完成，如果难以有效地完成实物资本的更替，那么突发公共事件的发生无论在短期还是长期都会对经济增长造成冲击。

二、突发公共事件对人力资本的长期影响

人力资本（Human Capital）对经济增长有实质贡献。马歇尔（Alfred Marshall）曾强调所有资本中最有价值的是人力资本。Schultz（1961）首先指出教育不仅是消费活动，而且也是一项投资。他认为与实物资本投资相较，教育是人力资本形成的重要因素。因此，突发公共事件必然通过对人力资本的影响来影响宏观经济。

通过具体分析发现，突发公共事件通过人力资本存量、流量、结构三个方面来对人力资本产生影响。首先，它通过对人力资本载体——劳动者数量的影响，改变人力资本的存量；其次，由于突发公共事件对社会各方面的影响，改变了人力资本流量的外部环境，从而造成人力资本流量的改变，相应也会对人力资本的结构产生影响。

（一）突发公共事件对人力资本存量的影响

首先，突发公共事件对于人力资本存量的影响是负面的。自然灾害、重大生产安全事故和传染病可以造成大规模的人员伤亡。不仅如此，对于第三世界国家特别是有移民传统的国家或地区来说，还会造成显著的移民效应，加重人力资本存量的减少。移民的技术水平越高，对人力资本的附加损害越显著。

历史上突发公共事件的数据表明，四类突发公共事件中公共卫生事件由于

---

① 中国新闻网．四川省政府通报汶川特大地震灾后重建情况［N］．2009 - 05 - 07. http：//www.chinanews.com.

其疾病的高度互相传染性，导致死亡人数最多。1900 年的黑死病，流行于整个亚洲、欧洲和非洲北部，这场瘟疫造成了大约 7 500 万人死亡，就这次灾难所导致的死亡人数、混乱程度和恐怖心理而言，超过了 20 世纪的两次世界大战；1918 年 3 月，"西班牙大流感"在一年之内席卷全球，患病人数超过 5 亿人，死亡人数近 4 000 万人，相当于第一次世界大战死亡人数的 4 倍；1917 年10 月俄国"十月革命"前后，俄国斑疹伤寒严重流行，造成约 300 万人死亡。这些疾病所导致的极高死亡数和死亡率，有时造成一个国家或地区的人口锐减，对人力资本存量的影响是毁灭性的。死亡人数排在第二位的是自然灾害事件。2004 年 12 月 26 日的印度尼西亚大海啸，死亡人数达到 30 万人；1976 年唐山大地震造成了 242 000 人死亡，是 20 世纪以来造成伤亡人数最大的地震；[①] 2008 年我国发生的汶川大地震造成的伤亡人数高达 87 846 人。由于自然灾害的死亡人数较高，对人力资本的存量影响也较大。死亡人数第三位的是事故灾难事件，1984 年 12 月印度博帕尔毒气泄漏事故造成 25 000 人死亡，10 万到 20 万人身体留下了永久性伤害[②]。我国 2005 年一共发生矿难 58 起，死亡人数 1 481 人；2006 年发生大小矿难 277 起，矿难中死亡人数 6 072 人。2007 年发生大小矿难 157 起，矿难中死亡人数 4 521 人。由于事故灾难的死亡人数相对总人数比例较小，所以对人力资本存量影响不是很大。死亡人数第四位的是社会安全事故，2001 年 9 月 11 日，震惊世界的"9·11"事件造成大约 3 000人死亡；2009 年 7 月 5 日，乌鲁木齐严重暴力事件造成 156 人死亡，1 080 人受伤。[③] 由于这种事件发作地域小，破坏能量相对较小，而且传染性不强，易于控制补救，所以在四项突发公共事件中，其对人力资本存量的影响最小。

除了突发公共事件直接造成人类死亡之外，由于突发事件也会长期对事件发生区域的人们的心理和环境造成严重影响，从而造成大量事件发生地人员陆续向其他地方移民，最终造成当地人力资本存量的减少。国际创伤性应激研究协会对此进行了专项研究，他们认为，突发公共事件以后，特别当灾难是由于人为行动造成的，或涉及恐怖或死亡时，许多幸存者会产生如下反应：侵入性重新经历（惊恐的记忆、梦魇或脑中闪现当时的场景）；为了避免令人烦扰的记忆，而采取一些不安全的措施（例如通过使用某些药物或酒精）；持续存在

---

① 南方周末. 人类史上十大传染病死亡事件 ［N］. 2010 - 09 - 09. http：//www. infzm. com/content/27846.

② 新浪网. 迟来的畸形判决 ［N］. 2010 - 06 - 09. http：//news. sina. com. cn/o/2010 - 06 - 09/201417634424s. shtm.

③ 新华网. http：//news. sina. com. cn/c/2009 - 07 - 07/234418173613. shtm.

的情感麻木（不能产生情感，就好像脑中一片空白）；持续的过度反应（恐慌性攻击、大怒、高度易激惹、非常不安、夸张的吃惊反应）；严重的焦虑（令人无力的担心、极端无助）；严重的抑郁（失去活力、兴趣、自我价值或动力）；失去意义和希望；持续愤怒或暴怒；分裂（感到不真实或存在于自己体外，仿佛在梦中；存在一段记忆"空白"时段）。当事人为了摆脱以上不良症状，会选择改变相应的外部环境，向其他地方移民，对人力资本的存量造成负面影响。

对于突发公共事件造成的人力资本存量减少，从而对宏观经济产生相应的影响，2008 年 Leeuwen 和 Foldvari 对此进行了实证研究，其结论发现，整个 20 世纪印度和印度尼西亚的人力资本存量与总收入之间都存在协整关系，日本在 20 世纪 50 年代之后也存在这种协整关系，证明突发公共事件对宏观经济确实产生了负面影响。

（二）突发公共事件对人力资本流量的影响

突发公共事件发生以后，由于对社会各方面均会产生影响，改变了人力资本流量的外部环境，从而造成人力资本流量的改变。

突发公共事件会对教育系统产生损害，进而对人力资本的流量产生负面影响，最终对宏观经济造成负面影响。例如学校的损毁会造成学生停课，从而影响教育进程。在经济落后地区，如果自然灾害造成了家庭收入的减少，那么学生就可能辍学来赚取家庭收入，这会对人力资本积累产生长远影响。Cuaresma（2009）采用跨国面板数据回归对自然灾害与教育投入之间的关系实证研究后发现，自然灾害的发生频率对中学入学率存在负面影响，是造成各国中学入学率差距的一个重要因素。不过这种情况多数发生在贫穷的第三世界国家，而且由于国际人道主义援助系统的不断完善，自然灾害所造成的失学率在不断减少。

由于恐怖事件的发生会增加人才流动的障碍，从而影响人力资本的地区相互流量。美国自从"9·11"事件之后，大幅提高了签证发放、人才经营审核要求，导致高水平人才引进受到限制。同时由于美国单方面拒签了大量签证，导致大量人才向大洋洲涌入，从而对人力资本的区域结构产生了影响。

但在某些情况下，突发公共事件对人力资本的影响从长期来看是正面的，从而对宏观经济也会产生长期正面影响。突发事件后，由于对于未来突发事件风险预期的存在，实物资本的投资不如人力资本的投资更具吸引力，从而增加人力资本积累。例如 2008 年美国金融危机以来，就业压力加大，让人们意识到提升综合素质的重要性。据报道，2009 年上半年我国部分城市教育消费占居民消费性支出比重由 2008 年的 3.5% 提高到 5.12%，教育消费明显提升。城镇居民人均非义务教育支出 123.45 元，增加 82.75 元，同比增长 2.03 倍。[①]

如果国家经济实力较强，加大对灾害发生地区的恢复性投入，大量的资金陆续注入，会加快当地教育的软硬件增长速度，从而提高人力资本的流量。例如 2008 年汶川地震后，全社会及世界各国捐款和专款专项注入大量资金，这些资金必然会增加教室及教育相关硬件设施。同时，为了配合教育硬件的增长速度，政府必然会加强教育软件的建设，这些措施会对当地未来的人力资本流量产生正面影响。

（三）突发公共事件对人力资本结构的影响

社会中各行各业的人才储备、需求、供给都是不同的，这是因为市场本身的调控力量所决定，每个行业的人力资本需求与供给大致形成一个均衡。但由于突发公共事件的影响，增大了某方面的人才需求，从而造成人力资本结构发生改变。又由于每个行业对于整个宏观经济的贡献度不同，势必造成对宏观经济总量的影响。当"9·11"事件发生后，美国投入巨资发展反恐力量，大量研制反恐武器和培养反恐部队，并督促世界其他各国加大反恐投入，结果造成了全世界各国的反恐资金投入浪潮。这种行为一方面造成军事方面相关人力资本流量的增加，另一方面挤占了民间行业的大量财政资金，造成其他行业人力资本流量的减少。2008 年汶川大地震后，截至 2009 年 5 月，我国针对地震预测研究方面先后增加投入 2 亿多元。地震前，地球物理学（地震学是地球物理学专业大类下的一个分支方向）可谓是理科专业中的冷门，但在发生地震后，地球物理学专业报考人数大为增加。先后有多所高校申报开设地球物理学专业，到目前为止，已有云南大学、吉林大学、中国科学技术大学、北京大学、同济大学、成都理工学院、武汉大学、中国地质大学、中国地震局地震研究所开办此专业，势必大量增加相关人才。而每次发生公共卫生事件，就会造成政府部门以及患者大量购买医疗机构的相关药品，并且促使政府大幅增加对医药部门的资金投入，同时相关医药板块股票飙升，使得相应上市医药公司对未来乐观，从而加大资金投资，造成药品制造和研究部门对相关人才需求的增加，从需求上拉动此类人力资本的流量。

---

① 教育消费在金融危机环境下明显提升 ［N］. http：//edu. 163. com/09/0806/08/5G17IUMI00293I4V. html.

三、突发公共事件对生产技术的长期影响

生产技术是经济增长的最主要推动力，而突发公共事件的发生往往会对生产技术产生冲击，本研究以 2007 年全球金融危机为例来阐述突发公共事件对生产技术的影响。

（一）对企业开展研发活动动力的影响

2007 年全球金融危机爆发后，由于市场需求和融资环境的变化，削弱了企业对于研发投入的动力。这一方面是由于受宏观经济的影响，企业的产品销售困难，许多企业的产品销售量和销售额普遍下降，因此企业投资普遍缺乏信心，研发投入也相应开始下降；另一方面则是因为宏观经济的不景气和创新成果不确定，企业研发新技术的收益往往不能弥补其成本，因此科研投入的积极性也会受到较大的影响。根据美国权威科技期刊《研发杂志》的统计结果，[①]金融危机爆发后，由于经营困难，各国企业研发投入明显下降，虽然大部分国家的公共投入不降反升，但是由于企业投入占大头，两者相抵后大多数国家的研发投入仍有所下降。

（二）对技术创新资金来源的影响

在现代经济中，技术创新往往依赖于良好的资金支持。而在金融危机的冲击下，一方面随着全球金融体系的不确定性和风险增大，银行的不良资产也大为上升，为避免风险，银行等金融机构会提高信贷标准，使企业的间接融资变得困难；另一方面资本市场也受到了危机的冲击，从而使得企业的直接融资也受到了影响。所以很多企业都陷入融资困境，融资的困难严重影响了企业技术进步的实质性进展。

（三）对"干中学"效应的影响

根据阿罗的"干中学"模型，人们是通过学习而获得知识的，技术进步是知识的产物、学习的结果，而学习又是经验的不断总结，经验来自行动，经验的积累就体现于技术进步之上。而在金融危机的冲击下，大量的企业倒闭，公司裁员，失业人数增加，这会在整体上影响到"干中学"效应的积累，给技术进步带来负面影响。

此外，国际贸易通常也被视为一种生产技术，金融危机会使经济系统的流动性匮乏，企业借贷困难，产出下降，商品进口和出口订单大幅减少，从而影响国际贸易量。本币如果贬值，虽然在 J 曲线效应时期过后，会增加一国出

---

① 刘思瑞. 金融危机对 2009 年研发预算的影响 [J]. 高科技与产业化，2010（1）.

口，从而改善一国的贸易状况，但也会提高进口厂商的生产成本；某些国家为获得流动性，而采取低价倾销的策略，但也容易遭受其他国家的反倾销，或是引起各国货币相继贬值，引发贸易战，如此一来会加大各国间的贸易摩擦，影响正常的国际贸易秩序。

（四）对新技术研发公共投入的影响

2007 年全球金融危机爆发后，私人部门的决策对生产技术的发展是不利的，但是各国政府在对存在弊端的金融体制进行修复的同时，同样寄希望于发动新的技术革命以摆脱困境、化解危机。美国总统奥巴马施行的经济刺激计划中有相当一部分内容与技术创新有关，法国出台了一系列发展新能源和科技创新的政策，俄罗斯政府将纳米技术视为俄罗斯科技战略的"火车头"，认为发展纳米技术可以帮助俄罗斯克服金融危机带来的诸多不利影响，时任中国总理温家宝在 2009 年的政府工作报告中专门对科技创新工作进行了部署，明确提出要"大力推进科技创新。科技创新要与扩内需、促增长，调结构、上水平紧密结合起来"。如果各国政府采取的这些举措能有效促进技术进步，那么就长期而言，金融危机对技术进步的影响就有正面效果。

（五）金融危机对生产技术的综合影响

综上所述，2007 年金融危机的发生在较大程度上影响了企业开展研发活动的动力，阻碍了技术创新活动所必需的资金来源，由危机所带来的大量工人失业也严重影响了"干中学"效应的积累，由此可见，危机的发生阻碍了生产技术的进步，而各国政府所采取的鼓励新技术开发政策则在一定程度上抵消了危机对生产技术的负面影响。

四、突发公共事件对自然资源的长期影响

自然资源是国民财富的重要源泉，也是经济增长的重要保证之一，突发公共事件往往对自然资源造成冲击进而影响长期经济增长。飓风和其他暴风雨会摧毁大量的森林资源，自然灾害对风景区的破坏，会在较长时间内影响旅游业，但影响也不仅仅只是负面的，如洪水过后，土地的肥力会增强，所以对其长期影响要进行综合评价。由于对自然资源产生冲击的突发公共事件主要是自然灾害类的，本研究同样以汶川地震为例来评价突发公共事件对自然资源的长期影响。

（一）对旅游资源的影响

汶川地震对四川省内及其周边地区的自然资源造成了很大的冲击。地震的震中——汶川县拥有包括三江生态旅游区、卧龙熊猫旅游区、大禹文化旅游区、姜维城古文化遗址、卧龙保护区以及民族特色工艺品在内的诸多人文旅游资源，而阿坝藏族羌族自治州有九寨沟、黄龙、大熊猫栖息地三处世界自然遗产和四姑娘山、若尔盖湿地等 5 处国家级自然保护区。受灾区的景区损失惨重，大部分古建筑倒塌，都江堰景区破坏严重，二王庙全部垮塌，江油李白故里的清朝牌坊倒塌。

（二）对森林资源的影响

汶川地震也使得四川林业损失惨重：林地损毁 493 万亩、受损林木蓄积 1947 万立方米、森林覆盖率下降 0.5 个百分点，极重灾区森林覆盖率甚至下降 2 个百分点。[①] 汶川大地震还造成山体滑坡、泥石流、堰塞湖等严重的次生灾害。汶川大地震主震区邛崃、岷山和秦岭山系，森林面积大、蓄积量高，生态区位十分重要，是我国森林资源的主要分布区，是长江上游水源林涵养区，也是天然林保护、退耕还林等重点工程实施区。然而，林木和林地遭到严重破坏，森林生态功能衰弱，植被破坏，部分动植物丧失生存环境，威胁当地动植物特别是珍稀动植物的生存、生长。

（三）对生态系统的影响

汶川特大地震中，全州生态系统遭受重创。[②] 各种类型的林种、林型等损失惨重，呈现毁灭性的破坏，许多地段山河改变，几十公里内裸露山体随处可见，其野生动物、植被、森林群落等资源即刻就发生了由量变到质变，危及森林植被、生态环境的完整性和多样性，带来明显的生态系统结构退化，区域生态系统服务功能衰退，使生态系统更加脆弱，水土流失无法有效控制及治理，森林火灾、有害生物入侵等潜在危险剧增，特别是主体功能的衰退，无法减缓次生山地灾害的破坏，更不能抵御气象变化引发的其他自然灾害。

（四）震后自然资源的开发

汶川地震发生之后，在四川省的一些重灾区内出现了一些新的自然景观，譬如断崖的险峻、地震湖的空旷、地坑的幽深、溶洞的神秘都是大自然造就的奇观，这些都是具有很高观赏价值的自然旅游资源。因此，汶川地震在重创了四川的自然资源的同时也形成了一些新的自然资源，如果开发得当就可能会给震后四川旅游业的崛起带来契机，在四川省《灾后重建规划工作方案》中，就将旅游业明确作为灾区恢复重建的先导产业和优势产业。

---

① 资料来源：华西都市报，2008 – 05 – 20。

② 席涛，范军，崔浩，胡林. 四川汶川地震对中国经济、社会、环境的影响分析［J］. 国际经济评论，2008（7）.

　　由此可见，汶川大地震给四川省的自然资源带来了巨大的损失，也使得四川的经济发展遭受了重创。由于旅游自然资源具有丰富的人文背景，摧毁后即使重建其人文信息也会大打折扣，而森林自然资源和生态系统要恢复到震前的水平都需要一个长期的过程，此外受破坏的自然资源有很多都是不可再生的，无法恢复。此案例也表明突发公共事件会对自然资源造成影响，进而对长期经济增长产生影响。

第四节　突发公共事件长期宏观经济影响的实证分析

　　当前对于突发公共事件的实证研究大致可以分为三类：第一类实证研究是以相关研究领域内的经济理论为基础。Skidmore（2001）在莫迪利安尼的生命周期假说模型的基础上进行了改进，往模型中引入了因为自然灾害而导致未来财产损失的可能性，并采用了15个国家的相关数据对居民储蓄和自然灾害风险之间的关系进行了实证。文章发现，在控制了影响储蓄率的其他变量的情况下，居民储蓄率和自然灾害导致的损失之间存在正相关关系，显示了人们具有为应对自然灾害而提供自我保险的意识，这也为居民储蓄的预防动机提供了新的佐证。Drakos和Kutan（2003）改进了消费者选择理论模型以分析恐怖主义活动对区域间旅游市场份额的影响。进而发现，恐怖主义活动会导致游客量的显著减少，并且在区域间有明显的传染作用，但是更为重要的是，一些国家也会从邻国恐怖风险的提高而导致的游客流入中获益。Blomberg和Mody（2005）使用双向FDI引力模型量化了暴力活动对国际投资活动的具体影响，进而发现，国内的暴力活动会对国际贸易和国际投资产生负面影响，这样的负面作用在发展中国家表现尤为显著。Yamori和Kobayashi（2002）采用事件分析法具体分析了1995年的神户大地震对日本保险公司股票价格的影响。研究表明，与之前有关旧金山地震和洛杉矶地震的研究结果相反，神户地震导致了日本相关保险公司股票的大幅下跌，但这样的结果和关于美国飓风对保险公司股票影响的研究结论一致。研究还发现，在处理神户地震的相关信息方面，日本的股票市场是非常高效的。

　　第二类实证研究则是以相关计量经济学理论为指导对突发事件的经济影响进行度量。Abadie和Dermisi（2008）通过对面板数据的实证分析，得出结论：写字楼的空置率在"9·11"事件以后有所提高，其中上述3座地标性建筑及其影子区域里的建筑的空置率提高幅度更大，这就说明"9·11"事件后上升的恐怖袭击预期对中心商务区（Central Business Districts）的聚集效应有明显的削弱作用。Aly 和 Strazicich（2000）采用了埃及 1955—1997 年，以色列 1971—1997 年的年度旅游业相关数据为样本，并使用了两次结构突变的 LM 单位根检验（two－break LM unit root test）的方法对相关时间序列数据进行检验。结果显示，对两个国家数据的检验都拒绝了原假设，数据不存在单位根，因此恐怖主义活动对旅游业所带来的冲击是短暂的。另外，在结构突变中，1992 年海湾战争的影响最为显著。

第三类实证研究的结论则是建立在问卷调查的基础上。Russett 和 Slemrod（1992）用个体对 1990 年 4 月和 10 月进行的电话调查的反应研究了储蓄和战争恐惧之间的关系。研究表明，个体对核战争可能性的恐惧水平与成为一个储蓄者（而不是非储蓄者）的可能性之间存在着显著的负相关关系，与实际储蓄的变化以及相对于实际储蓄的储蓄计划之间也有显著的负相关关系。Slemrod（1988）说明了这样一种现象：若其他决定储蓄的因素不变，基于问卷调查方法来衡量的一国居民所感受到的对核战争的恐惧与国内私人净储蓄率之间存在着负相关关系。在衡量个体对核战争恐惧的感受时，依据的是 The Gallup International Research Institutes 发起的在各国的调查问卷中的数据。

从以上的文献回顾可以看出，当前对突发公共事件的大部分实证研究既是有针对性的也是片面的，主要针对突发公共事件对某一经济领域的影响展开研究，而就突发公共事件对宏观经济影响的路径进行系统性的研究则比较少，本节试图弥补这方面的不足。

本节研究的是突发公共事件对我国宏观经济的长期影响路径，理论上来说我们做实证分析的数据应该选自内地，在写作过程中，我们也试图从 1998 年洪水、SARS、汶川地震等突发公共事件出发来探讨对宏观经济的影响，但考虑到这些突发公共事件要么发生的时间距离现在过短，要么影响主要是地区性的，故以它们为例来实证分析突发公共事件对宏观经济的长期影响路径是不合适的。因此本节采用的是东南亚金融危机对香港经济的冲击，采用这一突发公共事件来进行分析的主要理由有三：一是香港特别行政区是我国不可分割的一部分，且其相对于国内其他城市型经济体来说，是一个相对独立的经济体；二是东南亚金融危机发生离现在的时间比较长，较为适合进行长期分析；三是在当前国际金融危机的影响仍在持续的大背景下，再次研究东南亚金融危机具有一定的参考价值。

一、理论假设与模型选择

（一）理论假设

本书前期的研究成果已表明，突发公共事件既会通过总供给，也会通过总需求来影响宏观经济。

从总供给来看，根据 Mankiw（2009）的生产函数公式（3－1）：

$$Y = AF(L,K,H,N)$$

式中，Y 代表产出，L 代表劳动力，K 代表实物资本，H 代表人力资本，N 代表自然资源，A 是全要素生产率，它代表了技术进步、制度以及规模经济等经济变量的综合影响。突发公共事件一方面影响劳动力 L、实物资本 K、人力资本 H 和自然资源 N 的总量，进而影响总产出；另一方面，突发公共事件可能影响全要素生产率 A，从而对经济产生影响。

从总需求来看，一般的总需求公式（封闭经济下）可以表示为

$$Y = C + I + G \qquad\qquad (3-4)$$

式中，Y 为总需求，C 为消费，I 为投资，G 为政府购买。由本章第二部分的分析可知，消费者、投资者和政府的决策和行为特征均有可能由于受到突发公共事件而发生改变，如果这种改变无法回复到突发公共事件发生之前的状态，那么这些改变必将对总需求造成长期影响。

综上所述，本研究假设突发公共事件主要通过生产技术、实物资本、人力资本、自然环境、消费、投资和政府购买这几条路径影响宏观经济，见图 3－4 所示。

（二）模型选择

$ARIMA(p,q)$ 是 Box－Jenkins 方法的基本模型，如果一个平稳序列 $\{y_t\}$，不仅与其以前时刻的自身值有关，而且还与其以前时刻的扰动项存在一定的依存关系，那么这个对于序列 $\{y_t\}$，我们就可以建立 p 阶自回归和 q 阶移动平均模型，即

$$y_t = \Phi_1 y_{t-1} + \Phi_2 y_{t-2} + \Lambda + \Phi_p y_{t-p} + u_t - \Theta_1 u_{t-1} - \Theta_2 u_{t-2} - \Lambda - \Theta_q u_{t-q}$$

$$(3-5)$$

式中，u_t，u_{t-1}，$\cdots$，u_{t-q} 是 $\{y_t\}$ 在 t 期，$t-1$ 期，$t-q$ 期的随机误差项，它们是相互独立的白噪声序列。$ARIMA(p,q)$ 针对的是平稳序列，而非平稳时间序列不能直接由 $ARIMA(p,q)$ 去描述，对于含有短期趋势的非平稳时间序列可以进行 d 阶差分后应用 $ARIMA(p,q)$，即 $ARIMA(p,d,q)$ 模型，$ARIMA(p,d,q)$ 模

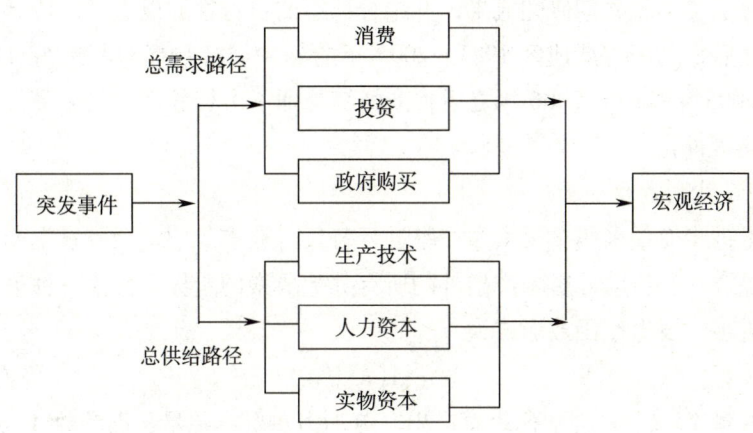

图3－4 突发公共事件长期影响宏观经济的路径图

型是一种精确度较高的预测模型，用数学公式表示一个 $ARIMA(p,d,q)$ 模型如下：

$$\Phi(B)\,\nabla^d X_t = \Theta(B)\varepsilon_t \tag{3-6}$$

式中，X_t 是原始序列；ε_t 为白噪声序列；B 是后移算子；$\nabla^d = (1-B)^d$ 是 d 阶差分；p 阶自回归算子为

$$\Phi(B) = 1 - \Phi_1 B - \wedge - \Phi_p B^p \tag{3-7}$$

q 阶移动平均算子为

$$\Theta(B) = 1 - \Theta_1 B - \wedge - \Theta_q B^q \tag{3-8}$$

$ARIMA(p,d,q)$ 法建模的基本思想：将预测对象随时间推移而形成的数据序列视为一个随机序列，即除去个别的因偶然原因引起的观测值外，时间序列是一组依赖于时间的随机变量，构成该时序的单个序列值虽然具有不确定性，但整个序列的变化却有一定的规律性，可以用相应的数学模型近似描述。这组随机变量所具有的依存关系或自相关性表征了预测对象发展的延续性，而这种自相关性一旦被相应的数学模型描述出来，就可以从时间序列的过去值及现在值预测其未来的值。

本节将首先建立代表上述各条路径的变量，在此基础上利用东南亚金融危机发生前的1981—1996年的数据对各路径变量时间序列建立 $ARIMA(p,d,q)$ 模型，并运用模型对东南亚金融危机发生之后的变量进行预测，与实际观测值进行对比，从而达到研判突发公共事件对宏观经济长期影响的路径的目的。

二、传导变量的设计及度量

代表各路径的传导变量是路径研究的桥梁，在传导变量的设计和度量上，

我们充分借鉴了相关的研究成果，并结合数据的可得性加以选择。传导变量设计出来之后，利用香港地区 1981—2005 年的相关经济数据对其进行计算，数据选到 2005 年是因为 2006 年之后香港经济受到了次贷危机（另一突发公共事件）的再度冲击。

（一）技术进步变量

技术进步变量采用全要素生产率进行替代。在本节中，全要素生产率是一个包含除资本和劳动外影响产出外的所有其他要素的指标，代表一种最为广义的技术进步。设生产函数形式为

$$Y = A(K^\alpha L^\beta) \tag{3-9}$$

式中，变量 Y、L、K 分别代表总产出、劳动力、资本总量，而参数 A、α、β 的经济含义分别是全要素生产率、劳动力的产出弹性和资本的产出弹性，假定规模报酬不变，[①] 因此，全要素生产率的计算公式如下：

$$A = Y/(K^\alpha L^\beta) \tag{3-10}$$

可见，估算全要素生产率的关键是要估计出劳动和资本的产出弹性。在实际运用中，估计 α 经常采用两种方法：回归分析法和份额法。回归法是完全由数据出发，通过对方程（3-7）进行计量回归，从而获得的估计。份额法则是根据欧拉定理，即在齐次生产函数、规模报酬不变和完全竞争假定下，所有产品都被所有的要素恰好分配完而没有剩余。此方法可以避免很多计量问题，在国外应用广泛。[②] 由于香港长久以来一直奉行自由竞争的市场经济原则，其经济自由指数居全球首位，被认为是自由市场经济的典范，故可以认为香港满足份额法所要求的条件，本研究通过估算生产要素相对份额得到 α 的值。

我们用 1981—2005 年香港本地生产总值代表产出，数据来源于香港政府统计处网站。用社会劳动时间表示劳动投入，即实际投入的劳动力数乘以每人平均的劳动时间数。1987—2005 年的每周平均劳动时间和 1981—2005 年的实际劳动力统计数据，可以从国际劳工组织网站获得。每周劳动平均时间乘以一年 52.14 周（365/7）即可获得每个劳动力每年平均的劳动时间。对于 1981—1986 年数据，香港政府统计处仅公布了每周中位数劳动时间，为每个劳动力每周工作 46 小时，用其替代平均劳动时间。用资本存量表示资本投入，在香

---

① 本方法参照了张军. 中国经济全要素生产率变动：1952—1998［J］. 世界经济文汇，2003（2）的做法。

② 王曦，舒元. 我国国有经济双重目标与 TFP 核算的微观基础，第五届中国经济学年会入选论文，2005.

港政府公布的统计数据中，仅有每年新增投资数据，即固定资产形成额。我们根据永续盘存法，依此计算各年资本存量，计算公式为

$$K_t = K_{t-1}(1 - \delta) + I_t \qquad\qquad (3-11)$$

式中，K 为资本存量，I 为固定资本形成额，δ 表示折旧率，下标表示时间。对于折旧率和基年资本存量的选取，本研究采用 Kim 和 Lau（1994）的假定：首先，折旧率取 5%；其次，基年（1961 年[①]）的资本存量设定为固定资本形成额的 5 倍。[②] α 采用份额法进行估计，即以边际生产力分配原理为基础，只要计算出资本（或劳动）在要素收入分配中所占的份额即可。在香港的《本地生产总值（2006）》中有公布 1980—2006 年的雇佣劳动力报酬份额，即 $1 - \alpha$。将产出、劳动、资本存量和 α 代入公式（3-8）即可得出香港的全要素生产率（TFP），如附表 1 所示。

（二）人力资本变量

根据舒尔茨的解释，所谓"人力资本"是相对于物质资本而存在的一种资本形态，表现为人所拥有的知识、技能、经验和健康等，Lucas（1998）认为，教育和"干中学"促进了人力资本的积累。目前对人力资本的度量却是一个富有争议的课题，对人力资本进行度量最主要的方法有三种：受教育年限法、投入法、收入法。[③] 受教育年限法认为人力资本存量价值产生于教育；投入法用教育经费投入来衡量人力资本；收入法则认为一个人的收入大小反映了该人力资本效用价值量的大小。这些方法共同的缺陷之一便是都没有将"干中学"效应考虑在内。

因此，我们在总结了各方法的优缺点以及考虑数据的可得性后认为，测量人力资本时教育和"干中学"都应考虑。采用以下函数形式度量[④]：

$$HC = (e^E)^\eta (LYL)^\mu \qquad\qquad (3-12)$$

式中，HC 为人均人力资本，E 为教育年限法计算出的平均受教育年限，由于将 E 放在指数的位置上，故 e^E 代表考虑了知识积累效应的劳动力平均受教育年限。LYL 代表由基期逐步累积的人均产量（这里的基期选 1981 年），计算方

---

① 考察的样本期起于 1981 年，理论上讲基期应选 1981 年，但基期选取的越早，资本存量估算的误差就越少。

② 需要说明的是，这么选择是带有随意性质的，并没有太多的理论依据。对此，张应武等人也考虑了 10% 的折旧率以及资本存量设定为固定资本形成额的 10 倍的情形，发现不同方法的结果都非常相似。

③ 向钧，薛新伟．人力资本存量计算方法的改进与试算［J］．数学的时间与认识，2009（2）．

④ 张岩贵等．我国人力资本水平与 FDI 相互关系的实证研究［J］．中央财经大学学报，2006（12）．

法为

$$LYL = \sum Y_t / L_t \qquad (3-13)$$

式中，Y_t 代表产出，L_t 代表劳动力要素的投入。η 和 μ 代表了 e^E 和 LYL 的影响弹性。从这个方程可以看到人均人力资本取决于两个方面，即人均受教育年限和人均累积的产量。其中人均受教育年限主要用于表示由于受教育而带来的人力资本的积累。而累积的人均产量主要用于表示"干中学"效应对人力资本积累的影响。

对影响弹性 η 和 μ 的求得，借助罗伯特·巴洛在《经济增长》一书中的一个物质资本和人力资本组成的 C—D 生产函数：

$$Y = AK^\alpha H^{1-\alpha} \qquad (3-14)$$

式中，Y 是产出，K 是物质资本，H 是人力资本，A 为技术、制度因素。把以上方程改写为人均形式，可以得到以下方程：

$$y = Ak^\alpha (HC)^{1-\alpha} \qquad (3-15)$$

式中，人均产出 $y = Y/L$，人均物质资本 $k = K/L$，L 表示劳动力的数量。将上面人力资本的方程代入这个生产函数可以得到以下方程：

$$y = Ak^\alpha [(e^E)^\eta (LYL)^u]^{1-\alpha} \qquad (3-16)$$

将此方程两边取对数，可以得到

$$\ln y = \ln A + a\ln k + (1-\alpha)\eta E + (1-\alpha)u\ln LYL \qquad (3-17)$$

通过对以上方程进行回归分析可以得到 α、η 和 μ，张岩贵等人的实证结果表明，η 大致为 0.266，μ 大致为 0.191，本研究直接引用这一研究成果。

y 的数据利用香港本地生产总值与各年的从业人口的比值代表，LYL 是对 y 的历年数据进行加总得到的，k 利用香港物质资本存量与从业人口的比值代表，人均受教育年限 E 按照以下公式计算：

$$E = \frac{\sum\limits_i H_i \times T_i}{H} \qquad (3-18)$$

式中，H_i 表示 15 岁以上各级受教育程度的人口数，T_i 表示相应的教育年限。根据香港地区的教育制度，我们对各级教育年限的界定为：专科以上教育定义为 16 年，高中（包括预科）为 12 年，初中为 9 年，小学为 6 年，文盲为 0。1997—2005 年的数据可以从香港经济年鉴上获得，1997 年以前的数据香港经济年鉴仅提供了 1981、1985 和 1991 年的，我们利用 1981 年和 1985 年的数据进行直线回归，并采用内插法算出其中各年的数据，用同样的办法算出其余各年的数据。

将相应的数据代入人力资本计算公式：

$$HC = (e^E)^{0.266} (LYL)^{0.191} \qquad (3-19)$$

可以获得 1981—2005 年间香港地区人均人力资本的值，如附表 2 所示。

（三）实物资本变量

我们用实物资本存量来表示实物资本变量，具体的计算方法前面已经介绍过，即

$$K_t = K_{t-1}(1-\delta) + I_t \qquad (3-20)$$

式中，K 为资本存量，I 为固定资本形成额，δ 表示折旧率，下标表示时间。在此不再赘述。按上式计算的香港 1981—1996 年实物资本存量具体数值如附表 1 所示。

（四）投资变量

通常意义上的投资是指固定资产投资，这种投资的结果转化为实物资本，然而，在生产活动中除了实物资本需要投资外，人力资本的积累也需要投资，所以我们这里所说的投资是广义的投资。我们认为，突发公共事件最终会导致各类投资主体投在这两种类型资本上的比重发生变化。宏观上从一个国家的角度来看，突发公共事件后，国家在固定资产投资和教育经费投入间的比重会发生改变，微观上从一个企业来看，突发公共事件后企业会改变员工培训和机器厂房所花经费的比重。故我们以这两者的比值来代表投资结构的变化，如式（3-21）所示：

$$\rho = \frac{I_k}{I_{hc}} \qquad (3-21)$$

对式（3-21）两边对时间求导，得

$$\dot{\rho} = \frac{\dot{I_k}}{I_{hc}} - \frac{I_k \dot{I_{hc}}}{I_{hc}^2} \qquad (3-22)$$

式（3-22）两边除以（3-21）式两边，得

$$\frac{\dot{\rho}}{\rho} = \frac{\dot{I_k}}{I_k} - \frac{\dot{I_{hc}}}{I_{hc}} \qquad (3-23)$$

式（3-23）表明，投资结构的变动率可以表示为实物资本投资变动率和人力资本投资变动率两者之差，变动率增加表示实物资产投资比重增大，反之则表示人力资本投资比重增大。将实物资本投资变动率和人力资本投资变动率代入计算公式，我们计算出了香港 1981—1996 年间投资结构的变动率，详见附表 3。

（五）消费变量

突发公共事件会对消费者的行为产生三方面的改变：对当期收入或收入预期的改变，对不同商品的效用水平序列的改变以及对跨期消费效用水平评价的改变。如果这些改变中的一些是长期性的甚至是永久性的，那么对消费将产生长期影响，继而通过消费路径影响宏观经济状况。这一方面体现在消费总量的变化上，另一方面也体现在消费结构的变化上。目前一般用恩格尔系数来衡量消费结构的变化，但用这一指标来度量东南亚金融危机对香港居民消费结构的影响不太合适，故我们对消费总量进行实证分析。根据香港政府统计处网站所公布的香港各年居民消费量的公开数据，我们以 1981 年为基期计算出了香港1981—2005 年的居民消费总量。

（六）政府购买变量

政府作为管理主体，其决策更多地是以社会福利的最大化为目标的。当突发公共事件发生后，政府有可能会通过增加转移支付的方式帮助受冲击地区的居民和企业渡过难关，也有可能通过制定一系列的总需求政策（财政政策、货币政策）和总供给政策（收入政策、科技政策、产业政策、人力资本政策）对整个国民经济进行干预。要注意的是，这些政策有些是短期的（如总需求政策），主要目的在于克服突发公共事件所造成的短期困难，有些政策则具有长期效果，如总供给政策，这种政策的改变势必对经济造成长期的影响。香港政府 1981—2005 年的政府购买数据可以从香港统计处网站直接获得。

三、实证分析

（一）技术进步路径

这里选取 1981—2005 年香港的全要素生产率为原始时间序列。按照东南亚金融危机的发生分为两个时期：第一个时期为 1981—1996 年；第二个时期为 1997—2005 年。利用 1981—1996 年的数据建立 ARIMA 模型，然后利用此模型进行趋势外推预测 1997—2005 年的数据，得到的预测值作为不受突发公共事件影响的数值，最后将实际值减去这些预测值，得到的便是受突发公共事件影响的具体结果，也即突发公共事件对宏观经济的影响。

1. 数据处理

观察图 3－5 所示香港 TFP 时间曲线，发现数据非平稳含有明显的趋势项，因此我们可以断定我们所需要建立的模型是 $ARIMA(p,d,q)$。为了消除非平稳性，我们对 TFP 序列做差分，试图将非平稳序列变为平稳序列。我们分别对GDP 序列及其一阶、二阶差分序列作 ADF 检验得到结果见表 3－3 所示。

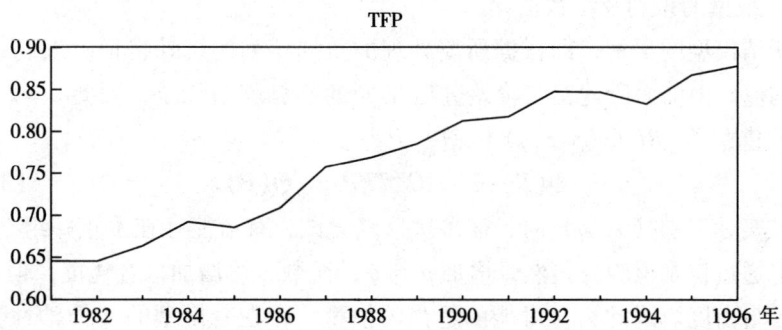

资料来源：利用 EViews 软件模拟得出。

图 3 - 5　香港 1981—1996 年 TFP 折线图

表 3 - 3　　　　　　　　　　　TFP 序列平稳性检验

	ADF 统计量	1% 显著性水平下的临界值	5% 显著性水平下的临界值	10% 显著性水平下的临界值
原序列	- 1. 52	- 4. 99	- 3. 87	- 3. 388
一阶差分	- 0. 681	- 2. 772	- 1. 974	- 1. 603
二阶差分	- 7. 984	- 2. 772	- 1. 974	- 1. 603

资料来源：利用 EViews 软件计算得出。

由表 3 - 3 我们发现，TFP 序列及其一阶差分序列都是非平稳的，而其二阶差分序列至少在 99% 的置信水平下拒绝原假设，即二阶差分序列是平稳的，也就是说 TFP 序列是 2 阶单整序列，即 $TFP \sim I(2)$，观察 TFP 二阶差分序列，也表明趋势基本消除，为平稳序列，如图 3 - 6 所示。

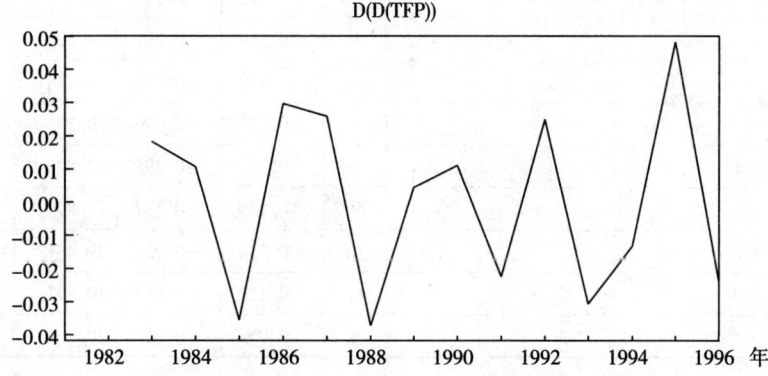

资料来源：利用 EViews 软件模拟得出。

图 3 - 6　TFP 二阶差分序列

2. 模型的识别及参数估计

所谓模型的识别，即根据所要处理的数据序列的统计特征，来确定 p、d 和 q 的值。由前面所述，二阶差分后 TFP 的趋势就消除了，因此 $d=2$。这样我们就建立了 $ARIMA(p,2,q)$ 模型，记为

$$\Phi(B)(1-B)^2 TFP_t = \Theta(B)\varepsilon_t \qquad (3-24)$$

在实际识别 (p,q) 时，需多次反复尝试，有可能存在不止一组 (p, q) 值都能通过识别检验。显然，增加 p 与 q 的阶数，可增加拟合优度，但却同时降低了自由度。因此，对可能的适当的模型，存在着模型的"简洁性"与模型的拟合优度的权衡选择问题，这一般采用极小化 AIC 准则进行选择。通常，$ARIMA$ (p,q) 过程的偏自相关函数（PACF）可能在 p 阶滞后前有几项明显的尖柱（spikes），但从 p 阶滞后项开始逐渐趋向于零。而它的自相关函数（ACF）则是在 q 阶滞后前有几项明显的尖柱，从 q 阶滞后项开始逐渐趋向于零。

观察 $\Delta^2 TFP$ 序列直至滞后 12 期的 ACF 和 PACF（见表 3-4），可以发现自相关系数在拖尾，偏相关系数在 2 阶截尾，则 p 至多取 2，经过反复识别，我们选取 $ARIMA$（2，2，0）模型。

表 3-4　　　　　　　TFP 二阶差分序列的自相关和偏自相关函数

Autocorrelation	Partial Correlation		AC	PAC	Q-Stat	Prob
. * * * | . |	. * * * | . |	1	-0.455	-0.455	3.5715	0.059
. * * | . |	* * * * * | . |	2	-0.328	-0.675	5.5818	0.061
. | * * * * |	. | . |	3	0.544	-0.033	11.598	0.009
. * * | . |	. * * | . |	4	-0.326	-0.335	13.979	0.007
. | * . |	. | * * . |	5	0.114	0.297	14.304	0.014
. | * . |	. | * . |	6	0.139	0.157	14.843	0.022
. * * * | . |	. | . |	7	-0.412	-0.096	20.275	0.005
. | * * . |	. * * | . |	8	0.271	-0.295	23.026	0.003
. | * . |	. * | . |	9	0.139	-0.127	23.894	0.004
. * * | . |	. | . |	10	-0.314	-0.053	29.431	0.001
. | * . |	. | . |	11	0.112	-0.043	30.373	0.001
. | . |	. | . |	12	0.059	-0.027	30.768	0.002

资料来源：利用 EViews 软件计算得出。

运用 EViews6.0 软件进行参数估计，结果见表 3-5。可以看到，除常数项外，其他解释变量的系数估计值在 5% 的显著性水平下都是显著的。因此我们

最终建立的模型是

$$TFP_t = -0.000496 + \frac{1}{(1 + 0.842048B + 0.872758B^2)(1 - B)^2}\varepsilon_t$$

$$(3 - 25)$$

式中，TFP_t 为时期 t 的全要素生产率，B 为滞后算子，ε_t 为白噪声序列。

表 3 - 5　　　　　　　　　参数估计结果

Variable	Coefficient	Std. Error	t - Statistic	Prob.
C	- 0.000496	0.001821	- 0.27253	0.7914
AR (1)	- 0.842048	0.198371	- 4.244804	0.0022
AR (2)	- 0.872758	0.224878	- 3.881022	0.0037
R - squared	0.721883	Mean dependent var		- 0.001498
Adjusted R - squared	0.660079	S. D. dependent var		0.029304
S. E. of regression	0.017085	Akaike info criterion		- 5.088908
Sum squared resid	0.002627	Schwarz criterion		- 4.967681
Log likelihood	33.53345	Hannan - Quinn criter.		- 5.13379
F - statistic	11.68022	Durbin - Watson stat		1.765152
Prob (F - statistic)	0.003155			

资料来源：利用 EViews 软件计算得出。

3. 模型的检验

由于 $ARIMA(p,d,q)$ 模型的识别与估计是在假设随机扰动项是白噪声的基础上进行的，因此，如果估计的模型确认正确的话，残差 ε_t 应代表一白噪声序列。观察表 3 - 6 所示残差自相关函数，可以发现残差序列的自相关系数都落入随机区间中，表明残差序列是纯随机序列。另外看 Q 统计量的 P 值，该 P 值都大于 5% 的显著性水平，所以接受原假设，即序列是纯随机序列，即白噪声序列。故检验通过，模型可用于预测。

表 3 - 6　　　　　　　　　残差的自相关函数

Autocorrelation	Partial Correlation		AC	PAC	Q - Stat	Prob
. | * . |	. | * . |	1	0.092	0.092	0.1302	
. * * * | . |	. * * * | . |	2	- 0.409	- 0.422	2.9474	
. | . |	. | * . |	3	- 0.016	0.094	2.9521	0.086
. | * . |	. * | . |	4	0.098	- 0.106	3.1541	0.207
. | . |	. | . |	5	- 0.037	- 0.009	3.1875	0.364

Autocorrelation	Partial Correlation		AC	PAC	Q – Stat	Prob
. * * | . |	. * * | . |	6	– 0. 257	– 0. 304	5. 0316	0. 284
. * * | . |	. * * | . |	7	– 0. 254	– 0. 273	7. 1918	0. 207
. | * . |	. | . |	8	0. 161	– 0. 001	8. 2784	0. 218
. | * . |	. * | . |	9	0. 159	– 0. 117	9. 6965	0. 206
. | . |	. | . |	10	– 0. 013	0. 061	9. 7115	0. 286
. | . |	. * | . |	11	– 0. 024	– 0. 092	9. 8099	0. 366

资料来源：利用 EViews 软件计算得出。

4. 突发公共事件对技术进步的影响分析

根据得到的模型可以对香港 1997—2005 年的 TFP 序列进行外推预测，结果如表 3 – 7 所示，一般来说，预测值与实际值偏离水平可用以下几个评价指标进行度量。

表 3 – 7　　**香港 1997—2005 年全要素生产率序列预测值与实际值**

年度	TFP 预测值	TFP 实际值	差额绝对值	评价指标值
1997	0. 865515	0. 84178	0. 023735	$RMSE_{F3} = 0. 054$
1998	0. 891882	0. 819775	0. 072107	$RMSE_T = 0. 034$
1999	0. 904563	0. 850109	0. 054454	
2000	0. 893214	0. 893714	0. 0005	$MAE_{F3} = 0. 050$
2001	0. 912697	0. 895087	0. 01761	$MAE_T = 0. 025$
2002	0. 925843	0. 898641	0. 027202	
2003	0. 916069	0. 919346	0. 00328	$MAPE_{F3} = 6. 007$
2004	0. 929778	0. 936520	0. 00674	$MAPE_T = 2. 891$
2005	0. 94237	0. 960356	0. 01799	

注：$RMSE_{F3}$ 表示前三年的误差均方根，$RMSE_T$ 表示总误差均方根，MAE_{F3}、MAE_T、$MAPE_{F3}$、$MAPE_T$ 的定义依此类推，资料来源于香港各年经济年鉴。

资料来源：利用 EViews 软件计算得出。

误差均方根（RMSE）：

$$RMSE = \sqrt{\frac{1}{n} \sum_{t=T+1}^{T+n} (\hat{y}_t - y_t)^2} \qquad (3 - 26)$$

绝对误差平均（MAE）：

$$MAE = \frac{1}{n} \sum_{t=T+1}^{T+n} |\hat{y}_t - y_t| \qquad (3 - 27)$$

相对误差绝对值平均 MAPE：

$$MAPE = 100 \frac{1}{n} \sum_{t=T+1}^{T+n} \left| \frac{\hat{y}_t - y_t}{y_t} \right| \tag{3-28}$$

式中，T 表示样本容量，n 表示样本外预测期数，$\hat{y}_t$ 表示预测值，y_t 表示真值，从以上定义可以看出，$RMSE$ 和 MAE 受因变量量纲影响，$MAPE$ 是不受量纲影响的相对指标，我们用以上指标来衡量突发公共事件对各传导路径影响的大小。

$MAPE$ 可用于综合比较突发公共事件对各路径影响的大小。我们首先计算出受东南亚金融危机冲击后三年，即 1997—1999 年的各指标值，这表示相对短期的影响，再计算出总体误差，这表示包括了较长期影响的冲击。

从表 3 - 7 最后一列的指标值可以看出，东南亚金融危机对香港 1997—1999 年技术进步的影响较大，从而证实了本研究的假设之一，即突发公共事件通过技术进步路径对宏观经济产生影响是成立的。从表 3 - 7 中同时可以看出，2000 年之后香港的实际全要素生产率与本模型所得出的预测值相差不大，这一方面可能是随着预测期的延长，模型预测能力下降，另一方面也验证了本章前面部分的研究成果：当受到突发公共事件的冲击后，一国政府以及社会组织有可能对突发公共事件进行反思，进而修改或重新设计制度，使之配置资源的方式更为安全、有效率。本例中东南亚金融危机之后，香港政府对其金融体系进行了一系列的必要改革，在一定程度上提高了其技术进步水平。

（二）人力资本路径

运用同样的方法我们对香港地区 1981—1996 年的人力资本存量时间序列建立 $ARIMA(p,d,q)$ 模型，经过反复的识别选取 $ARIMA(1,2,2)$ 模型，具体模型如下：

$$HC_t = 40.43159 + \frac{(1 - 0.557639B - 0.926159B^2)}{(1 + 0.595482B)(1-B)^2} \varepsilon_t \text{①} \tag{3-29}$$

式中，HC_t 为时期 t 的人力资本存量，B 为滞后算子，ε_t 为白噪声序列。运用该模型可对 1997—2005 年的香港人力资本存量进行预测，结果见表 3 - 8。

———————————

① 注：如需要该路径具体建模过程可与本课题组联系，以下各路径同。

表 3 - 8   香港 1997—2005 年人力资本序列预测值与实际值

年度	HCF（年·万港元）	HCR（年·万港元）	差额绝对值	评价指标值
1997	13 602. 9	13 918. 85	315. 95	$RMSE_{F3} = 295.41$
1998	14 699. 65	14 964. 35	264. 7	$RMSE_T = 1\ 269.35$
1999	15 779. 96	15 476. 8	303. 16	
2000	16 934. 57	16 397. 64	536. 93	$MAE_{F3} = 294.6$
2001	18 109. 44	17 296. 07	813. 37	$MAE_T = 1\ 015.96$
2002	19 336. 75	18 502. 52	834. 23	
2003	20 597. 35	18 948. 69	1 648. 66	$MAPE_{F3} = 2$
2004	21 902. 63	19 886. 5	2 016. 13	$MAPE_T = 5.432$
2005	23 245. 81	20 835. 28	2 410. 53	

注：HCF 代表人力资本存量预测值，HCR 代表人力资本存量实际值，最后一列的指标含义同全要素生产率表，资料来源于香港各年经济年鉴。

资料来源：利用 EViews 软件计算得出。

从表 3 - 8 中的各项指标可以看出，1997—1999 年的香港人力资本存量预测值和实际值相差比较小，其中 1999 年的实际值小于预测值，这表明本例中突发公共事件对人力资本有一定的影响，但影响比较小。2000 年以后的数据相差较大，且呈现出预测值大于实际值的情况，这可能是由于预测期的增加，预测误差增大所造成的。另外的解释正如本节第二部分所述：突发公共事件发生之后，政府可能增加教育和培训支出，这些都有可能使人力资本在"质"上有更快的增长，即突发公共事件在短期内可能对人力资本有一个较大的负面影响，在长期内的影响则有可能正好相反。

（三）实物资本路径

从图 3 - 7 的 1981—2005 年的香港实物资本增长率折线图我们可以粗略地看到，东南亚金融危机之后，香港实物资本增长率有非常大的下降，故我们可以初步得到结论：就本例来说，东南亚金融危机对实物资本这一传导路径的影响程度较大，时间较长。

对实物资本增长率序列进行建模，我们得到的最终模型如下：

$$KGR_t = 0.000535 + \frac{1}{(1 + 0.314562B + 0.449390B^2)(1 - B)^2}\varepsilon_t$$

$$(3 - 30)$$

式中，KGR_t 为时期 t 的实物资本增长率，B 为滞后算子，ε_t 为白噪声序列。运用该模型可对 1997—2005 年的香港实物资本存量增长率进行预测，结果见表 3 - 9。

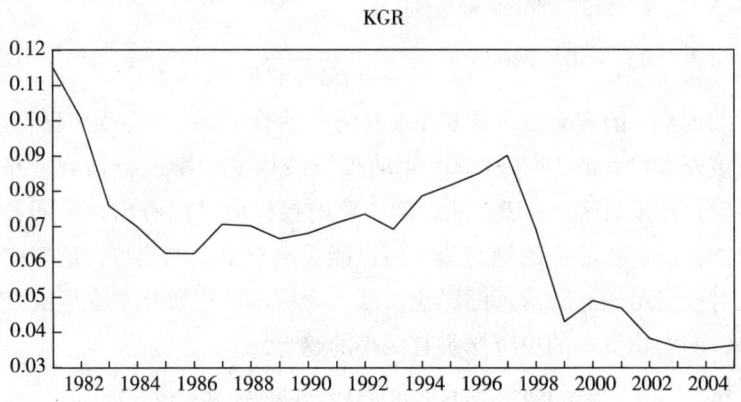

资料来源：利用 EViews 软件模拟得出。

图 3 - 7　实物资本增长率折线图

表 3 - 9　　　　　　香港 1997—2005 年实物资本增长率预测值与实际值

年度	预测值（%）	实际值（%）	差额绝对值（%）	评价指标值
1997	8.6627	9.017	0.354	$RMSE_{F3} = 2.80$
1998	8.7423	6.9202	1.8222	$RMSE_T = 4.26$
1999	8.7819	4.2922	4.4898	
2000	8.8023	4.889	3.9134	$MAE_{F3} = 2.22$
2001	8.8135	4.6731	4.1405	$MAE_T = 3.94$
2002	8.8203	3.8268	4.9935	
2003	8.825	3.5797	5.2453	$MAPE_{F3} = 44.95$
2004	8.8286	3.5343	5.2943	$MAPE_T = 97.12$
2005	8.8318	3.6232	5.2086	

资料来源：利用 EViews 软件计算得出。

　　很明显，东南亚金融危机对实物资本这一传导路径的影响程度较大的，尤其是短期和长期相对误差绝对值平均都很高，表明影响时间是较长的，这说明突发公共事件通过实物资本路径对宏观经济产生影响是成立的，究其原因，可能是东南亚金融危机之后，投资者出于安全考虑，将大量的投资转移了。

　　（四）投资路径

　　运用同样的方法对附表 3 的投资结构时间序列建立 $ARIMA(p,d,q)$ 模型，该序列的一阶段差分序列即为平稳的。经过反复识别，我们最终建立了

$ARIMA(1,1,0)$ 模型，具体形式如下：

$$IS_t = 0.004675 + \frac{1}{(1 + 0.539364B)(1 - B)}\varepsilon_t \qquad (3-31)$$

式中，IS_t 为时期 t 的实物资本增长率，B 为滞后算子，ε_t 为白噪声序列。

运用该模型对香港 1997—2005 年的投资结构变动率进行预测，并与实际值进行比较，结果见表 3-10。从最后一项的指标值可以看出，短期各指标值均小于总指标值，从差额的绝对值一栏也能看出有增大的趋势，这表明东南亚金融危机对投资结构有着深远的影响，即人力资本的投资比重在危机之后有增加的趋势，而实物资本的投资比重有减小的趋势。

表 3-10　　　　　香港 1997—2005 年投资结构预测值与实际值

年度	预测值（%）	实际值（%）	差额绝对值（%）	评价指标值
1997	0.39	-1.08	1.47	$RMSE_{F3} = 0.012$
1998	0.71	-0.59	1.3	$RMSE_T = 0.035$
1999	1.26	0.87	0.39	
2000	1.68	-1.06	2.74	$MAE_{F3} = 0.011$
2001	2.17	-0.81	2.98	$MAE_T = 0.030$
2002	2.63	-3.15	5.78	
2003	3.10	1.17	1.93	$MAPE_{F3} = 133.98$
2004	3.57	-1.42	4.99	$MAPE_T = 242.59$
2005	4.04	-1.15	5.19	

资料来源：利用 EViews 软件计算得出。

（五）政府支出路径

对香港政府支出序列建立 $ARIMA(p,d,q)$ 模型，ADF 检验表明其二阶差分序列是平稳的，反复识别后我们建立了 $ARIMA(1,2,2)$ 模型，具体形式如下：

$$G_t = -1\,909 + \frac{(1 + 1.8524B - 0.9927B^2)}{(1 - 0.4272B)(1 - B)^2}\varepsilon_t \qquad (3-32)$$

用式（3-32）进行预测，结果见表 3-11。表 3-11 说明，东南亚金融危机发生后，短期内对政府支出路径的影响较大，这可以从 1997—1999 年的 $MAPE$ 值看出，其中 1998 年的香港政府财政支出预测值与实际值差额更是高达 26 724.57 万港元，表明政府在危机发生后采取了积极的应对措施。总体 $MAPE$ 值相对较小，这表明就本例来说，东南亚金融危机对香港政府财政支出路径的影响较弱。

表 3 – 11　　　　　　香港 1997—2005 年政府支出预测值与实际值

年度	预测值 （百万港元）	实际值 （百万港元）	差额绝对值 （百万港元）	评价指标值
1997	200 434	194 360	6 073. 98	$RMSE_{F3} = 15\ 852$
1998	212 631. 4	239 356	26 724. 57	$RMSE_T = 11\ 629$
1999	221 361. 4	223 043	1 681. 553	
2000	227 516. 5	232 893	5 376. 481	$MAE_{F3} = 11\ 493$
2001	231 477. 9	238 890	7 412. 091	$MAE_T = 9\ 275$
2002	233 408. 5	239 177	5 768. 505	
2003	233 377. 9	247 466	14 088. 14	$MAPE_{F3} = 5. 01$
2004	231 415. 7	242 235	10 819. 28	$MAPE_T = 3. 93$
2005	227 534. 8	233 071	5 536. 22	

资料来源：利用 EViews 软件计算得出。

（六）消费路径

从图 3 – 8 的香港 1981—2005 年的居民消费折线图可以看出，1997 年东南亚金融危机发生后，香港居民消费支出有较为明显的下降，这说明东南亚金融危机对消费路径的影响还是比较明显的。

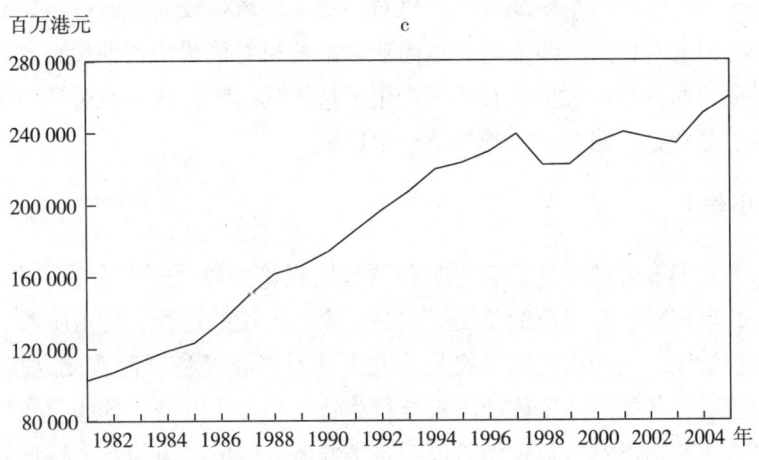

资料来源：利用 EViews 软件模拟得出。

图 3 – 8　居民消费折线图

对香港居民消费时间序列建立 $ARIMA(p,d,q)$ 模型，ADF 检验表明其一阶差分序列是平稳的，经过反复识别我们最终建立的模型形式如下：

$$C_t = 8\ 423 + \frac{(1 - 0.4317B)}{(1 - B)}\varepsilon_t \tag{3-33}$$

残差检验表明残差序列是纯随机序列，故检验通过，模型可用于预测，预测结果见表 3 – 12。

表 3 – 12　　　　香港 1997—2005 年居民消费支出预测值与实际值

年度	预测值 （百万港元）	实际值 （百万港元）	差额绝对值 （百万港元）	评价指标值
1997	238 065. 9	239 079. 0	1 013. 13	$RMSE_{F3} = 23\ 637$
1998	246 489. 3	221 933. 9	24 555. 39	$RMSE_T = 37\ 508$
1999	254 912. 6	222 168. 8	32 743. 84	
2000	263 336. 0	234 444. 8	28 891. 20	$MAE_{F3} = 19\ 437$
2001	271 759. 3	240 006. 4	31 752. 88	$MAE_T = 34\ 377$
2002	280 182. 7	236 799. 1	43 383. 61	
2003	288 606. 0	233 706. 3	54 899. 77	$MAPE_{F3} = 8.74$
2004	297 029. 4	250 308. 9	46 720. 49	$MAPE_T = 14.41$
2005	305 452. 7	260 019. 2	45 433. 54	

资料来源：利用 EViews 软件计算得出。

表 3 – 12 说明，东南亚金融危机对消费支出影响较大，通过短期和长期的各项指标值的对比进一步发现，东南亚金融危机对消费的长期影响比较大，这可能是危机对香港居民的消费心理产生了持续的影响，从而也验证了突发公共事件通过消费这一路径对宏观经济产生影响。

【小结】

通过对突发公共事件长期影响我国宏观经济的路径进行分析，我们认为，突发公共事件对宏观经济的长期影响是一个三阶段的过程：冲击阶段、解构阶段和重构阶段。在冲击阶段，突发公共事件对各类经济资源造成直接的冲击；在解构阶段，各类经济主体的决策与行为特征将发生改变，这些改变可能对宏观经济造成长期影响；在重构阶段，各类经济主体的决策与行为特征将重新形成，这个新的特征体系与突发公共事件发生前的特征体系之间的差异会对宏观经济造成长期影响。综合看来，长期影响既有总需求方面的，也有总供给方面的，通过理论和实证分析，我们发现，突发公共事件主要通过生产技术、实物资本、人力资本、自然环境、消费、投资和政府购买等路径长期影响宏观经济。

采用 $ARIMA(p,d,q)$ 模型以东南亚金融危机对香港的宏观经济影响路径的实证分析表明，突发公共事件通过不同的路径对宏观经济产生影响。对于每一具体路径而言，长期影响和短期影响往往不同，如东南亚金融危机对香港的技术进步短期影响是负面的，而长期影响则是正面的。突发公共事件对各传导变量的长期影响也具有两面性，如东南亚金融危机对香港人力资本的长期影响是正面的，而对实物资本的长期影响则是负面的。这提示我们，应该采取积极有效的应对措施，在突发公共事件中充分吸取教训，最大限度地利用突发公共事件可能具有的正面效应。

第四章

突发公共事件对我国宏观经济影响的 IMPLAN 模型分析及政策建议

从我国目前对突发公共事件经济影响的研究方法来看，对突发公共事件的经济影响大多局限于对直接经济损失和人力资源损失进行统计和模拟，而对直接损失所造成的间接经济冲击缺乏一种科学、适用、易行的计量手段，甚至忽视突发公共事件的间接经济冲击。这一现状不利于突发公共事件经济冲击信息的及时、可靠、准确的反馈，不能给专家的调度决策提供科学根据，最终就会限制突发公共事件应急手段的有效性。本研究的一个重要目的在于提供一种对突发公共事件所造成的间接经济影响进行快捷、全面的考察分析的计量模型和分析方法，期望为当前的突发公共事件经济损失评估手段提供有益的补充。

本章运用 IMPLAN 系统对我国突发公共事件经济影响进行计量分析。研究思路如下：首先根据我国各地区数据，建立对突发公共事件经济影响计量分析的 IMPLAN 模型；将这一模型应用于突发公共事件经济影响的计量分析；通过模拟突发公共事件造成的直接总需求冲击，对比突发公共事件对各地区和各行业经济影响的差异；对分析结果进行总结，提出进一步完善模型的方案；最后针对如何控制突发公共事件的负面经济影响，提出政策建议。

第一节 IMPLAN 中国区域数据库的建立方法

一、IMPLAN 系统简介

IMPLAN 是一种经济冲击评估软件系统。这一系统最初由美国联邦突发事件管理处（Federal Emergency Management Agency ）和土地管理局（Bureau of Land Management）合作开发，现在其产权为明尼苏达 IMPLAN 集团（MIG）所拥有。这一系统中包括软件与数据库两部分。软件通过使用所研究地区的数据，进行必要的计算后建立模型。它还为使用者提供一个界面，在这一界面下可以改变一个地区的经济描述变量的值，建立假想冲击情景。该系统以区域经济作为研究对象，根据行业分类建立数据矩阵模型，通过矩阵模型得出的乘数可以用来预测突然的需求或供给变动对宏观经济的冲击的大小，经济体中的现金流从购买者流向生产者，最终消费品的购买是整个经济活动的动力。

IMPLAN 系统包含了一系列广泛的数据库，例如基本经济指标、各种乘数和人口统计指标，它同时也拥有详尽和精确的建模软件系统。使用者可以在 IMPLAN 系统之下，开发和建立本地区的投入产出模型，从而评估经济冲击对本地区的影响，这些经济冲击既包括恐怖袭击、自然灾害、工厂倒闭、环境污染等负面经济冲击事件，也包括新企业的建立、房地产的开发、环境治理、旅游业的发展等正面经济冲击事件。IMPLAN 在确定和计算各本地区各经济部门所遭受的直接冲击之后，然后通过使用分产业乘数、地区购买系数、收入产出比以及其他一系列的因素和经济关系，得出经济中所有部门所遭受的间接和引致冲击。

IMPLAN 系统最大的特点在于其经济数据库的完备性。例如其美国数据库部分，涵盖了以 NAIC 分类法分类的所有 528 个不同的产品部门，以及其他 21 个经济指标。除此之外，IMPLAN 系统中的美国投入产出结构矩阵对这些产品部门之间的相互关系作了精确描述。IMPLAN 系统还包括历年所有的美国的社会核算矩阵（SAM）中的数据。美国全国各州、各县的以上数据都可以在 IM-PLAN 系统中得到。也就是说，美国任何一地的经济冲击都可以通过 IMPLAN 系统处理之后，得出这一经济冲击对发生地所处县、州及全国各产品部门的直接、间接和引致影响的量化结果，以供决策者参考。作为 IMPLAN 数据库中的核心部分的投入产出表，中国国家统计局编制的《2000 年全国投入产出表》只包含 17 个产品部门，《2002 年全国投入产出表》扩大到了 122 个产品部门，《中国区域间投入产出表》也使运用 IMPLAN 系统分析我国经济冲击的跨区域传导成为可能，各地区投入产出表的公布也可以使 IMPLAN 系统在区域内具有良好的运用前景。

IMPLAN 系统的另一优势还在于其灵活性。它允许使用者根据不同时期不同地区的不同情况，赋予新的、合适的经济数据和产品部门间的数量关系，以便分析结果符合当时当地的实际情况。详细地说，这包括对某一产品部门赋予合适的产出收入比、合适的工资率和合适的乘数关系。IMPLAN 同时允许使用者更改模型中的贸易流假设，例如更改地区购买系数（这一系数决定了地区的服务和货物产品的外销量）。IMPLAN 系统的灵活性对其在我国的应用有关键意义，这使我们可以通过修改 IMPLAN 中原有的数据库，建立与我国社会、经济相一致的数据库，进而在 IMPLAN 系统之下进行经济冲击分析。

最后，IMPLAN 系统具有科学性、专业性和在世界各地的通用性，其分析结果为大家普遍接受，可信度高。如果说我国统计数据的日益完备和 IMPLAN 系统的灵活性使 IMPLAN 系统在我国的使用成为可能，那么 IMPLAN 系统的可信度决定其在我国将拥有广阔的应用空间和市场价值。

随着我国经济的高速发展，经济、社会中的不确定性因素也日益增多，各经济主体面对各种正、负面经济冲击时，往往不会使用科学的手段对其进行评估，只能被动地接受冲击的结果。即使有所评估，其结果也通常是不准确和粗糙的。这十分不利于政府、企业和个人在经济冲击到来之前制订经济计划，或在冲击发生之后进行经济管理。如果我国能引进 IMPLAN 这一先进、科学的经济冲击评估系统，无疑会使政府、企业和个人的经济决策更加科学，有利于经济、社会的健康和谐发展。

二、IMPLAN 模型进行经济冲击分析的基本原理

IMPLAN 模型本质上是一种投入产出模型，也是一种特殊的一般均衡模型，体现了一般均衡理论在现实经济社会中的实际运用。运用 IMPLAN 对经济冲击进行分析属于投入产出分析。因此有必要对投入产出分析进行简单介绍。

投入产出分析的初步思想可追溯到 18 世纪经济学中的重农学派的魁奈（Francois Quesnay, 1694—1774），他的主要经济著作《经济表》首次描述了产业之间的关系，把一个企业、一个农场由一定的生产增长所引起的财富生产活动的连续循环用表格表现出来。19 世纪后半叶的数理经济学派的瓦尔拉斯（Leon Walras, 1834—1910）提出的一般均衡理论和数学模型，更是投入产出分析的直接先驱。1925 年，原苏联裔美国经济学家 W. 列昂惕夫写出一篇名为《俄国经济的平衡——一个方法论的研究》的论文，第一次阐述了投入产出分析的基本概念。1931 年他开始用投入产出分析研究美国的经济结构，并根据美国国情普查资料编制了 1919 年和 1929 年的投入产出表。1936 年他发表了《美国经济制度中投入产出的数量关系》一文，这是应用投入产出分析的第一篇论文。1941 年列昂惕夫在《美国经济结构，1919—1929》中详细阐明了投

入产出分析的内容和方法。1953 年他与 H. 钱纳里等人出版了《美国经济结构研究》一书，阐述了投入产出分析的基本原理及其发展的几个主要部分。20世纪 40 年代，美国开始了投入产出法的实际应用。1942—1944 年，美国劳工部劳动统计局在列昂惕夫的主持下，编制了美国 1939 年的投入产出表；美国空军及战备和裁军总署等机构在第二次世界大战期间及战后，曾利用投入产出分析及有关资料，制订战时生产计划和研究裁军对国民经济的影响。二战后，投入产出分析逐步为世界各国所重视，现在已有 90 多个国家和地区编制过投入产出表。由于从事投入产出分析的研究和应用，列昂惕夫获得 1973 年诺贝尔经济学奖。

投入产出分析亦称之为投入产出法、产业关联、部门联系平衡法等。它是以最终产品为经济活动目标，研究各种经济体系（例如企业、公司、部门经济、地区经济、国民经济）中，各个组成部分间的投入和产出之间相互依存关系的一种数量分析方法。"投入"指的是生产产品所消耗的原材料、燃料、动力、固定资产折旧和劳动力；"产出"指的则是生产出来的产品的使用方向和数量，即分配的流量。由投入产出表所推导出来的数学公式可以计算出一项或多项经济活动的变化对整个经济的影响。列昂惕夫认为："投入产出分析的主要优点，是它能够使我们考察高度复杂的纵横交错的相互关系，这种相互关系把任何局部的最初变动的脉搏，传送到经济体系极远的角落。"由投入产出表所推导出来的数学公式可以计算出一项或多项经济活动的变化对整个经济的影响。投入产出分析作为一种行之有效的经济数量分析方法，在国内外均被广泛应用于经济分析的诸多方面。

投入产出分析分为初级投入产出分析与次级投入产出分析。初级投入产出分析的数据直接从各产业、部门收集，例如由我国国家统计局编制的全国投入产出表。由于采集数据的成本较高，初级投入产出分析的使用并不普遍。次级投入产出分析则采用直接投入产出中的数据来建立投入产出账户，IMPLAN 就是次级投入产出分析的一个例子。

IMPLAN 系统中的投入产出模型主要基于以下假设。

（1）生产函数恒定，没有规模效应。即增加产出只需按生产函数中的比例，线性增加生产函数中所需的各要素即可。

（2）没有供给约束。即供给是无限的，产业可无限制地获取生产原料，产业的产出只受需求的影响。

（3）固定的商品投入结构。即某一商品的价格变化，不会促使企业购买替代商品。这一假设意味着，经济的变化只对产业的产出造成影响，而不会影响产业生产所需的商品和服务的组成结构。

（4）同比例产出。即只有当生产产品所需的各商品同比例增加时，产业的产出才会增加。只有某一部分所需商品增加时，产业的产出并不会增加。

（5）产业技术假设。即在产业内部生产的所有产品（包括主产品和副产品等）的生产技术是相同的。

运用 IMPLAN 进行投入产出分析分为两个阶段：（1）描述性模型建模阶段。一个描述性模型包括区域经济互动的信息，即地区经济账户。这些表以区域内的购买者和生产者之间资金流动的方式描述了区域经济。贸易流是描述性模型的一部分。它们描述了区域内和区域外的商品和服务的流动情况（出口和进口）。初始的 IMPLAN 数据包括所有的购买数据，其中就包括进口货物和服务。区域经济账户建立后，出口部分将从原始数据中移出，以便于考察区域内的产业间的交易和最终购买。通过添加社会核算数据，投入产出分析还可以调查非产业间的交易，例如商业税和家庭税。社会核算数据包括政府的税收和转移支付。投入产出账户描述了商品从生产者向中间厂商和最终消费者流动的情况。社会核算矩阵（SAM）则展示了非产业机构之间的资金流。投入产出账户和社会核算矩阵都是描述性模型的组成部分。（2）预测性模型建模区域的经济账户被用于计算该区域的各种乘数。乘数描述了区域经济对一项刺激（需求或产出的改变）的反应。这些乘数构成了预测性模型。最终需求的购买是投入产出模型的驱动力。生产商品和服务的各种产业同时也向其他产业购买商品和服务。其他的产业反过来也同样购买商品和服务。这些间接的购买（或间接效应）持续发生，直至区域的漏出发生中断循环（例如，进口、工资和利润等）。

间接效应和家庭支出变化的效应（引致效应）以一系列乘数的形式，由投入产出表推导出来。这一推导被称做列昂惕夫求逆。最终推导出来的一系列乘数描述了某一产业 1 美元最终需求的变化对所有产业的产出的影响。最终消费（或最终需求）是投入产出模型的驱动力。最终需求的变化对各种产业造成直接和间接的影响。这种影响又对为这些产业提供商品和服务的产业的总需求造成影响，如此循环往复。乘数就成为计算最终累计经济影响的工具。

在 IMPLAN 的预测性模型中，有三种不同类型的乘数：Ⅰ类乘数、Ⅱ类乘数和 SAM 乘数。这些乘数都可由描述性模型推导出来，而这些推导都是以计算直耗系数矩阵（或吸收系数矩阵）为起点的。

表 4 - 1　　　　　　　　　　　　　简化的投入产出表

产出 / 投入	中间使用				最终使用				其他	总产出
	部门1	部门2	…	部门n	中间使用合计	总消费	资本形成总额	净出口	最终使用合计	
中间投入　部门1　部门2　⋮　部门n	第 I 部分					第 II 部分					
中间投入合计											
增加值　固定资产折旧　劳动者报酬　生产税净额　营业盈余	第 III 部分										
增加值合计											
总投入											

定义第 j 种产品对第 i 种产品的直接消耗系数 a_{ij} 为

$$a_{ij} = \frac{q_{ij}}{Q_j}(i, j = 1, 2, \cdots, n) \qquad (4-1)$$

则

$$q_{ij} = a_{ij} \cdot Q_j (i, j = 1, 2, \cdots, n) \qquad (4-2)$$

式中，a_{ij} 为第 j 种产品对第 i 种产品的直接消耗系数；q_{ij} 为第 j 种产品在生产过程中，对第 i 种产品的直接消耗量；Q_j 为第 j 种产品的总产出。

$$\sum_{j=1}^{n} a_{ij} \cdot Q_j + y_i - x_i = Q_i(i = 1, 2, \cdots, n) \qquad (4-3)$$

改写成矩阵形式有

$$AQ + Y = Q \qquad (4-4)$$

式中，A 为直接消耗系数矩阵，也被称做生产函数；$Q = (Q_1, Q_2, \cdots, Q_n)^T$，表示总产出列向量；$Y = (y_1, y_2, \cdots, y_n)^T$，表示最终消耗列向量。

整理后得

$$Q = (I - A)^{-1} * Y \qquad (4-5)$$

也可以写成

$$\Delta Q = (I - A)^{-1} * \Delta Y \qquad (4-6)$$

即，总产出的变化量 = $(I - A)^{-1}$ 乘以最终需求的变化量。$(I - A)^{-1}$ 即列昂惕夫逆矩阵。

不同的乘数将总需求变化对经济的影响分成不同组成部分：（1）直接效

应：初始总需求变化的产业的产出变化；（2）间接效应：直接效应造成的新的总需求变化，经由产业间的联系，造成的相关产业的产出变化；（3）引致效应：由总需求变化造成的产出变化进一步对家庭收入变化，这种变化又导致家庭支出的变化。

Ⅰ类乘数用于衡量直接效应和间接效应；Ⅱ类乘数中加入了家庭部门，可以衡量直接效应、间接效应和引致效应；SAM 乘数则可以有选择性地加入新部门，分析这些部门加入后，总需求变化对经济的影响。

通过建立研究区域的 IMPLAN 数据库，可以建立研究区域的 IMPLAN 模型，从而得到上述各类乘数。IMPLAN 系统根据 IMPLAN 模型中的各类乘数，处理输入的最终需求变化量和研究区域的经济变量，最终输出经济冲击的直接效应、间接效应和引致效应。

三、中国区域 IMPLAN 数据库的建立方法

建立中国区域 IMPLAN 模型，最为关键的是建立中国自己的 IMPLAN 模型数据库，然后根据数据库建立描述性模型和预测性模型。IMPLAN 系统在美国通过三十多年的发展，美国已经建立县、州、全国各级的 IMPLAN 数据库。IMPLAN 模型可以把某一事件对经济的冲击详尽地反映出来。在我国，尽管国家、省甚至地市一级都公布有投入产出表，但实际的应用范围却十分有限。这一方面是因为对投入产出分析的重视程度不够，另一方面投入产出计算的复杂性也制约了投入产出分析在我国的广泛应用。如果我们能够将 IMPLAN 模型改良后为我所用，或者在此基础上作进一步的再创新，那么投入产出分析在我国经济领域将能够进一步地推广运用，为我国各经济体提供准确的决策参考信息。

通过我国区域 IMPLAN 数据库的建立这一研究实践，掌握如何根据我国的投入产出表和经济数据来建立 IMPLAN 数据库的方法，对今后 IMPLAN 系统在我国的进一步推广使用打下了良好的基础。下面就这一方法作一介绍。将本地的投入产出数据嵌入 IMPLAN 系统，不同于对某些部门的生产函数、就业人数或附加值进行简单更改，这是一种对 IMPLAN 数据库的大幅度修正。要成功地将投入产出数据嵌入 IMPLAN 系统，必须要完全理解投入产出账户和 IMPLAN 系统中 Access 数据库的结构。所有的 Access 文件中的详细内容都可以从《IMPLAN 系统数据库手册》①中获知。同时还应该熟悉 MS Access 程序的操作和

---

① IMPLAN Pro Data Guide, MIG, Inc.

编写各类 Access 查询指令，例如"添加"和"更新"。IMPLAN 数据库与 Access2000 程序是兼容的，所以当使用 Office XP 或以上版本时，必须保持向下兼容状态。

建立投入产出账户的方法有两种，即产业×商品法和产业×产业法。IMPLAN 系统使用的是产业×商品法。如果要嵌入的是基于产业×商品法建立的投入产出表，只需将进口视为负最终需求，就能使投入产出中的数据符合 IMPLAN 系统的数据库结构。如果要嵌入的是基于产业×产业法建立的投入产出表，就需要额外的工作来得到准确的乘数表。IMPLAN 系统将负最终需求视为商品销售。负总需求可以输入到 SAFinal Demands table 这一 IMPLAN 系统数据表中，系统可以自动将其移至 SACommodity Sales table 中。建立产业×产业类型的模型要求投入产出表中必须包括以下数据信息：产业×产业交易矩阵、增加值、就业人数和最终需求。建立产业×商品类型的模型要求以下数据信息：产业×商品使用矩阵、制造矩阵、增加值、就业人数和最终总需求。我国的投入产出表都是以产业×产业法建立的，其中包含了就业人数这一项之外所有的上述数据。由于各种原因，我国对各行业就业人数并没有确切的统计资料。虽然各年度《劳动统计年鉴》对城镇分行业就业人数提供了数据资料，但其行业分类与投入产出表中的行业分类不一致。为了得到较为近似的 IMPLAN 数据库就业人数数据，我们采取以投入产出表中各行业的劳动者报酬除以该部门城镇职工平均工资的方法来计算就业人数，如果缺乏该部门的平均工资数据，则以近似部门平均工资数据计算。由于城乡差距、部门差距的存在，这一计算方法得到的就业人数不是非常准确，但在无法获取确切资料的情况下，为了保持 IMPLAN 数据库的完整性和建模的顺利进行，这不失为一种可取的方法。如果以后能够获取更加准确、详尽的数据资料，可以再对数据库进行修改。

对 IMPLAN 模型进行改良，关键在于向 IMPLAN 系统嵌入研究区域的数据库，并及时更新和维护其数据库。本研究通过反复实践摸索出了一套在 IMPLAN 系统中嵌入中国数据库的方法，成功地将北京、上海、湖北、浙江、四川 2005 年 42 部门投入产出表以及湖南 2002 年 122 部门投入产出表导入 IMPLAN 系统中①，并进一步通过 IMPLAN Pro 软件计算得到了各种乘数，可以用于进行经济冲击分析。

---

① 如需要查看数据库文件，可与本研究的作者联系。

第二节　基于 IMPLAN 系统的突发公共事件经济冲击建模分析

一、基于 IMPLAN 系统的突发公共事件经济冲击建模分析框架

在本节中，将基于建立好的 IMPLAN 模型区域数据库，运用 IMPLAN 系统对突发公共事件造成的经济冲击进行建模分析。分析的框架如下所示。

1. 假设模拟的突发公共事件会造成某一行业的就业需求减少 100 人，我们可以通过 IMPLAN 系统分析这一突发公共事件对整个社会的经济影响。分析任一行业减少 100 个就业需求对整个社会（包括所有 42 个部门）的经济冲击，方法如图 4 - 1 所示。

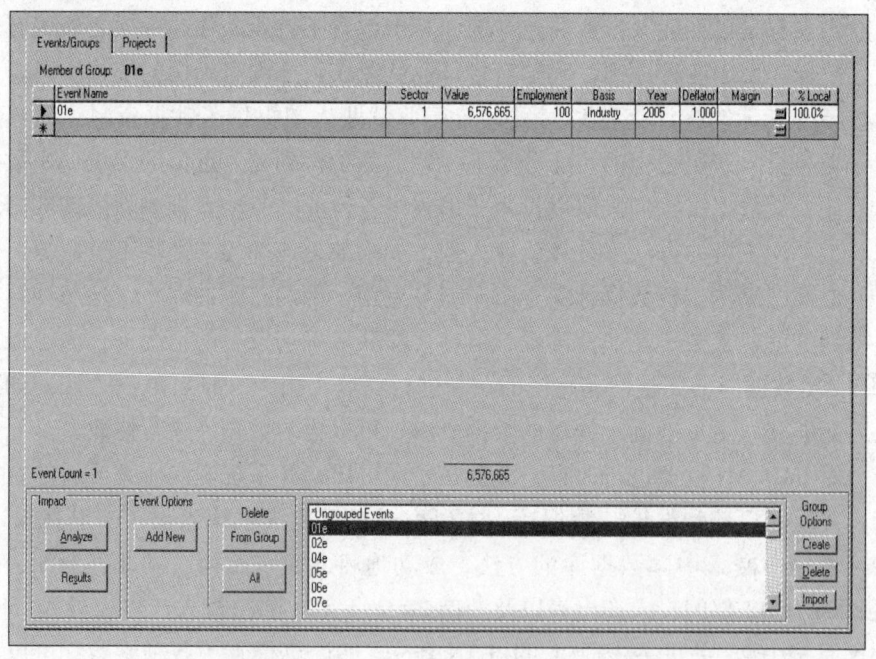

资料来源：利用 IMPLAN 系统截图得到。

图 4 - 1　某一行业就业需求减少 100 人的 Event 设定

在 IMPACT 分析的界面中对应 42 个部门建立 42 个 Group，每个 Group 中只包含一个 Event。Event 的设定如图 4 - 1 所示，Sector 为选定的分析部门，在

Employment 项目下输入 100，Deflator 设为 1,% Local 设为 100% 。进行冲击分析后，在图 4 - 2 所示的 Results 界面中，可看到该部门就业人数减少 100 造成的总产出冲击、总就业冲击和总附加值冲击。在这一部分，需要对 42 个 Group 分别作一次分析，即作 42 次分析，最后将得到的冲击结果汇总。

Impact Name: 01, 01e, 01o, 02, 02e, 04e, 05e, 06e, 07e, 08e, 09e, 10e, 11e

Output Results:

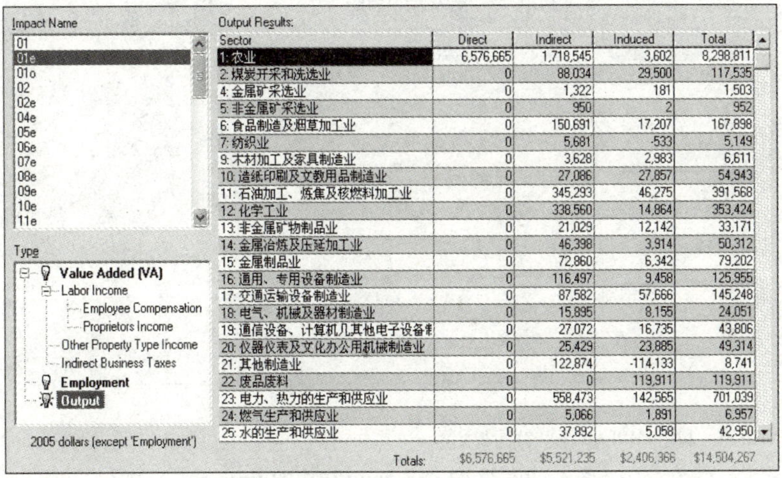

Sector	Direct	Indirect	Induced	Total
1: 农业	6,576,665	1,718,545	3,602	8,298,811
2: 煤炭开采和洗选业	0	88,034	29,500	117,535
4: 金属矿采选业	0	1,322	181	1,503
5: 非金属矿采选业	0	950	2	952
6: 食品制造及烟草加工业	0	150,691	17,207	167,898
7: 纺织业	0	5,681	-533	5,149
9: 木材加工及家具制造业	0	3,628	2,983	6,611
10: 造纸印刷及文教用品制造业	0	27,086	27,857	54,943
11: 石油加工、炼焦及核燃料加工业	0	345,293	46,275	391,568
12: 化学工业	0	338,560	14,864	353,424
13: 非金属矿物制品业	0	21,029	12,142	33,171
14: 金属冶炼及压延加工业	0	46,398	3,914	50,312
15: 金属制品业	0	72,860	6,342	79,202
16: 通用、专用设备制造业	0	116,497	9,458	125,955
17: 交通运输设备制造业	0	87,582	57,666	145,248
18: 电气、机械及器材制造业	0	15,895	8,155	24,051
19: 通信设备、计算机几其他电子设备	0	27,072	16,735	43,806
20: 仪器仪表及文化办公用机械制造业	0	25,429	23,885	49,314
21: 其他制造业	0	122,874	-114,133	8,741
22: 废品废料	0	0	119,911	119,911
23: 电力、热力的生产和供应业	0	558,473	142,565	701,039
24: 燃气生产和供应业	0	5,066	1,891	6,957
25: 水的生产和供应业	0	37,892	5,058	42,950
Totals:	$6,576,665	$5,521,235	$2,406,366	$14,504,267

Type:
Value Added (VA)
- Labor Income
  - Employee Compensation
  - Proprietors Income
- Other Property Type Income
- Indirect Business Taxes

Employment
Output

2005 dollars (except 'Employment')

资料来源：利用 IMPLAN 系统计算得到的结果。

图 4 - 2　某一行业就业需求减少 100 人的 IMPLAN 系统分析结果

2. 假设模拟的突发公共事件会造成某一行业的产品需求减少 1 亿元，我们可以通过 IMPLAN 系统分析这一突发公共事件对整个社会的经济影响。方法如下：在 IMPACT 分析的界面中对应 42 个部门建立 42 个 Group，每个 Group 中只包含一个 Event。Event 的设定见图 4 - 1 所示，Sector 为选定的分析部门，在 Value 项目下输入 10 000 000，Deflator 设为 1,% Local 设为 100% 。（上述操作可在一部分的基础上修改）在这一部分，同样需要对 42 个 Group 分别作一次分析，即作 42 次分析，最后将得到的冲击结果汇总。

3. 假设预期模拟的突发公共事件使各行业减少 100 个就业单位的可能性大小是一致的，我们可以通过 IMPLAN 系统分析某一区域各行业面临着的突发公共事件预期冲击。由于事前并不能预测哪些部门会受到冲击影响，我们假设每一部门受到冲击的可能性相同，那么预期冲击可由每个部门都遭受相同冲击造成的各部门冲击结果乘以其发生概率计算得到。我们从就业和产出需求两方面来定义这一可能性冲击。

（1）从就业冲击角度分析。在 IMPACT 分析的界面中对应 42 个部门建立 42 个 Group，每个 Group 中只包含一个 Event。Event 的设定见图 4 - 1 所示，

Sector 为选定的分析部门，在 Employment 项目下输入 100，Deflator 设为 1，% Local 设为 100%（上述步骤与第一部分相同，可直接利用）。然后建立 1 个由 42 个 Group 构成的 Project，如图 4－3 所示。

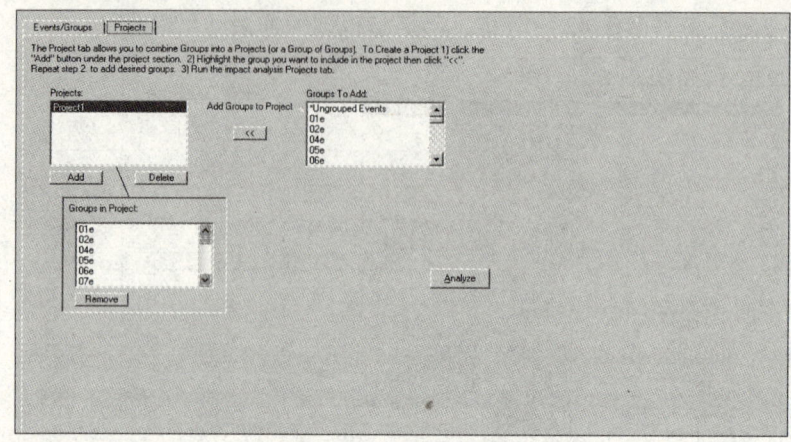

资料来源：利用 IMPLAN 系统截图得到。

图 4－3　由 42 个 Group 构成的 Project

对该 Project 进行冲击分析后，可通过 Reports 界面分别输出总产出、总就业和总附加值分析结果，设定如图 4－4 所示。并将 txt 格式的输出结果导入至 Excel 表中，即可得到汇总后的结果。

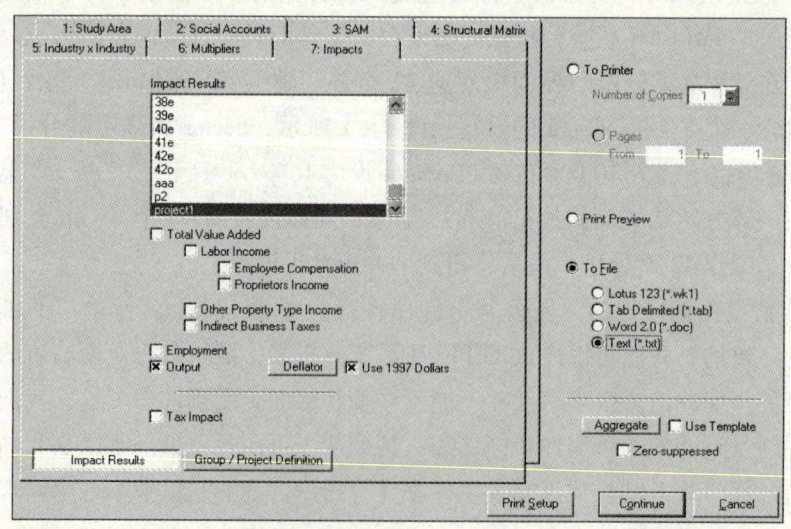

资料来源：利用 IMPLAN 系统截图得到。

图 4－4　Reports 界面

（2）从产出冲击角度分析。在 IMPACT 分析的界面中对应 42 个部门建立 42 个 Group，每个 Group 中只包含一个 Event。Event 的设定见图 4 - 1 所示，Sector 为选定的分析部门，在 Value 项目下输入 1 000 000，Deflator 设为 1，% Local 设为 100%（上述步骤与第一部分相同，可直接利用）。然后建立 1 个由 42 个 Group 构成的 Project，见图 4 - 3 所示。对该 Project 进行冲击分析后，可通过 Reports 界面分别输出总产出、总就业和总附加值分析结果。

4. 假设各部门遭受冲击的可能性等于其产出占总产出的比例。假设每一部门受到冲击的可能性等于其产出占中间投入的比例，那么预期冲击可由每个部门都遭受相同冲击造成的各部门冲击结果来代替。冲击分析方法同 3，所不同的是乘以的概率分别是各部门产出占总产出的比例。

按照这一框架和方法，本课题组对北京、上海、湖北、浙江和四川分别进行了突发公共事件经济冲击建模分析。下面展示北京的建模分析结果，其余地区的分析结果列入附录以供查询。

二、北京 IMPLAN 数据突发公共事件经济冲击建模分析

（一）分析任一行业就业减少 100 人造成的冲击

将对 42 个 Group 进行分析后的结果进行汇总，可得到表 4 - 2 中的结果。

表 4 - 2　单个部门就业人数减少 100 人造成的总产出、总就业和总附加值冲击

部门代码	受直接冲击部门	总就业冲击（个）	总产出冲击（元）	附加值冲击（元）
1	农业	155.9	14 504 267	2 350 895
2	煤炭开采和洗选业	370.3	108 262 150	21 031 592
3	石油和天然气开采业①	0	0	0
4	金属矿采选业	134.3	13 732 805	4 502 952
5	非金属矿采选业	133.4	14 002 401	3 039 976
6	食品制造及烟草加工业	222.7	44 891 262	10 633 979
7	纺织业	110.1	6 413 946	455 529
8	服装皮革羽绒及其制品业	127.5	10 442 058	1 451 549
9	木材加工及家具制造业	145.4	21 090 911	3 320 593
10	造纸印刷及文教用品制造业	159.1	26 688 872	5 899 474
11	石油加工、炼焦及核燃料加工业	502.1	225 506 875	34 000 771

---

① 在《北京市 2005 年 42 部门投入产出延长表》中，部门 3 "石油与天然气开采" 和部门 22 "废品废料" 的各项数据为 0。

部门代码	受直接冲击部门	总就业冲击（个）	总产出冲击（元）	附加值冲击（元）
12	化学工业	221.4	55 336 601	11 371 696
13	非金属矿物制品业	183.6	35 385 977	6 743 205
14	金属冶炼及压延加工业	173.7	35 269 361	10 215 430
15	金属制品业	164.8	27 296 627	5 325 049
16	通用、专用设备制造业	193.4	40 138 792	7 405 084
17	交通运输设备制造业	294.2	100 287 785	17 976 375
18	电气、机械及器材制造业	198.5	42 143 514	8 653 361
19	通信设备、计算机及其他电子设备制造业	340.8	129 184 771	18 167 741
20	仪器仪表及文化办公用机械制造业	235.5	57 671 025	11 885 700
21	其他制造业	172.5	28 357 889	5 388 796
22	废品废料	0	0	0
23	电力、热力的生产和供应业	401.5	138 489 892	33 482 267
24	燃气生产和供应业	225.9	40 325 733	13 884 508
25	水的生产和供应业	186.0	48 280 755	8 864 750
26	建筑业	219.1	49 985 711	7 828 181
27	交通运输及仓储业	219.2	48 256 794	11 305 404
28	邮政业	180.8	30 927 131	8 049 239
29	信息传输、计算机服务和软件业	357.4	108 143 625	24 888 115
30	批发和零售贸易业	185.5	31 858 185	11 073 827
31	住宿和餐饮业	147.3	18 988 694	4 483 827
32	金融保险业	403.1	82 607 927	30 007 531
33	房地产业	187.2	35 094 286	16 229 710
34	租赁和商务服务业	193.0	35 338 914	6 030 747
35	旅游业	789.5	256 821 527	35 291 000
36	科学研究事业	189.0	34 280 687	5 688 879
37	综合技术服务业	260.3	58 907 265	10 162 161
38	其他社会服务业	162.3	25 450 537	4 225 645
39	教育事业	145.7	16 654 352	3 252 640
40	卫生、社会保障和社会福利业	160.5	27 382 501	3 610 975
41	文化、体育和娱乐业	207.1	45 463 230	9 971 613
42	公共管理和社会组织	160.6	23 484 963	3 582 175

资料来源：利用 IMPLAN 系统计算得到的结果。

对表 4 - 2 的结果按总产出冲击进行部门排序，可以得到表 4 - 3。

表 4 - 3　　单个部门就业人数减少 100 人造成的总产出冲击排序

序号	部门代码	受直接冲击部门	总产出冲击（元）
1	35	旅游业	256 821 527
2	11	石油加工、炼焦及核燃料加工业	225 506 875
3	23	电力、热力的生产和供应业	138 489 892
4	19	通信设备、计算机及其他电子设备制造业	129 184 771
5	2	煤炭开采和洗选业	108 262 150
6	29	信息传输、计算机服务和软件业	108 143 625
7	17	交通运输设备制造业	100 287 785
8	32	金融保险业	82 607 927
9	37	综合技术服务业	58 907 265
10	20	仪器仪表及文化办公用机械制造业	57 671 025
11	12	化学工业	55 336 601
12	26	建筑业	49 985 711
13	25	水的生产和供应业	48 280 755
14	27	交通运输及仓储业	48 256 794
15	41	文化、体育和娱乐业	45 463 230
16	6	食品制造及烟草加工业	44 891 262
17	18	电气、机械及器材制造业	42 143 514
18	24	燃气生产和供应业	40 325 733
19	16	通用、专用设备制造业	40 138 792
20	13	非金属矿物制品业	35 385 977
21	34	租赁和商务服务业	35 338 914
22	14	金属冶炼及压延加工业	35 269 361
23	33	房地产业	35 094 286
24	36	科学研究事业	34 280 687
25	30	批发和零售贸易业	31 858 185
26	28	邮政业	30 927 131
27	21	其他制造业	28 357 889
28	40	卫生、社会保障和社会福利业	27 382 501
29	15	金属制品业	27 296 627
30	10	造纸印刷及文教用品制造业	26 688 872
31	38	其他社会服务业	25 450 537
32	42	公共管理和社会组织	23 484 963

序号	部门代码	受直接冲击部门	总产出冲击（元）
33	9	木材加工及家具制造业	21 090 911
34	31	住宿和餐饮业	18 988 694
35	39	教育事业	16 654 352
36	1	农业	14 504 267
37	5	非金属矿采选业	14 002 401
38	4	金属矿采选业	13 732 805
39	8	服装皮革羽绒及其制品业	10 442 058
40	7	纺织业	6 413 946
41	3	石油和天然气开采业	—
42	22	废品废料	—

资料来源：利用 IMPLAN 系统计算得到的结果。

从表 4 - 3 可以看出，如果突发公共事件的直接影响造成北京市旅游部门（代码 35）的就业需求人数减少 100 人，其造成的总产出的影响最大，将导致 256 821 527 元总产出的减少；其次为石油加工、炼焦及核燃料加工业（代码 11，就业减少 100 人会造成 225 506 875 元产出的减少）和电力、热力的生产和供应业（代码 23，就业减少 100 人会造成 138 489 892 元产出的减少）；就业减少 100 人对总产出影响最小的是纺织业（代码 7，就业减少 100 人会造成 6 413 946 元产出的减少）。

对表 4 - 2 的结果按总就业冲击进行部门排序，可以得到表 4 - 4。

表 4 - 4　　单个部门就业人数减少 100 人造成的总就业冲击排序

序号	部门代码	受直接冲击部门	总就业冲击（个）	放大比例（%）
1	35	旅游业	789.5	789.5
2	11	石油加工、炼焦及核燃料加工业	502.1	502.1
3	32	金融保险业	403.1	403.1
4	23	电力、热力的生产和供应业	401.5	401.5
5	2	煤炭开采和洗选业	370.3	370.3
6	29	信息传输、计算机服务和软件业	357.4	357.4
7	19	通信设备、计算机及其他电子设备制造业	340.8	340.8
8	17	交通运输设备制造业	294.2	294.2
9	37	综合技术服务业	260.3	260.3
10	20	仪器仪表及文化办公用机械制造业	235.5	235.5

续表

序号	部门代码	受直接冲击部门	总就业冲击（个）	放大比例（%）
11	24	燃气生产和供应业	225.9	225.9
12	6	食品制造及烟草加工业	222.7	222.7
13	12	化学工业	221.4	221.4
14	27	交通运输及仓储业	219.2	219.2
15	26	建筑业	219.1	219.1
16	41	文化、体育和娱乐业	207.1	207.1
17	18	电气、机械及器材制造业	198.5	198.5
18	16	通用、专用设备制造业	193.4	193.4
19	34	租赁和商务服务业	193.0	193.0
20	36	科学研究事业	189.0	189.0
21	33	房地产业	187.2	187.2
22	25	水的生产和供应业	186.0	186.0
23	30	批发和零售贸易业	185.5	185.5
24	13	非金属矿物制品业	183.6	183.6
25	28	邮政业	180.8	180.8
26	14	金属冶炼及压延加工业	173.7	173.7
27	21	其他制造业	172.5	172.5
28	15	金属制品业	164.8	164.8
29	38	其他社会服务业	162.3	162.3
30	42	公共管理和社会组织	160.6	160.6
31	40	卫生、社会保障和社会福利业	160.5	160.5
32	10	造纸印刷及文教用品制造业	159.1	159.1
33	1	农业	155.9	155.9
34	31	住宿和餐饮业	147.3	147.3
35	39	教育事业	145.7	145.7
36	9	木材加工及家具制造业	145.4	145.4
37	4	金属矿采选业	134.3	134.3
38	5	非金属矿采选业	133.4	133.4
39	8	服装皮革羽绒及其制品业	127.5	127.5
40	7	纺织业	110.1	110.1
41	3	石油和天然气开采业	—	—
42	22	废品废料	—	—

资料来源：利用IMPLAN系统计算得到的结果。

　　从表4-4可以看出，如果突发公共事件的直接影响造成北京市旅游部门（代码35）的就业需求人数减少100人，其造成的北京市就业的减少最多，将导致789.5个就业机会的减少，初始的就业冲击从就业来看放大了789.5%；其次为石油加工、炼焦及核燃料加工业（代码11，就业减少100人会造成502.1个就业机会的减少）和金融保险业（代码32，就业减少100人会造成403.1个就业机会的减少）；就业减少100人对北京市影响最小的是纺织业（代码7，就业减少100人会造成110.1个就业机会的减少，仅能将原始就业冲击放大110.1%）。

　　对表4-2的结果按总附加值冲击进行部门排序，可以得到表4-5。

表4-5　　　单个部门就业人数减少100人造成的附加值冲击排序

序号	部门代码	受直接冲击部门	附加值冲击（元）
1	35	旅游业	35 291 000
2	11	石油加工、炼焦及核燃料加工业	34 000 771
3	23	电力、热力的生产和供应业	33 482 267
4	32	金融保险业	30 007 531
5	29	信息传输、计算机服务和软件业	24 888 115
6	2	煤炭开采和洗选业	21 031 592
7	19	通信设备、计算机及其他电子设备制造业	18 167 741
8	17	交通运输设备制造业	17 976 375
9	33	房地产业	16 229 710
10	24	燃气生产和供应业	13 884 508
11	20	仪器仪表及文化办公用机械制造业	11 885 700
12	12	化学工业	11 371 696
13	27	交通运输及仓储业	11 305 404
14	30	批发和零售贸易业	11 073 827
15	6	食品制造及烟草加工业	10 633 979
16	14	金属冶炼及压延加工业	10 215 430
17	37	综合技术服务业	10 162 161
18	41	文化、体育和娱乐业	9 971 613
19	25	水的生产和供应业	8 864 750
20	18	电气、机械及器材制造业	8 653 361

续表

序号	部门代码	受直接冲击部门	附加值冲击（元）
21	28	邮政业	8 049 239
22	26	建筑业	7 828 181
23	16	通用、专用设备制造业	7 405 084
24	13	非金属矿物制品业	6 743 205
25	34	租赁和商务服务业	6 030 747
26	10	造纸印刷及文教用品制造业	5 899 474
27	36	科学研究事业	5 688 879
28	21	其他制造业	5 388 796
29	15	金属制品业	5 325 049
30	4	金属矿采选业	4 502 952
31	31	住宿和餐饮业	4 483 827
32	38	其他社会服务业	4 225 645
33	40	卫生、社会保障和社会福利业	3 610 975
34	42	公共管理和社会组织	3 582 175
35	9	木材加工及家具制造业	3 320 593
36	39	教育事业	3 252 640
37	5	非金属矿采选业	3 039 976
38	1	农业	2 350 895
39	8	服装皮革羽绒及其制品业	1 451 549
40	7	纺织业	455 529
41	3	石油和天然气开采业	
42	22	废品废料	

资料来源：利用 IMPLAN 系统计算得到的结果。

从表4－5可以看出，如果突发公共事件的直接影响造成北京市旅游部门（代码35）的就业需求人数减少100人，其造成的北京市附加值的减少最多，将导致35 291 000元附加值的减少；其次为石油加工、炼焦及核燃料加工业（代码11，就业减少100人会造成34 000 771元附加值的减少）和电力、热力的生产和供应业（代码23，就业减少100人会造成33 482 267元附加值的减少）；就业减少100人对北京市影响最小的是纺织业（代码7，就业减少100

人会造成455 529元附加值的减少）。

（二）分析任一行业产品需求减少1亿元造成的冲击

分析结果见表4-6。

表4-6 单个部门需求减少1亿元造成的总产出、总就业和总附加值冲击

部门代码	受直接冲击部门	总就业冲击（个）	总产出冲击（元）	附加值冲击（元）
1	农业	220 541 361	2 370.5	35 746 004
2	煤炭开采和洗选业	222 114 602	759.7	43 149 186
3	石油和天然气开采业	0	0	0
4	金属矿采选业	175 877 241	1 720.0	57 669 702
5	非金属矿采选业	185 155 288	1 764.0	40 197 937
6	食品制造及烟草加工业	187 340 343	929.4	44 377 752
7	纺织业	138 805 716	2 382.7	9 858 210
8	服装皮革羽绒及其制品业	161 626 970	1 973.5	22 467 742
9	木材加工及家具制造业	182 148 219	1 255.7	28 677 761
10	造纸印刷及文教用品制造业	128 996 868	769.0	28 514 269
11	石油加工、炼焦及核燃料加工业	189 781 922	422.6	28 614 346
12	化学工业	200 693 197	803.0	41 242 541
13	非金属矿物制品业	208 376 456	1 081.2	39 708 531
14	金属冶炼及压延加工业	170 962 655	842.0	49 517 683
15	金属制品业	188 391 212	1 137.4	36 751 516
16	通用、专用设备制造业	187 809 676	904.9	34 648 438
17	交通运输设备制造业	215 694 970	632.8	38 662 871
18	电气、机械及器材制造业	182 977 922	861.8	37 571 001
19	通信设备、计算机及其他电子设备制造业	182 986 135	482.7	25 734 029
20	仪器仪表及文化办公用机械制造业	191 178 834	780.7	39 400 969
21	其他制造业	199 238 737	1 212.0	37 860 960
22	废品废料	0	0	0
23	电力、热力的生产和供应业	199 922 490	579.6	48 334 634
24	燃气生产和供应业	214 966 642	1 204.2	74 014 924
25	水的生产和供应业	201 194 443	775.1	36 940 981
26	建筑业	194 984 682	854.7	30 536 234
27	交通运输及仓储业	229 530 630	1 042.6	53 773 496

部门代码	受直接冲击部门	总就业冲击 （个）	总产出冲击 （元）	附加值冲击 （元）
28	邮政业	190 294 827	1 112.5	49 527 017
29	信息传输、计算机服务和软件业	199 699 665	660.0	45 958 772
30	批发和零售贸易业	197 082 928	1 147.6	68 505 543
31	住宿和餐饮业	199 238 737	1 545.5	47 046 523
32	金融保险业	257 448 405	1 256.3	93 518 761
33	房地产业	182 173 283	971.7	84 247 890
34	租赁和商务服务业	225 422 012	1 231.1	38 469 295
35	旅游业	223 185 076	686.1	30 668 864
36	科学研究事业	214 151 780	1 180.7	35 538 482
37	综合技术服务业	221 411 680	978.4	38 195 987
38	其他社会服务业	211 323 098	1 347.6	35 086 741
39	教育事业	222 631 318	1 947.7	43 480 499
40	卫生、社会保障和社会福利业	189 731 539	1 112.1	25 020 207
41	文化、体育和娱乐业	224 831 578	1 024.2	49 313 115
42	公共管理和社会组织	212 274 708	1 451.6	32 378 384

资料来源：利用 IMPLAN 系统计算得到的结果。

对表 4 - 6 的结果按总产出冲击进行部门排序，可以得到表 4 - 7。从表 4 - 7 可以看出，如果突发公共事件的直接影响造成金融保险业（代码 32）的产品需求减少 1 亿元，其造成的北京市总产出减少最多，将导致 257 448 405 元总产出减少，相对直接冲击放大了 257.4%；其次是交通运输及仓储业（代码 27）和租赁和商务服务业（代码 34）；就业减少 100 人对北京市影响最小的是造纸印刷及文教用品制造业（代码 10）。

表 4 - 7　　　　单个部门需求减少 1 亿元造成的总产出减少排序

序号	部门代码	受直接冲击部门	总产出冲击（元）	放大比例（%）
1	32	金融保险业	257 448 405	257 4
2	27	交通运输及仓储业	229 530 630	229.5
3	34	租赁和商务服务业	225 422 012	225.4
4	41	文化、体育和娱乐业	224 831 578	224.8
5	35	旅游业	223 185 076	223.2
6	39	教育事业	222 631 318	222.6
7	2	煤炭开采和洗选业	222 114 602	222.1

序号	部门代码	受直接冲击部门	总产出冲击（元）	放大比例（%）
8	37	综合技术服务业	221 411 680	221.4
9	1	农业	220 541 361	220.5
10	17	交通运输设备制造业	215 694 970	215.7
11	24	燃气生产和供应业	214 966 642	215.0
12	36	科学研究事业	214 151 780	214.2
13	42	公共管理和社会组织	212 274 708	212.3
14	38	其他社会服务业	211 323 098	211.3
15	13	非金属矿物制品业	208 376 456	208.4
16	25	水的生产和供应业	201 194 443	201.2
17	12	化学工业	200 693 197	200.7
18	23	电力、热力的生产和供应业	199 922 490	199.9
19	29	信息传输、计算机服务和软件业	199 699 665	199.7
20	21	其他制造业	199 238 737	199.2
21	31	住宿和餐饮业	199 238 737	199.2
22	30	批发和零售贸易业	197 082 928	197.1
23	26	建筑业	194 984 682	195.0
24	20	仪器仪表及文化办公用机械制造业	191 178 834	191.2
25	28	邮政业	190 294 827	190.3
26	11	石油加工、炼焦及核燃料加工业	189 781 922	189.8
27	40	卫生、社会保障和社会福利业	189 731 539	189.7
28	15	金属制品业	188 391 212	188.4
29	16	通用、专用设备制造业	187 809 676	187.8
30	6	食品制造及烟草加工业	187 340 343	187.3
31	5	非金属矿采选业	185 155 288	185.2
32	19	通信设备、计算机及其他电子设备制造业	182 986 135	183.0
33	18	电气、机械及器材制造业	182 977 922	183.0
34	33	房地产业	182 173 283	182.2
35	9	木材加工及家具制造业	182 148 219	182.1
36	4	金属矿采选业	175 877 241	175.9
37	14	金属冶炼及压延加工业	170 962 655	171.0
38	8	服装皮革羽绒及其制品业	161 626 970	161.6
39	7	纺织业	138 805 716	138.8
40	10	造纸印刷及文教用品制造业	128 996 868	129.0
41	3	石油和天然气开采业	—	—
42	22	废品废料	—	—

资料来源：利用 IMPLAN 系统计算得到的结果。

对表 4 - 7 的结果按总就业冲击进行部门排序，可以得到表 4 - 8。从表 4 - 8可以看出，如果突发公共事件的直接影响造成纺织业（代码 7）的产品需求减少 1 亿元，其造成的北京市总就业减少最多，将导致 2 382.7 个就业机会的减少；其次是农业（代码 1）和服装皮革羽绒及其制品业（代码 8）；就业减少 100 人对北京市影响最小的是石油加工、炼焦及核燃料加工业（代码 3）。

表 4 - 8　　　　　　单个部门需求减少 1 亿元造成的总就业减少排序

序号	部门代码	受直接冲击部门	总就业冲击（个）
1	7	纺织业	2 382.7
2	1	农业	2 370.5
3	8	服装皮革羽绒及其制品业	1 973.5
4	39	教育事业	1 947.7
5	5	非金属矿采选业	1 764.0
6	4	金属矿采选业	1 720.0
7	31	住宿和餐饮业	1 545.5
8	42	公共管理和社会组织	1 451.6
9	38	其他社会服务业	1 347.6
10	32	金融保险业	1 256.3
11	9	木材加工及家具制造业	1 255.7
12	34	租赁和商务服务业	1 231.1
13	21	其他制造业	1 212.0
14	24	燃气生产和供应业	1 204.2
15	36	科学研究事业	1 180.7
16	30	批发和零售贸易业	1 147.6
17	15	金属制品业	1 137.4
18	28	邮政业	1 112.5
19	40	卫生、社会保障和社会福利业	1 112.1
20	13	非金属矿物制品业	1 081.2
21	27	交通运输及仓储业	1 042.6
22	41	文化、体育和娱乐业	1 024.2
23	37	综合技术服务业	978.4
24	33	房地产业	971.7
25	6	食品制造及烟草加工业	929.4
26	16	通用、专用设备制造业	904.9
27	18	电气、机械及器材制造业	861.8
28	26	建筑业	854.7
29	14	金属冶炼及压延加工业	842.0

续表

序号	部门代码	受直接冲击部门	总就业冲击（个）
30	12	化学工业	803.0
31	20	仪器仪表及文化办公用机械制造业	780.7
32	25	水的生产和供应业	775.1
33	10	造纸印刷及文教用品制造业	769.0
34	2	煤炭开采和洗选业	759.7
35	35	旅游业	686.1
36	29	信息传输、计算机服务和软件业	660.0
37	17	交通运输设备制造业	632.8
38	23	电力、热力的生产和供应业	579.6
39	19	通信设备、计算机及其他电子设备制造业	482.7
40	11	石油加工、炼焦及核燃料加工业	422.6
41	3	石油和天然气开采业	—
42	22	废品废料	—

资料来源：利用 IMPLAN 系统计算得到的结果。

对表 4-6 的结果按总附加值冲击进行部门排序，可以得到表 4-9。从表 4-9 可以看出，如果突发公共事件的直接影响造成金融保险业（代码 32）的产品需求减少 1 亿元，其造成的北京市总附加值减少最多，将导致 93 518 761 元附加值的减少；其次是房地产业（代码 33）和燃气生产和供应业（代码 24）；产品需求减少 1 亿元对北京市影响最小的是纺织业（代码 7）。

表 4-9　　　单个部门需求减少 1 亿元造成的总附加值减少排序

序号	部门代码	受直接冲击部门	附加值冲击（元）
1	32	金融保险业	93 518 761
2	33	房地产业	84 247 890
3	24	燃气生产和供应业	74 014 924
4	30	批发和零售贸易业	68 505 543
5	4	金属矿采选业	57 669 702
6	27	交通运输及仓储业	53 773 496
7	28	邮政业	49 527 017
8	14	金属冶炼及压延加工业	49 517 683
9	41	文化、体育和娱乐业	49 313 115
10	23	电力、热力的生产和供应业	48 334 634
11	31	住宿和餐饮业	47 046 523

续表

序号	部门代码	受直接冲击部门	附加值冲击（元）
12	29	信息传输、计算机服务和软件业	45 958 772
13	6	食品制造及烟草加工业	44 377 752
14	39	教育事业	43 480 499
15	2	煤炭开采和洗选业	43 149 186
16	12	化学工业	41 242 541
17	5	非金属矿采选业	40 197 937
18	13	非金属矿物制品业	39 708 531
19	20	仪器仪表及文化办公用机械制造业	39 400 969
20	17	交通运输设备制造业	38 662 871
21	34	租赁和商务服务业	38 469 295
22	37	综合技术服务业	38 195 987
23	21	其他制造业	37 860 960
24	18	电气、机械及器材制造业	37 571 001
25	25	水的生产和供应业	36 940 981
26	15	金属制品业	36 751 516
27	1	农业	35 746 004
28	36	科学研究事业	35 538 482
29	38	其他社会服务业	35 086 741
30	16	通用、专用设备制造业	34 648 438
31	42	公共管理和社会组织	32 378 384
32	35	旅游业	30 668 864
33	26	建筑业	30 536 234
34	9	木材加工及家具制造业	28 677 761
35	11	石油加工、炼焦及核燃料加工业	28 614 346
36	10	造纸印刷及文教用品制造业	28 514 269
37	19	通信设备、计算机及其他电子设备制造业	25 734 029
38	40	卫生、社会保障和社会福利业	25 020 207
39	8	服装皮革羽绒及其制品业	22 467 742
40	7	纺织业	9 858 210
41	3	石油和天然气开采业	—
42	22	废品废料	—

资料来源：利用IMPLAN系统计算得到的结果。

（三）部门的预期冲击

1. 假设各部门遭受冲击的可能性相同

由于事前并不能预测哪些部门会受到冲击影响，我们假设每一部门受到冲击的可能性相同，那么预期冲击可由每个部门都遭受相同冲击造成的各部门冲击结果乘以其发生概率计算得到。

（1）从就业冲击角度分析。在 IMPACT 分析的界面中对应 42 个部门建立 42 个 Group，每个 Group 中只包含一个 Event。Event 的设定见图 4 - 1 所示，Sector 为选定的分析部门，在 Employment 项目下输入 100，Deflator 设为 1，% Local 设为 100%（上述步骤与第一部分相同，可直接利用）。然后建立 1 个由 42 个 Group 构成的 Project，见图 4 - 3 所示。

对该 Project 进行冲击分析后，可通过 Reports 界面分别输出总产出、总就业和总附加值分析结果，设定如图 4 - 4 所示。并将 txt 格式的输出结果导入至 Excel 表中，表 4 - 10 为汇总后的结果。

表 4 - 10　每个部门就业人数减少 10 人造成的总产出、总就业和总附加值冲击

部门代码	受直接冲击部门	总产出冲击（元）	总就业冲击（个）	附加值冲击（元）
1	农业	1 331 821	20.3	165 803
2	煤炭开采和洗选业	8 574 947	17.6	1 694 817
3	石油和天然气开采业	0	0.0	0
4	金属矿采选业	918 158	11.8	386 868
5	非金属矿采选业	830 585	11.0	189 860
6	食品制造及烟草加工业	3 687 143	15.4	956 464
7	纺织业	630 249	13.6	3 202
8	服装皮革羽绒及其制品业	646 059	10.0	71 688
9	木材加工及家具制造业	1 426 934	12.3	162 946
10	造纸印刷及文教用品制造业	2 883 484	19.3	654 637
11	石油加工、炼焦及核燃料加工业	19 276 450	16.2	2 527 056
12	化学工业	4 952 213	18.0	1 071 798
13	非金属矿物制品业	2 731 914	16.1	453 017
14	金属冶炼及压延加工业	4 397 787	21.3	1 384 902
15	金属制品业	2 569 724	17.7	413 265
16	通用、专用设备制造业	3 627 936	17.0	591 480
17	交通运输设备制造业	10 972 951	23.6	1 804 531
18	电气、机械及器材制造业	3 339 065	14.5	705 685
19	通信设备、计算机及其他电子设备制造业	10 314 250	14.6	1 193 551
20	仪器仪表及文化办公用机械制造业	4 434 128	14.7	989 987

续表

部门代码	受直接冲击部门	总产出冲击（元）	总就业冲击（个）	附加值冲击（元）
21	其他制造业	1 928 577	13.6	296 802
22	废品废料	299 650	0.0	299 650
23	电力、热力的生产和供应业	15 010 376	21.7	4 026 572
24	燃气生产和供应业	2 065 220	11.0	1 108 214
25	水的生产和供应业	2 896 055	12.1	377 555
26	建筑业	5 685 091	22.2	598 071
27	交通运输及仓储业	7 996 549	38.0	2 058 603
28	邮政业	2 675 701	16.5	886 376
29	信息传输、计算机服务和软件业	14 688 548	27.1	3 826 008
30	批发和零售贸易业	1 616 486	10.0	772 689
31	住宿和餐饮业	4 196 238	42.6	1 037 664
32	金融保险业	9 583 258	29.2	5 883 681
33	房地产业	2 699 224	14.0	1 743 158
34	租赁和商务服务业	6 036 688	38.5	549 469
35	旅游业	12 111 232	10.5	246 020
36	科学研究事业	2 717 313	17.0	334 155
37	综合技术服务业	9 853 865	37.0	1 348 085
38	其他社会服务业	4 564 398	37.9	589 941
39	教育事业	2 480 196	33.2	459 675
40	卫生、社会保障和社会福利业	1 657 369	11.5	120 369
41	文化、体育和娱乐业	4 016 933	19.9	891 343
42	公共管理和社会组织	17 010 308	153.8	1 300 630

资料来源：利用IMPLAN系统计算得到的结果。

在表4-10的基础上乘以发生概率，即1/41，可得表4-11的结果。

表4-11　　　　　就业人数（不确定部门）减少10人造成的

预期总产出、总就业和总附加值冲击

部门代码	受直接冲击部门	总产出冲击（元）	总就业冲击（个）	附加值冲击（元）
1	农业	32 483	0.50	4 044
2	煤炭开采和洗选业	209 145	0.43	41 337
3	石油和天然气开采业	0	0.00	0
4	金属矿采选业	22 394	0.29	9 436
5	非金属矿采选业	20 258	0.27	4 631

部门代码	受直接冲击部门	总产出冲击（元）	总就业冲击（个）	附加值冲击（元）
6	食品制造及烟草加工业	89 930	0.38	23 328
7	纺织业	15 372	0.33	78
8	服装皮革羽绒及其制品业	15 758	0.24	1 748
9	木材加工及家具制造业	34 803	0.30	3 974
10	造纸印刷及文教用品制造业	70 329	0.47	15 967
11	石油加工、炼焦及核燃料加工业	470 157	0.40	61 636
12	化学工业	120 786	0.44	26 141
13	非金属矿物制品业	66 632	0.39	11 049
14	金属冶炼及压延加工业	107 263	0.52	33 778
15	金属制品业	62 676	0.43	10 080
16	通用、专用设备制造业	88 486	0.41	14 426
17	交通运输设备制造业	267 633	0.58	44 013
18	电气、机械及器材制造业	81 441	0.35	17 212
19	通信设备、计算机及其他电子设备制造业	251 567	0.36	29 111
20	仪器仪表及文化办公用机械制造业	108 149	0.36	24 146
21	其他制造业	47 038	0.33	7 239
22	废品废料	7 309	0.00	7 309
23	电力、热力的生产和供应业	366 107	0.53	98 209
24	燃气生产和供应业	50 371	0.27	27 030
25	水的生产和供应业	70 635	0.30	9 209
26	建筑业	138 661	0.54	14 587
27	交通运输及仓储业	195 038	0.93	50 210
28	邮政业	65 261	0.40	21 619
29	信息传输、计算机服务和软件业	358 257	0.66	93 317
30	批发和零售贸易业	39 426	0.24	18 846
31	住宿和餐饮业	102 347	1.04	25 309
32	金融保险业	233 738	0.71	143 504
33	房地产业	65 835	0.34	42 516
34	租赁和商务服务业	147 236	0.94	13 402
35	旅游业	295 396	0.26	6 000
36	科学研究事业	66 276	0.41	8 150
37	综合技术服务业	240 338	0.90	32 880
38	其他社会服务业	111 327	0.92	14 389
39	教育事业	60 493	0.81	11 212
40	卫生、社会保障和社会福利业	40 424	0.28	2 936
41	文化、体育和娱乐业	97 974	0.49	21 740
42	公共管理和社会组织	414 886	3.75	31 723

资料来源：利用 IMPLAN 系统计算得到的结果。

对表 4 – 11 的结果按总产出冲击进行部门排序，可以得到表 4 – 12。从表 4 – 12 可以看出，如果假定每个部门遭受就业人数减少的冲击的概率相等，那么预期北京市受冲击最大的是石油加工、炼焦及核燃料加工业（代码 11），而预期受冲击最小的是废品废料（代码 22）。

表 4 – 12　就业人数（不确定部门）减少 10 人造成的预期总产出减少排序

序号	部门代码	受直接冲击部门	总产出冲击（元）
1	11	石油加工、炼焦及核燃料加工业	470 157
2	42	公共管理和社会组织	414 886
3	23	电力、热力的生产和供应业	366 107
4	29	信息传输、计算机服务和软件业	358 257
5	35	旅游业	295 396
6	17	交通运输设备制造业	267 633
7	19	通信设备、计算机及其他电子设备制造业	251 567
8	37	综合技术服务业	240 338
9	32	金融保险业	233 738
10	2	煤炭开采和洗选业	209 145
11	27	交通运输及仓储业	195 038
12	34	租赁和商务服务业	147 236
13	26	建筑业	138 661
14	12	化学工业	120 786
15	38	其他社会服务业	111 327
16	20	仪器仪表及文化办公用机械制造业	108 149
17	14	金属冶炼及压延加工业	107 263
18	31	住宿和餐饮业	102 347
19	41	文化、体育和娱乐业	97 974
20	6	食品制造及烟草加工业	89 930
21	16	通用、专用设备制造业	88 486
22	18	电气、机械及器材制造业	81 441
23	25	水的生产和供应业	70 635
24	10	造纸印刷及文教用品制造业	70 329
25	13	非金属矿物制品业	66 632
26	36	科学研究事业	66 276
27	33	房地产业	65 835
28	28	邮政业	65 261
29	15	金属制品业	62 676
30	39	教育事业	60 493
31	24	燃气生产和供应业	50 371

续表

序号	部门代码	受直接冲击部门	总产出冲击（元）
32	21	其他制造业	47 038
33	40	卫生、社会保障和社会福利业	40 424
34	30	批发和零售贸易业	39 426
35	9	木材加工及家具制造业	34 803
36	1	农业	32 483
37	4	金属矿采选业	22 394
38	5	非金属矿采选业	20 258
39	8	服装皮革羽绒及其制品业	15 758
40	7	纺织业	15 372
41	22	废品废料	7 309
42	3	石油和天然气开采业	——

资料来源：利用 IMPLAN 系统计算得到的结果。

　　对表 4 - 11 的结果按总就业冲击进行部门排序，可以得到表 4 - 13。从表 4 - 13 中可以看出，如果假定每个部门遭受就业人数减少 10 的冲击的概率相等，那么预期北京市受冲击最大的是公共管理和社会组织（代码 42），而预期受冲击最小的是服装皮革羽绒及其制品业（代码 8）。

表 4 - 13　就业人数（不确定部门）减少 10 人造成的预期总就业减少排序

序号	部门代码	受直接冲击部门	总就业冲击（个）
1	42	公共管理和社会组织	3.75
2	31	住宿和餐饮业	1.04
3	34	租赁和商务服务业	0.94
4	27	交通运输及仓储业	0.93
5	38	其他社会服务业	0.92
6	37	综合技术服务业	0.90
7	39	教育事业	0.81
8	32	金融保险业	0.71
9	29	信息传输、计算机服务和软件业	0.66
10	17	交通运输设备制造业	0.58
11	26	建筑业	0.54
12	23	电力、热力的生产和供应业	0.53
13	14	金属冶炼及压延加工业	0.52
14	1	农业	0.50

续表

序号	部门代码	受直接冲击部门	总就业冲击（个）
15	41	文化、体育和娱乐业	0.49
16	10	造纸印刷及文教用品制造业	0.47
17	12	化学工业	0.44
18	15	金属制品业	0.43
19	2	煤炭开采和洗选业	0.43
20	16	通用、专用设备制造业	0.41
21	36	科学研究事业	0.41
22	28	邮政业	0.40
23	11	石油加工、炼焦及核燃料加工业	0.40
24	13	非金属矿物制品业	0.39
25	6	食品制造及烟草加工业	0.38
26	20	仪器仪表及文化办公用机械制造业	0.36
27	19	通信设备、计算机及其他电子设备制造业	0.36
28	18	电气、机械及器材制造业	0.35
29	33	房地产业	0.34
30	7	纺织业	0.33
31	21	其他制造业	0.33
32	9	木材加工及家具制造业	0.30
33	25	水的生产和供应业	0.30
34	4	金属矿采选业	0.29
35	40	卫生、社会保障和社会福利业	0.28
36	24	燃气生产和供应业	0.27
37	5	非金属矿采选业	0.27
38	35	旅游业	0.26
39	30	批发和零售贸易业	0.24
40	8	服装皮革羽绒及其制品业	0.24
41	22	废品废料	—
42	3	石油和天然气开采业	—

资料来源：利用 IMPLAN 系统计算得到的结果。

对表 4 - 11 的结果按造成总附加值冲击进行部门排序，可以得到表 4 - 14。

表 4 – 14　就业人数（不确定部门）减少 10 人造成的预期总附加值减少排序

序号	部门代码	受直接冲击部门	附加值冲击（元）
1	32	金融保险业	143 504
2	23	电力、热力的生产和供应业	98 209
3	29	信息传输、计算机服务和软件业	93 317
4	11	石油加工、炼焦及核燃料加工业	61 636
5	27	交通运输及仓储业	50 210
6	17	交通运输设备制造业	44 013
7	33	房地产业	42 516
8	2	煤炭开采和洗选业	41 337
9	14	金属冶炼及压延加工业	33 778
10	37	综合技术服务业	32 880
11	42	公共管理和社会组织	31 723
12	19	通信设备、计算机及其他电子设备制造业	29 111
13	24	燃气生产和供应业	27 030
14	12	化学工业	26 141
15	31	住宿和餐饮业	25 309
16	20	仪器仪表及文化办公用机械制造业	24 146
17	6	食品制造及烟草加工业	23 328
18	41	文化、体育和娱乐业	21 740
19	28	邮政业	21 619
20	30	批发和零售贸易业	18 846
21	18	电气、机械及器材制造业	17 212
22	10	造纸印刷及文教用品制造业	15 967
23	26	建筑业	14 587
24	16	通用、专用设备制造业	14 426
25	38	其他社会服务业	14 389
26	34	租赁和商务服务业	13 402
27	39	教育事业	11 212
28	13	非金属矿物制品业	11 049
29	15	金属制品业	10 080
30	4	金属矿采选业	9 436
31	25	水的生产和供应业	9 209
32	36	科学研究事业	8 150
33	22	废品废料	7 309
34	21	其他制造业	7 239
35	35	旅游业	6 000
36	5	非金属矿采选业	4 631

序号	部门代码	受直接冲击部门	附加值冲击（元）
37	1	农业	4 044
38	9	木材加工及家具制造业	3 974
39	40	卫生、社会保障和社会福利业	2 936
40	8	服装皮革羽绒及其制品业	1 748
41	7	纺织业	78
42	3	石油和天然气开采业	—

资料来源：利用 IMPLAN 系统计算得到的结果。

（2）从产出冲击角度分析。在 IMPACT 分析的界面中对应 42 个部门建立 42 个 Group，每个 Group 中只包含一个 Event。Event 的设定见图 4 - 1 所示，Sector 为选定的分析部门，在 Value 项目下输入 1 000 000，Deflator 设为 1，% Local 设为 100%（上述步骤与第一部分相同，可直接利用）。然后建立 1 个由 42 个 Group 构成的 Project。

对该 Project 进行冲击分析后，可通过 Reports 界面分别输出总产出、总就业和总附加值分析结果。并将 txt 格式的输出结果导入至 Excel 表中，表 4 - 15 为汇总后的结果。

表 4 - 15　每个部门需求减少 1 百万元造成的总产出、总就业和总附加值冲击

部门代码	受直接冲击部门	总产出冲击（元）	总就业冲击（个）	附加值冲击（元）
1	农业	1 542 215	23.4	191 996
2	煤炭开采和洗选业	2 069 285	4.2	408 989
3	石油和天然气开采业	0	0	0
4	金属矿采选业	1 080 442	13.8	455 246
5	非金属矿采选业	1 065 542	14.1	243 568
6	食品制造及烟草加工业	1 640 869	6.8	425 650
7	纺织业	1 190 448	25.8	6 048
8	服装皮革羽绒及其制品业	1 000 000	15.5	110 962
9	木材加工及家具制造业	1 149 079	9.9	131 217
10	造纸印刷及文教用品制造业	1 549 374	10.4	351 754
11	石油加工、炼焦及核燃料加工业	3 009 171	2.5	394 489
12	化学工业	2 005 297	7.3	434 003
13	非金属矿物制品业	1 439 918	8.5	238 773

续表

部门代码	受直接冲击部门	总产出冲击（元）	总就业冲击（个）	附加值冲击（元）
14	金属冶炼及压延加工业	2 017 004	9.8	635 173
15	金属制品业	1 468 204	10.1	236 118
16	通用、专用设备制造业	1 585 440	7.4	258 482
17	交通运输设备制造业	3 077 736	6.6	506 142
18	电气、机械及器材制造业	1 397 177	6.1	295 282
19	通信设备、计算机及其他电子设备制造业	1 800 458	2.6	208 346
20	仪器仪表及文化办公用机械制造业	1 523 882	5.1	340 230
21	其他制造业	1 229 774	8.6	189 258
22	废品废料	1 156 672	0	1 156 672
23	电力、热力的生产和供应业	4 472 269	6.5	1 199 698
24	燃气生产和供应业	1 069 973	5.7	574 156
25	水的生产和供应业	1 205 927	5	157 215
26	建筑业	2 219 899	8.7	233 533
27	交通运输及仓储业	3 315 327	15.8	853 486
28	邮政业	1 319 133	8.1	436 988
29	信息传输、计算机服务和软件业	4 193 566	7.7	1 092 322
30	批发和零售贸易业	1 000 000	6.2	478 005
31	住宿和餐饮业	2 220 655	22.5	549 133
32	金融保险业	3 278 066	10	2 012 582
33	房地产业	1 271 004	6.6	820 814
34	租赁和商务服务业	2 316 300	14.8	210 833
35	旅游业	1 212 411	1.1	24 628
36	科学研究事业	1 428 423	8.9	175 657
37	综合技术服务业	3 584 036	13.5	490 324
38	其他社会服务业	2 219 740	18.4	286 898
39	教育事业	1 686 117	22.5	312 502
40	卫生、社会保障和社会福利业	1 097 353	7.6	79 697
41	文化、体育和娱乐业	1 773 574	8.8	393 550
42	公共管理和社会组织	7 936 265	71.7	606 817

资料来源：利用 IMPLAN 系统计算得到的结果。

在表 4 - 15 结果的基础上各数值乘以概率 1/41，即可得到表 4 - 16。

表 4 - 16　　　　总产出（不确定部门）减少 1 百万元造成的
预期总产出、总就业和总附加值冲击

部门代码	受直接冲击部门	总产出冲击（元）	总就业冲击（个）	附加值冲击（元）
1	农业	37 615	0.57	4 683
2	煤炭开采和洗选业	50 470	0.10	9 975
3	石油和天然气开采业	0	0.00	0
4	金属矿采选业	26 352	0.34	11 104
5	非金属矿采选业	25 989	0.34	5 941
6	食品制造及烟草加工业	40 021	0.17	10 382
7	纺织业	29 035	0.63	148
8	服装皮革羽绒及其制品业	24 390	0.38	2 706
9	木材加工及家具制造业	28 026	0.24	3 200
10	造纸印刷及文教用品制造业	37 790	0.25	8 579
11	石油加工、炼焦及核燃料加工业	73 394	0.06	9 622
12	化学工业	48 910	0.18	10 585
13	非金属矿物制品业	35 120	0.21	5 824
14	金属冶炼及压延加工业	49 195	0.24	15 492
15	金属制品业	35 810	0.25	5 759
16	通用、专用设备制造业	38 669	0.18	6 304
17	交通运输设备制造业	75 067	0.16	12 345
18	电气、机械及器材制造业	34 077	0.15	7 202
19	通信设备、计算机及其他电子设备制造业	43 914	0.06	5 082
20	仪器仪表及文化办公用机械制造业	37 168	0.12	8 298
21	其他制造业	29 994	0.21	4 616
22	废品废料	28 212	0.00	28 212
23	电力、热力的生产和供应业	109 080	0.16	29 261
24	燃气生产和供应业	26 097	0.14	14 004
25	水的生产和供应业	29 413	0.12	3 835
26	建筑业	54 144	0.21	5 696
27	交通运输及仓储业	80 862	0.39	20 817
28	邮政业	32 174	0.20	10 658
29	信息传输、计算机服务和软件业	102 282	0.19	26 642
30	批发和零售贸易业	24 390	0.15	11 659

部门代码	受直接冲击部门	总产出冲击（元）	总就业冲击（个）	附加值冲击（元）
31	住宿和餐饮业	54 162	0.55	13 393
32	金融保险业	79 953	0.24	49 087
33	房地产业	31 000	0.16	20 020
34	租赁和商务服务业	56 495	0.36	5 142
35	旅游业	29 571	0.03	601
36	科学研究事业	34 840	0.22	4 284
37	综合技术服务业	87 416	0.33	11 959
38	其他社会服务业	54 140	0.45	6 998
39	教育事业	41 125	0.55	7 622
40	卫生、社会保障和社会福利业	26 765	0.19	1 944
41	文化、体育和娱乐业	43 258	0.21	9 599
42	公共管理和社会组织	193 567	1.75	14 800

资料来源：利用 IMPLAN 系统计算得到的结果。

　　表 4 - 16 按总产出冲击进行部门排序，可以得到表 4 - 17。从表 4 - 17 可以看出，（不确定部门）减少 1 000 000 元造成的预期总产出减少最多的是公共管理和社会组织部门，预期影响最小的是批发和零售贸易业。

表 4 - 17　总产出（不确定部门）减少 1 百万元造成的预期总产出减少排序

序号	部门代码	受直接冲击部门	总产出冲击（元）
1	42	公共管理和社会组织	193 567
2	23	电力、热力的生产和供应业	109 080
3	29	信息传输、计算机服务和软件业	102 282
4	37	综合技术服务业	87 416
5	27	交通运输及仓储业	80 862
6	32	金融保险业	79 953
7	17	交通运输设备制造业	75 067
8	11	石油加工、炼焦及核燃料加工业	73 394
9	34	租赁和商务服务业	56 495
10	31	住宿和餐饮业	54 162
11	26	建筑业	54 144
12	38	其他社会服务业	54 140

续表

序号	部门代码	受直接冲击部门	总产出冲击（元）
13	2	煤炭开采和洗选业	50 470
14	14	金属冶炼及压延加工业	49 195
15	12	化学工业	48 910
16	19	通信设备、计算机及其他电子设备制造业	43 914
17	41	文化、体育和娱乐业	43 258
18	39	教育事业	41 125
19	6	食品制造及烟草加工业	40 021
20	16	通用、专用设备制造业	38 669
21	10	造纸印刷及文教用品制造业	37 790
22	1	农业	37 615
23	20	仪器仪表及文化办公用机械制造业	37 168
24	15	金属制品业	35 810
25	13	非金属矿物制品业	35 120
26	36	科学研究事业	34 840
27	18	电气、机械及器材制造业	34 077
28	28	邮政业	32 174
29	33	房地产业	31 000
30	21	其他制造业	29 994
31	35	旅游业	29 571
32	25	水的生产和供应业	29 413
33	7	纺织业	29 035
34	22	废品废料	28 212
35	9	木材加工及家具制造业	28 026
36	40	卫生、社会保障和社会福利业	26 765
37	4	金属矿采选业	26 352
38	24	燃气生产和供应业	26 097
39	5	非金属矿采选业	25 989
40	8	服装皮革羽绒及其制品业	24 390
41	30	批发和零售贸易业	24 390
42	3	石油和天然气开采业	—

资料来源：利用 IMPLAN 系统计算得到的结果。

对表 4 - 16 结果按造成总就业冲击进行部门排序，可以得到表 4 - 18。

表 4 - 18　总产出（不确定部门）减少 1 百万元造成的预期总就业减少排序

序号	部门代码	受直接冲击部门	总就业冲击（个）
1	42	公共管理和社会组织	1.75
2	7	纺织业	0.63
3	1	农业	0.57
4	31	住宿和餐饮业	0.55
5	39	教育事业	0.55
6	38	其他社会服务业	0.45
7	27	交通运输及仓储业	0.39
8	8	服装皮革羽绒及其制品业	0.38
9	34	租赁和商务服务业	0.36
10	5	非金属矿采选业	0.34
11	4	金属矿采选业	0.34
12	37	综合技术服务业	0.33
13	10	造纸印刷及文教用品制造业	0.25
14	15	金属制品业	0.25
15	32	金融保险业	0.24
16	9	木材加工及家具制造业	0.24
17	14	金属冶炼及压延加工业	0.24
18	36	科学研究事业	0.22
19	41	文化、体育和娱乐业	0.21
20	26	建筑业	0.21
21	21	其他制造业	0.21
22	13	非金属矿物制品业	0.21
23	28	邮政业	0.20
24	29	信息传输、计算机服务和软件业	0.19
25	40	卫生、社会保障和社会福利业	0.19
26	16	通用、专用设备制造业	0.18
27	12	化学工业	0.18
28	6	食品制造及烟草加工业	0.17
29	17	交通运输设备制造业	0.16
30	33	房地产业	0.16
31	23	电力、热力的生产和供应业	0.16
32	30	批发和零售贸易业	0.15

续表

序号	部门代码	受直接冲击部门	总就业冲击（个）
33	18	电气、机械及器材制造业	0.15
34	24	燃气生产和供应业	0.14
35	20	仪器仪表及文化办公用机械制造业	0.12
36	25	水的生产和供应业	0.12
37	2	煤炭开采和洗选业	0.10
38	19	通信设备、计算机及其他电子设备制造业	0.06
39	11	石油加工、炼焦及核燃料加工业	0.06
40	35	旅游业	0.03
41	3	石油和天然气开采业	—
42	22	废品废料	—

资料来源：利用 IMPLAN 系统计算得到的结果。

对表 4 - 16 的结果按总附加值冲击进行部门排序，可以得到表 4 - 19。

表 4 - 19　总产出（不确定部门）减少 1 百万元造成的预期总附加值减少排序

序号	部门代码	受直接冲击部门	附加值冲击（元）
1	32	金融保险业	49 087
2	23	电力、热力的生产和供应业	29 261
3	22	废品废料	28 212
4	29	信息传输、计算机服务和软件业	26 642
5	27	交通运输及仓储业	20 817
6	33	房地产业	20 020
7	14	金属冶炼及压延加工业	15 492
8	42	公共管理和社会组织	14 800
9	24	燃气生产和供应业	14 004
10	31	住宿和餐饮业	13 393
11	17	交通运输设备制造业	12 345
12	37	综合技术服务业	11 959
13	30	批发和零售贸易业	11 659
14	4	金属矿采选业	11 104
15	28	邮政业	10 658
16	12	化学工业	10 585

序号	部门代码	受直接冲击部门	附加值冲击（元）
17	6	食品制造及烟草加工业	10 382
18	2	煤炭开采和洗选业	9 975
19	11	石油加工、炼焦及核燃料加工业	9 622
20	41	文化、体育和娱乐业	9 599
21	10	造纸印刷及文教用品制造业	8 579
22	20	仪器仪表及文化办公用机械制造业	8 298
23	39	教育事业	7 622
24	18	电气、机械及器材制造业	7 202
25	38	其他社会服务业	6 998
26	16	通用、专用设备制造业	6 304
27	5	非金属矿采选业	5 941
28	13	非金属矿物制品业	5 824
29	15	金属制品业	5 759
30	26	建筑业	5 696
31	34	租赁和商务服务业	5 142
32	19	通信设备、计算机及其他电子设备制造业	5 082
33	1	农业	4 683
34	21	其他制造业	4 616
35	36	科学研究事业	4 284
36	25	水的生产和供应业	3 835
37	9	木材加工及家具制造业	3 200
38	8	服装皮革羽绒及其制品业	2 706
39	40	卫生、社会保障和社会福利业	1 944
40	35	旅游业	601
41	7	纺织业	148
42	3	石油和天然气开采业	—

资料来源：利用 IMPLAN 系统计算得到的结果。

2. 假设各部门遭受冲击的可能性等于其产出占总产出的比例

假设每一部门受到冲击的可能性等于其产出占中间投入的比例，那么预期冲击可由每个部门都遭受相同冲击造成的各部门冲击结果来代替。冲击分析方法同1，所不同的是在表4-10的基础上乘以的概率分别是各部门产出占总产出的比例。

表4-20　　　　　　　　　　北京市各部门产出占总产出的比例

部门代码	部门名称	部门产出占总产出的比例（%）
1	农业	1.29
2	煤炭开采和洗选业	0.59
3	石油和天然气开采业	0.00
4	金属矿采选业	0.09
5	非金属矿采选业	0.03
6	食品制造及烟草加工业	2.08
7	纺织业	0.38
8	服装皮革羽绒及其制品业	0.52
9	木材加工及家具制造业	0.24
10	造纸印刷及文教用品制造业	0.82
11	石油加工、炼焦及核燃料加工业	2.77
12	化学工业	2.60
13	非金属矿物制品业	1.09
14	金属冶炼及压延加工业	2.75
15	金属制品业	0.82
16	通用、专用设备制造业	2.37
17	交通运输设备制造业	4.06
18	电气、机械及器材制造业	1.16
19	通信设备、计算机及其他电子设备制造业	8.69
20	仪器仪表及文化办公用机械制造业	0.86
21	其他制造业	0.43
22	废品废料	0.16
23	电力、热力的生产和供应业	3.01
24	燃气生产和供应业	0.11
25	水的生产和供应业	0.17
26	建筑业	9.75
27	交通运输及仓储业	4.94
28	邮政业	0.40
29	信息传输、计算机服务和软件业	7.66

续表

部门代码	部门名称	部门产出占总产出的比例（%）
30	批发和零售贸易业	5.94
31	住宿和餐饮业	2.32
32	金融保险业	5.47
33	房地产业	3.43
34	租赁和商务服务业	5.84
35	旅游业	0.78
36	科学研究事业	1.42
37	综合技术服务业	4.58
38	其他社会服务业	2.03
39	教育事业	2.32
40	卫生、社会保障和社会福利业	1.54
41	文化、体育和娱乐业	2.16
42	公共管理和社会组织	2.32

资料来源：利用 IMPLAN 系统计算得到的结果。

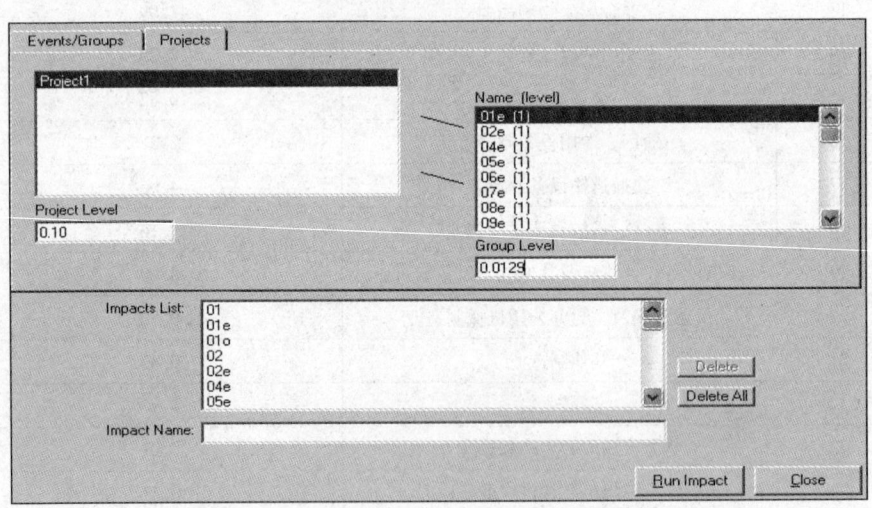

资料来源：利用 IMPLAN 系统截图得到。

图 4 - 5　冲击分析中的概率输入

（1）从就业冲击角度分析。在冲击分析中输入各部门对应的概率，可以得到表 4 - 21 中的结果。

表4－21　　　　　　就业人数减少 10 人造成的预期总产出、
总就业和总附加值冲击（概率为产出所占比重）

部门代码	受直接冲击部门	总产出冲击（元）	总就业冲击（个）	附加值冲击（元）
1	农业	22 654	0.34	2 820
2	煤炭开采和洗选业	94 479	0.19	18 674
3	石油和天然气开采业	0	0.00	0
4	金属矿采选业	4 150	0.05	1 748
5	非金属矿采选业	1 392	0.02	318
6	食品制造及烟草加工业	84 502	0.35	21 920
7	纺织业	3 901	0.08	20
8	服装皮革羽绒及其制品业	3 360	0.05	373
9	木材加工及家具制造业	17 952	0.16	2 050
10	造纸印刷及文教用品制造业	54 577	0.37	12 391
11	石油加工、炼焦及核燃料加工业	539 699	0.45	70 752
12	化学工业	131 571	0.48	28 476
13	非金属矿物制品业	62 381	0.37	10 344
14	金属冶炼及压延加工业	134 045	0.65	42 212
15	金属制品业	45 948	0.32	7 389
16	通用、专用设备制造业	94 312	0.44	15 376
17	交通运输设备制造业	406 631	0.88	66 872
18	电气、机械及器材制造业	56 126	0.24	11 862
19	通信设备、计算机及其他电子设备制造业	802 502	1.14	92 864
20	仪器仪表及文化办公用机械制造业	61 631	0.20	13 760
21	其他制造业	16 452	0.12	2 532
22	废品废料	7 552	0.00	7 552
23	电力、热力的生产和供应业	414 039	0.60	111 067
24	燃气生产和供应业	6 747	0.04	3 620
25	水的生产和供应业	12 843	0.05	1 674
26	建筑业	346 624	1.35	36 465
27	交通运输及仓储业	264 253	1.26	68 028
28	邮政业	32 871	0.20	10 889
29	信息传输、计算机服务和软件业	698 041	1.29	181 823
30	批发和零售贸易业	96 019	0.59	45 898

部门代码	受直接冲击部门	总产出冲击（元）	总就业冲击（个）	附加值冲击（元）
31	住宿和餐饮业	121 602	1.23	30 070
32	金融保险业	363 683	1.11	223 284
33	房地产业	88 727	0.46	57 300
34	租赁和商务服务业	211 750	1.35	19 274
35	旅游业	110 630	0.10	2 247
36	科学研究事业	64 205	0.40	7 896
37	综合技术服务业	365 627	1.37	50 021
38	其他社会服务业	96 067	0.80	12 416
39	教育事业	65 809	0.88	12 197
40	卫生、社会保障和社会福利业	27 739	0.19	2 015
41	文化、体育和娱乐业	109 388	0.54	24 273
42	公共管理和社会组织	528 861	4.78	40 437

资料来源：利用 IMPLAN 系统计算得到的结果。

对表 4 - 21 的结果按总产出冲击进行部门排序，可以得到表 4 - 22。从表 4 - 22 可以看出，如果北京市遭受就业人数减少 10 人的就业冲击，预期总产出受最大影响的是通信设备、计算机及其他电子设备制造业，影响最小的是非金属矿采选业。

表 4 - 22　就业人数减少 10 人造成的预期总产出（概率为产出所占比重）

序号	部门代码	受直接冲击部门	总产出冲击（元）
1	19	通信设备、计算机及其他电子设备制造业	802 502
2	29	信息传输、计算机服务和软件业	698 041
3	11	石油加工、炼焦及核燃料加工业	539 699
4	42	公共管理和社会组织	528 861
5	23	电力、热力的生产和供应业	414 039
6	17	交通运输设备制造业	406 631
7	37	综合技术服务业	365 627
8	32	金融保险业	363 683
9	26	建筑业	346 624
10	27	交通运输及仓储业	264 253
11	34	租赁和商务服务业	211 750

续表

序号	部门代码	受直接冲击部门	总产出冲击（元）
12	14	金属冶炼及压延加工业	134 045
13	12	化学工业	131 571
14	31	住宿和餐饮业	121 602
15	35	旅游业	110 630
16	41	文化、体育和娱乐业	109 388
17	38	其他社会服务业	96 067
18	30	批发和零售贸易业	96 019
19	2	煤炭开采和洗选业	94 479
20	16	通用、专用设备制造业	94 312
21	33	房地产业	88 727
22	6	食品制造及烟草加工业	84 502
23	39	教育事业	65 809
24	36	科学研究事业	64 205
25	13	非金属矿物制品业	62 381
26	20	仪器仪表及文化办公用机械制造业	61 631
27	18	电气、机械及器材制造业	56 126
28	10	造纸印刷及文教用品制造业	54 577
29	15	金属制品业	45 948
30	28	邮政业	32 871
31	40	卫生、社会保障和社会福利业	27 739
32	1	农业	22 654
33	9	木材加工及家具制造业	17 952
34	21	其他制造业	16 452
35	25	水的生产和供应业	12 843
36	22	废品废料	7 552
37	24	燃气生产和供应业	6 747
38	4	金属矿采选业	4 150
39	7	纺织业	3 901
40	8	服装皮革羽绒及其制品业	3 360
41	5	非金属矿采选业	1 392
42	3	石油和天然气开采业	—

资料来源：利用 IMPLAN 系统计算得到的结果。

对表 4 - 21 的结果按总就业冲击进行部门排序，可以得到表 4 - 23。

表 4 - 23　　　　　　就业人数减少 **10** 人造成的
预期总就业减少排序（概率为产出所占比重）

序号	部门代码	受直接冲击部门	总就业冲击（个）
1	42	公共管理和社会组织	4.78
2	37	综合技术服务业	1.37
3	26	建筑业	1.35
4	34	租赁和商务服务业	1.35
5	29	信息传输、计算机服务和软件业	1.29
6	27	交通运输及仓储业	1.26
7	31	住宿和餐饮业	1.23
8	19	通信设备、计算机及其他电子设备制造业	1.14
9	32	金融保险业	1.11
10	17	交通运输设备制造业	0.88
11	39	教育事业	0.88
12	38	其他社会服务业	0.8
13	14	金属冶炼及压延加工业	0.65
14	23	电力、热力的生产和供应业	0.6
15	30	批发和零售贸易业	0.59
16	41	文化、体育和娱乐业	0.54
17	12	化学工业	0.48
18	33	房地产业	0.46
19	11	石油加工、炼焦及核燃料加工业	0.45
20	16	通用、专用设备制造业	0.44
21	36	科学研究事业	0.4
22	13	非金属矿物制品业	0.37
23	10	造纸印刷及文教用品制造业	0.37
24	6	食品制造及烟草加工业	0.35
25	1	农业	0.34
26	15	金属制品业	0.32
27	18	电气、机械及器材制造业	0.24
28	20	仪器仪表及文化办公用机械制造业	0.2
29	28	邮政业	0.2
30	2	煤炭开采和洗选业	0.19

序号	部门代码	受直接冲击部门	总就业冲击（个）
31	40	卫生、社会保障和社会福利业	0.19
32	9	木材加工及家具制造业	0.16
33	21	其他制造业	0.12
34	35	旅游业	0.1
35	7	纺织业	0.08
36	25	水的生产和供应业	0.05
37	4	金属矿采选业	0.05
38	8	服装皮革羽绒及其制品业	0.05
39	24	燃气生产和供应业	0.04
40	5	非金属矿采选业	0.02
41	22	废品废料	—
42	3	石油和天然气开采业	—

资料来源：利用 IMPLAN 系统计算得到的结果。

对表 4-21 的结果按总附加值冲击进行部门排序，可以得到表 4-24。从表 4-24 可以看出，如果北京市遭受就业人数减少 10 人的就业冲击，预期总附加值受最大影响的是金融保险业，影响最小的是纺织业。

表 4-24　就业人数减少 10 人造成的预期总附加值减少排序（概率为产出所占比重）

序号	部门代码	受直接冲击部门	附加值冲击（元）
1	32	金融保险业	223 284
2	29	信息传输、计算机服务和软件业	181 823
3	23	电力、热力的生产和供应业	111 067
4	19	通信设备、计算机及其他电子设备制造业	92 864
5	11	石油加工、炼焦及核燃料加工业	70 752
6	27	交通运输及仓储业	68 028
7	17	交通运输设备制造业	66 872
8	33	房地产业	57 300
9	37	综合技术服务业	50 021
10	30	批发和零售贸易业	45 898
11	14	金属冶炼及压延加工业	42 212
12	42	公共管理和社会组织	40 437
13	26	建筑业	36 465

续表

序号	部门代码	受直接冲击部门	附加值冲击（元）
14	31	住宿和餐饮业	30 070
15	12	化学工业	28 476
16	41	文化、体育和娱乐业	24 273
17	6	食品制造及烟草加工业	21 920
18	34	租赁和商务服务业	19 274
19	2	煤炭开采和洗选业	18 674
20	16	通用、专用设备制造业	15 376
21	20	仪器仪表及文化办公用机械制造业	13 760
22	38	其他社会服务业	12 416
23	10	造纸印刷及文教用品制造业	12 391
24	39	教育事业	12 197
25	18	电气、机械及器材制造业	11 862
26	28	邮政业	10 889
27	13	非金属矿物制品业	10 344
28	36	科学研究事业	7 896
29	22	废品废料	7 552
30	15	金属制品业	7 389
31	24	燃气生产和供应业	3 620
32	1	农业	2 820
33	21	其他制造业	2 532
34	35	旅游业	2 247
35	9	木材加工及家具制造业	2 050
36	40	卫生、社会保障和社会福利业	2 015
37	4	金属矿采选业	1 748
38	25	水的生产和供应业	1 674
39	8	服装皮革羽绒及其制品业	373
40	5	非金属矿采选业	318
41	7	纺织业	20
42	3	石油和天然气开采业	—

资料来源：利用 IMPLAN 系统计算得到的结果。

（2）从产出冲击角度分析。利用 1. 中建立的 Project，改变其中的每一个 Group 中的 Event 的设定，即将 Value 设为 10 000 000。

对该 Project 进行冲击分析后，可通过 Reports 界面分别输出总产出、总就业和总附加值分析结果。并将 txt 格式的输出结果导入至 Excel 表中，表 4-25 为汇总后的结果。

表 4-25　　　　总需求减少 1 000 万元造成的预期总产出、
总就业和总附加值冲击（概率为产出所占总产出比重）

部门代码	受直接冲击部门	总产出冲击（元）	总就业冲击（个）	附加值冲击（元）
1	农业	215 275	3.3	26 800
2	煤炭开采和洗选业	234 846	0.5	46 417
3	石油和天然气开采业	0	0	0
4	金属矿采选业	23 141	0.3	9 751
5	非金属矿采选业	7 695	0.1	1 759
6	食品制造及烟草加工业	362 418	1.5	94 013
7	纺织业	51 884	1.1	264
8	服装皮革羽绒及其制品业	52 000	0.8	5 770
9	木材加工及家具制造业	126 234	1.1	14 415
10	造纸印刷及文教用品制造业	216 295	1.5	49 105
11	石油加工、炼焦及核燃料加工业	774 849	0.7	101 579
12	化学工业	460 135	1.7	99 586
13	非金属矿物制品业	265 130	1.6	43 965
14	金属冶炼及压延加工业	553 269	2.7	174 229
15	金属制品业	198 548	1.4	31 931
16	通用、专用设备制造业	383 552	1.8	62 532
17	交通运输设备制造业	1 040 961	2.2	171 189
18	电气、机械及器材制造业	210 021	0.9	44 386
19	通信设备、计算机及其他电子设备制造业	1 218 519	1.7	141 005
20	仪器仪表及文化办公用机械制造业	200 792	0.7	44 830
21	其他制造业	78 433	0.6	12 071
22	废品废料	48 689	0	48 689
23	电力、热力的生产和供应业	1 005 921	1.5	269 841
24	燃气生产和供应业	24 618	0.1	13 210
25	水的生产和供应业	46 580	0.2	6 073
26	建筑业	1 304 911	5.1	137 277
27	交通运输及仓储业	1 030 435	4.9	265 272
28	邮政业	115 449	0.7	38 245
29	信息传输、计算机服务和软件业	1 631 522	3	424 972

部门代码	受直接冲击部门	总产出冲击 （元）	总就业冲击 （个）	附加值冲击 （元）
30	批发和零售贸易业	594 000	3.7	283 935
31	住宿和餐饮业	555 870	5.6	137 458
32	金融保险业	1 169 196	3.6	717 833
33	房地产业	419 947	2.2	271 202
34	租赁和商务服务业	937 620	6	85 344
35	旅游业	131 661	0.1	2 674
36	科学研究事业	262 699	1.6	32 305
37	综合技术服务业	1 104 073	4.1	151 046
38	其他社会服务业	373 821	3.1	48 316
39	教育事业	370 902	5	68 742
40	卫生、社会保障和社会福利业	174 785	1.2	12 694
41	文化、体育和娱乐业	467 349	2.3	103 703
42	公共管理和社会组织	1 831 180	16.6	140 014
	总计	20 275 225	96.5	4 434 440

资料来源：利用 IMPLAN 系统计算得到的结果。

对表 4 - 25 的结果按总产出冲击进行部门排序，可以得到表 4 - 26。从表 4 - 26 可以看出，如果北京市遭受 1 000 万元的总需求冲击，预期总产出受最大影响的是公共管理和社会组织部门，影响最小的是非金属矿采选业。

表 4 - 26 　　　　　　　总需求减少 1 000 万元造成的预期
总产出减少排序（概率为产出所占总产出比重）

序号	部门代码	受直接冲击部门	总产出冲击（元）
1	42	公共管理和社会组织	1 831 180
2	29	信息传输、计算机服务和软件业	1 631 522
3	26	建筑业	1 304 911
4	19	通信设备、计算机及其他电子设备制造业	1 218 519
5	32	金融保险业	1 169 196
6	37	综合技术服务业	1 104 073
7	17	交通运输设备制造业	1 040 961
8	27	交通运输及仓储业	1 030 435
9	23	电力、热力的生产和供应业	1 005 921
10	34	租赁和商务服务业	937 620

续表

序号	部门代码	受直接冲击部门	总产出冲击（元）
11	11	石油加工、炼焦及核燃料加工业	774 849
12	30	批发和零售贸易业	594 000
13	31	住宿和餐饮业	555 870
14	14	金属冶炼及压延加工业	553 269
15	41	文化、体育和娱乐业	467 349
16	12	化学工业	460 135
17	33	房地产业	419 947
18	16	通用、专用设备制造业	383 552
19	38	其他社会服务业	373 821
20	39	教育事业	370 902
21	6	食品制造及烟草加工业	362 418
22	13	非金属矿物制品业	265 130
23	36	科学研究事业	262 699
24	2	煤炭开采和洗选业	234 846
25	10	造纸印刷及文教用品制造业	216 295
26	1	农业	215 275
27	18	电气、机械及器材制造业	210 021
28	20	仪器仪表及文化办公用机械制造业	200 792
29	15	金属制品业	198 548
30	40	卫生、社会保障和社会福利业	174 785
31	35	旅游业	131 661
32	9	木材加工及家具制造业	126 234
33	28	邮政业	115 449
34	21	其他制造业	78 433
35	8	服装皮革羽绒及其制品业	52 000
36	7	纺织业	51 884
37	22	废品废料	48 689
38	25	水的生产和供应业	46 580
39	24	燃气生产和供应业	24 618
40	4	金属矿采选业	23 141
41	5	非金属矿采选业	7 695
42	3	石油和天然气开采业	—

资料来源：利用 IMPLAN 系统计算得到的结果。

对表 4 – 25 的结果按总就业冲击进行部门排序，可以得到表 4 – 27。从表 4 – 27 可以看出，如果北京市遭受 1 000 万的总需求冲击，预期总就业受最大影响的是公共管理和社会组织部门，影响最小的是非金属矿采选业。

表 4 – 27　　　　总需求减少 1 000 万元造成的预期总就业减少排序

（概率为产出所占总产出比重）

序号	部门代码	部门名称	总就业冲击（个）
1	42	公共管理和社会组织	16.6
2	34	租赁和商务服务业	6
3	31	住宿和餐饮业	5.6
4	26	建筑业	5.1
5	39	教育事业	5
6	27	交通运输及仓储业	4.9
7	37	综合技术服务业	4.1
8	30	批发和零售贸易业	3.7
9	32	金融保险业	3.6
10	1	农业	3.3
11	38	其他社会服务业	3.1
12	29	信息传输、计算机服务和软件业	3
13	14	金属冶炼及压延加工业	2.7
14	41	文化、体育和娱乐业	2.3
15	17	交通运输设备制造业	2.2
16	33	房地产业	2.2
17	16	通用、专用设备制造业	1.8
18	19	通信设备、计算机及其他电子设备制造业	1.7
19	12	化学工业	1.7
20	13	非金属矿物制品业	1.6
21	36	科学研究事业	1.6
22	23	电力、热力的生产和供应业	1.5
23	6	食品制造及烟草加工业	1.5
24	10	造纸印刷及文教用品制造业	1.5
25	15	金属制品业	1.4
26	40	卫生、社会保障和社会福利业	1.2
27	9	木材加工及家具制造业	1.1

序号	部门代码	部门名称	总就业冲击（个）
28	7	纺织业	1.1
29	18	电气、机械及器材制造业	0.9
30	8	服装皮革羽绒及其制品业	0.8
31	11	石油加工、炼焦及核燃料加工业	0.7
32	20	仪器仪表及文化办公用机械制造业	0.7
33	28	邮政业	0.7
34	21	其他制造业	0.6
35	2	煤炭开采和洗选业	0.5
36	4	金属矿采选业	0.3
37	25	水的生产和供应业	0.2
38	35	旅游业	0.1
39	24	燃气生产和供应业	0.1
40	5	非金属矿采选业	0.1
41	22	废品废料	—
42	3	石油和天然气开采业	—

资料来源：利用IMPLAN系统计算得到的结果。

对表4-25的结果按总附加值冲击进行部门排序，可以得到表4-28。从表4-28可知，如果预期总需求减少1 000万元，金融保险业的附加值受到的影响最大，将减少717 833元。

表4-28　　　总需求减少1 000万元造成的预期总附加值
减少排序（概率为产出所占总产出比重）

序号	部门代码	受直接冲击部门	附加值冲击（元）
1	32	金融保险业	717 833
2	29	信息传输、计算机服务和软件业	424 972
3	30	批发和零售贸易业	283 935
4	33	房地产业	271 202
5	23	电力、热力的生产和供应业	269 841
6	27	交通运输及仓储业	265 272
7	14	金属冶炼及压延加工业	174 229
8	17	交通运输设备制造业	171 189
9	37	综合技术服务业	151 046

序号	部门代码	受直接冲击部门	附加值冲击（元）
10	19	通信设备、计算机及其他电子设备制造业	141 005
11	42	公共管理和社会组织	140 014
12	31	住宿和餐饮业	137 458
13	26	建筑业	137 277
14	41	文化、体育和娱乐业	103 703
15	11	石油加工、炼焦及核燃料加工业	101 579
16	12	化学工业	99 586
17	6	食品制造及烟草加工业	94 013
18	34	租赁和商务服务业	85 344
19	39	教育事业	68 742
20	16	通用、专用设备制造业	62 532
21	10	造纸印刷及文教用品制造业	49 105
22	22	废品废料	48 689
23	38	其他社会服务业	48 316
24	2	煤炭开采和洗选业	46 417
25	20	仪器仪表及文化办公用机械制造业	44 830
26	18	电气、机械及器材制造业	44 386
27	13	非金属矿物制品业	43 965
28	28	邮政业	38 245
29	36	科学研究事业	32 305
30	15	金属制品业	31 931
31	1	农业	26 800
32	9	木材加工及家具制造业	14 415
33	24	燃气生产和供应业	13 210
34	40	卫生、社会保障和社会福利业	12 694
35	21	其他制造业	12 071
36	4	金属矿采选业	9 751
37	25	水的生产和供应业	6 073
38	8	服装皮革羽绒及其制品业	5 770
39	35	旅游业	2 674
40	5	非金属矿采选业	1 759
41	7	纺织业	264
42	3	石油和天然气开采业	—

资料来源：利用 IMPLAN 系统计算得到的结果。

第三节　优化管理突发公共事件对我国宏观经济影响的政策建议

作为灾难频发的国家之一，如何实施有效的政策防范和减少突发公共事件对中国宏观经济的负面影响成为当前亟待解决的一大课题。

总的来说，突发公共事件对我国宏观经济的影响体现为三方面的不确定性，即突发公共事件类型的不确定性、突发公共事件影响时间跨度的不确定性和突发公共事件影响空间范围的不确定性。而这三方面的不确定性又可归结为突发公共事件所造成的经济损失的不确定性。经济损失包括各行业遭受的直接经济损失和间接经济损失，其中间接经济损失主要是由各行业投入产出之间的关联性带来的，不同行业之间的联动关系使得某一行业的直接损失能够引起所有相关行业产出的变化。因此评估突发公共事件对宏观经济的间接经济损失能够发现不同行业之间的联动关系以及突发公共事件的行业差异性。基于投入产出表所构建的 IMPLAN 模型正是关注对不同行业间接经济损失的评估，通过乘数效应分析不同行业受到同一冲击时对总经济损失影响的差异，所有行业受到同一冲击时对总经济损失的影响以及某一行业受到直接冲击时对其他行业的影响。因此，通过不同地区 IMPLAN 区域模型的比较分析，能为中央和地方政府实施针对性的经济政策提供重要依据。

本节从 IMPLAN 模型的计量分析结果出发，提出政策制定的两个基本原则。第一，针对性原则。政策的制定要兼顾地区和行业的差异性，根据不同地区、不同脆弱性行业分别制定针对性的政策。第二，长期政策和短期政策相结合的原则。短期政策着眼于应对，根据不同行业受冲击的严重程度从总需求角度实行政策调控；长期政策则着眼于预防，通过调整产业结构从总供给的角度实行调控政策。

一、实施针对性的经济政策

（一）行业差异化经济政策分析

1. 突发公共事件宏观经济影响的行业差异性分析

突发公共事件对宏观经济影响的行业差异性主要体现在以下三个方面。

第一，当所有行业同时遭受同等突发公共事件的冲击时，不同行业造成的经济损失有所不同。以浙江省 42 部门的 IMPLAN 区域模型为例，分别假设浙江省 42 个行业都遭受了 10 人的就业冲击和 100 万元的总需求冲击，最后导致的总产出冲击如表 4 – 29 所示，这里分别取了总产出冲击排名前十的行业，详细 IMPLAN 输出结果参见附表 4 和附表 5。从 IMPLAN 分析结果可知，无论遭受总就业冲击还是遭受总需求冲击，不同行业在遭受相同冲击时所造成的全国总产出冲击明显不同。当受到就业冲击时排名第一的石油加工行业所造成的总产出冲击是排名第十的交通运输及仓储业的 3.85 倍，而受到总需求冲击时排名第一的文化、体育和娱乐业是排名第十的石油加工、炼焦及核燃料加工业的 4.35 倍。

表 4 – 29　　产出受所有部门就业冲击或需求冲击排名前 10 名的行业　　单位：元

排名	每个部门就业减少 10 人		每个部门总需求减少 100 万元	
	受直接冲击部门	总产出冲击	受直接冲击部门	总产出冲击
1	石油加工、炼焦及核燃料加工业	37 772 420	文化、体育和娱乐业	12 299 230
2	文化、体育和娱乐业	31 768 860	化学工业	6 683 967
3	电力、热力的生产和供应业	23 697 100	电力、热力的生产和供应业	5 311 490
4	化学工业	18 009 260	造纸印刷及文教用品制造业	4 469 359
5	食品制造及烟草加工业	12 236 450	食品制造及烟草加工业	4 178 942
6	金属冶炼及压延加工业	11 831 370	金属冶炼及压延加工业	3 617 076
7	旅游业	11 392 240	租赁和商务服务业	3 425 076
8	造纸印刷及文教用品制造业	11 176 220	交通运输及仓储业	3 015 912
9	信息传输、计算机服务和软件业	9 984 220	农业	2 904 679
10	交通运输及仓储业	9 804 686	石油加工、炼焦及核燃料加工业	2 826 155

资料来源：基于 2005 年浙江省投入产出表的 IMPLAN 区域模型计量分析报告。

　　第二，总产出冲击随着受直接冲击的行业的变化而变化。依然以浙江省的 IMPLAN 区域模型作为分析的对象，假设某一行业分别遭受 100 人的直接就业冲击或 1 亿元的直接总需求冲击，所造成的总产出冲击的前十位行业分别见表 4 – 30 所示（详细 IMPLAN 输出结果参见附表 6 和附表 7）。其中值得注意的是电力、热力的生产和供应业受到就业冲击时造成的总产出冲击远大于其他行业，是排名第二位的石油加工、炼焦及核燃料加工业的 3.80 倍，排名最小的煤炭开采和洗选业的 327.2 倍，差距非常明显。因此，政府如果忽略行业差异，实行一刀切的应急政策难免顾此失彼，达不到预期的效果。

表 4 - 30　　　产出受单个部门就业冲击或需求冲击排名前 10 名的行业　　单位：元

排名	单个部门就业减少 100 人		单个部门总需求减少 1 亿元	
	受直接冲击部门	总产出冲击	受直接冲击部门	总产出冲击
1	电力、热力的生产和供应业	1 422 429 771	旅游业	302 004 788
2	石油加工、炼焦及核燃料加工业	374 589 783	服装皮革羽绒及其制品业	295 056 207
3	旅游业	239 308 826	造纸印刷及文教用品制造业	294 732 716
4	木材加工及家具制造业	202 339 953	纺织业	286 943 551
5	信息传输、计算机服务和软件业	155 088 147	仪器仪表及文化办公用机械制造业	278 792 001
6	金属冶炼及压延加工业	113 894 720	金属制品业	277 922 826
7	燃气生产和供应业	113 523 039	电气、机械及器材制造业	275 037 874
8	金属矿采选业	112 951 976	租赁和商务服务业	274 522 028
9	食品制造及烟草加工业	99 601 362	通用、专用设备制造业	273 791 867
10	房地产业	97 712 909	非金属矿采选业	273 448 519

资料来源：基于 2005 年浙江省投入产出表的 IMPLAN 区域模型计量分析报告。

表 4 - 31　　产出分别受纺织业、旅游业、房地产业、农业总需求影响排名前 10 名的行业

行业排序	纺织业	旅游业	房地产业	农业
1	化学工业	交通运输及仓储业	文化、体育和娱乐业	化学工业
2	文化、体育和娱乐业	文化、体育和娱乐业	建筑业	食品制造及烟草加工业
3	电力、热力的生产和供应业	住宿和餐饮业	金融保险业	文化、体育和娱乐业
4	批发和零售贸易业	食品制造及烟草加工业	食品制造及烟草加工业	电力、热力的生产和供应业
5	服装皮革羽绒及其制品业	电力、热力的生产和供应业	造纸印刷及文教用品制造业	石油加工、炼焦及核燃料加工业
6	农业	石油加工、炼焦及核燃料加工业	电力、热力的生产和供应业	造纸印刷及文教用品制造业
7	造纸印刷及文教用品制造业	造纸印刷及文教用品制造业	租赁和商务服务业	批发和零售贸易业
8	食品制造及烟草加工业	化学工业	化学工业	金属冶炼及压延加工业
9	金融保险业	信息传输、计算机服务和软件业	综合技术服务业	金融保险业
10	交通运输及仓储业	金融保险业	金属制品业	木材加工及家具制造业

资料来源：基于 2005 年浙江省投入产出表的 IMPLAN 区域模型计量分析报告。

第三，受间接冲击较大的行业随着受直接冲击的行业变化而变化。一方面，从经济学供求均衡理论角度来看，某一行业一单位总需求的变化会引起该行业一单位总供给的变动，而一单位总供给变化又会影响相关产业总产出的变动，因此受直接冲击的行业不同会影响冲击的传导路径，从而造成对不同行业的间接冲击。另一方面，可以通过 IMPLAN 计量模型从定量的角度将这种差异细化，从而有一个更直观的认识。根据单个部门总需求冲击的 IMPLAN 输出报告，表 4－31 列出了当纺织业、旅游业、房地产业、农业分别遭受 1 亿元的直接经济损失时，遭受间接经济损失的行业排名的前十位。从表中可以看出不同行业遭受直接冲击时受影响的行业明显不同，相似度小于 40%。

2. 行业差异化宏观经济政策的具体实施

政府在制定一般性政策、调配总体资源时应考虑不同行业的抗冲击能力，重点关注脆弱性行业的防范和整治。这里的行业脆弱性应从两个角度理解，一是指某一地区容易遭受突发公共事件冲击的行业；二是指经济体的脆弱性，即当某一行业遭受突发公共事件的冲击时会给整个经济体造成特别重大的损失，IMPLAN 模型即重点关注此类脆弱性的评估。以浙江省为例，通过 IMPALN 区域模型评估当所有行业同时遭受同等程度突发公共事件的冲击时（10 人的就业冲击或者 100 万元的总需求冲击），根据统计结果可知浙江省的脆弱性行业包括文化、体育和娱乐业、化学工业和电力、热力的生产和供应业。另外，例如浙江省的电力、热力供应业这种受就业冲击影响较大，通过对比研究不同行业的就业人数，发现在承担相同产值的情况下该行业的就业人数较少，因此考虑该类行业职工的不可替代性较强，应该加大对此类行业人力资本的保护以及后备人才的培养。

政府制定针对单一行业的调控政策时应考虑单一行业的异动会给经济总产出带来的影响。依然可以利用 IMPLAN 区域模型来评估这种冲击力度来为政府当局决策提供参考。假设浙江省某一行业遭受 100 人的就业冲击，通过 IMP-LAN 模型输出数据可以发现电力、热力的生产和供应业每遭受 100 人的就业冲击会对全国造成 14.22 亿元总产出的损失，而紧随其后的石油加工、炼焦及核燃料加工业、旅游业在遭受 100 单位总就业冲击的时候也分别造成了 3.7 亿元和 2.3 亿元的总产出冲击。因此，政府在制定政策时应当尽量避免此类行业遭受直接的人力资本损失。而当不同行业直接遭受相同单位的总需求冲击时，可以发现旅游业、服装皮革羽绒及其制品业、造纸印刷及文教用品制造业等行业受总需求冲击明显，其中对旅游业的总需求每减少 1 亿元会导致 3.02 亿元总产出的减少，为所有行业之最。那么，可以从反方向来探讨经济政策的制定，譬如浙江省在制定短期内的经济刺激方案时，也可以将对旅游业总需求的刺激作为刺激经济恢复的一个增长点。

经济政策的制定应当同时关注受间接冲击的行业，以最终减少直接冲击带来的间接影响。以浙江省的 IMPLAN 区域模型为例，当旅游业受到 1 亿元总需求的冲击时，对最后总产出的影响为 3.02 亿元，放大了 302%，而由旅游业本身所造成的直接总产出的冲击仅为其中的 1.44 亿元，剩余 1.58 亿元均由受到间接冲击的行业带来。因此政府在实行行业差异化政策时不应忽视由不同受直接冲击行业带来的受间接冲击行业的经济损失。在确定间接冲击行业时可以参考 IMPLAN 定量分析的结果，对于受不同间接冲击的行业实行差异化政策。

（二）地区差异化经济政策分析

政府应当针对不同地区的不同特点制定不同的经济政策，设定相应的应急预案，选择合适的政策工具，设定适当的政策强度。这又要基于两方面考虑，其一，不同地区容易遭受的突发公共事件不同，制定应急预案时应当有所侧重，将有限的资源投入到能够发挥最大效益的部门；其二，不同的地区的抗冲击能力不同，即使遭受同一突发公共事件各个地区也会因为经济结构的差异而承受不同的冲击。

为了有效控制突发公共事件的负面影响，首先国家在制定全国性的经济政策时应关注不同地区容易发生的突发公共事件，从而在全国范围内调配资源时有所侧重。自然灾害的爆发具有明显的地域特征，例如浙江、福建沿海一带容易遭受台风、洪水等自然灾害的袭击，湖南、湖北等位于长江流域的地区易受洪水灾害的袭击，云南、四川部分地区则位于地震带上，受地质灾害影响较大。而社会安全问题则在边界地区相对突出，例如 2008 年和 2009 年的藏独和疆独事件。因此，国家在制定政策时可以减少在遭受自然灾害较多的地区的经济资源的投入，原地重建常常耗资巨大且将承受较大的风险。地方政府在区域内也应当根据省内的突发公共事件的发生概率和频率合理配置资源，集中有限资源重点防范和应对容易遭受的突发公共事件。

其次，政策制定同时应当考虑不同地区的抗冲击能力。不同地区抗冲击能力的差异表现为以下几点：第一，不同地区的脆弱性行业不同。即当所有地区遭受同等突发公共事件的冲击时，对总产出造成冲击的行业排序不同。建立浙江、北京、上海、四川、湖北五个地区的 IMPLAN 区域模型，假设每个地区都遭受了 1 000 万元的总需求冲击，利用每个行业的产出与总产出的比评估每个地区不同行业遭受冲击的概率，最后利用 IMPLAN 软件输出结果得出不同地区对总产出影响最大的五个行业见表 4 - 32 所示。从表中可以发现不同地区的脆弱性行业差异明显，受地方产业结构影响较大。第二，不同地区遭受同等突发公共事件的冲击时总的经济损失不同。分别在不同地区的 IMPLAN 软件中输入总需求为 1 000 万元和总就业为 10 人的冲击，得到不同地区的总产出冲击如表 4 - 23 所示。

表 4 - 32　　　不同地区受总需求冲击后造成的总产出冲击行业排序

排序	浙江	北京	上海	四川	湖北
1	文化、体育和娱乐业	公共管理和社会组织	文化、体育和娱乐业	其他社会服务业	废品废料
2	化学工业	信息传输、计算机服务和软件业	通信设备、计算机及其他电子设备制造业	文化、体育和娱乐业	批发和零售贸易业
3	纺织业	建筑业	租赁和商务服务业	石油和天然气开采业	燃气生产和供应业
4	金属冶炼及压延加工业	通信设备、计算机及其他电子设备制造业	金属冶炼及压延加工业	燃气生产和供应业	其他社会服务业
5	电力、热力的生产和供应业	金融保险业	交通运输及仓储业	住宿和餐饮业	交通运输及仓储业

资料来源：利用浙江、北京、上海、四川、湖北等省、直辖市的 IMPLAN 区域模型计算结果整理得出。

表 4 - 33　　　不同地区受总需求冲击和总就业冲击后造成的总产出冲击　　　单位：元

	浙江	北京	上海	四川	湖北
1 000 万元总需求冲击	23 852 077	20 275 225	15 159 390	13 268 511	15 298 436
10 人总就业冲击	7 764 454	6 671 342	5 844 487	3 675 921	3 996 874

资料来源：利用浙江、北京、上海、四川、湖北等省、直辖市的 IMPLAN 区域模型计算得出。

二、短期政策与长期政策相结合原则

政府制定宏观调控政策时应当区分突发公共事件对宏观经济的短期影响和长期影响，分别实行相应的短期政策和长期政策。短期政策主要是从总需求的角度提出，而长期政策则主要是总供给政策，政府在实施经济政策时要做到两者的有效结合，以减少突发公共事件对宏观经济的负面影响。

政府短期政策的实施侧重于"治"。突发公共事件对宏观经济的影响在短期内有一个行业传递的过程，由受突发公共事件直接影响的行业传递到受突发公共事件间接影响的行业，如图 4 - 6 所示。

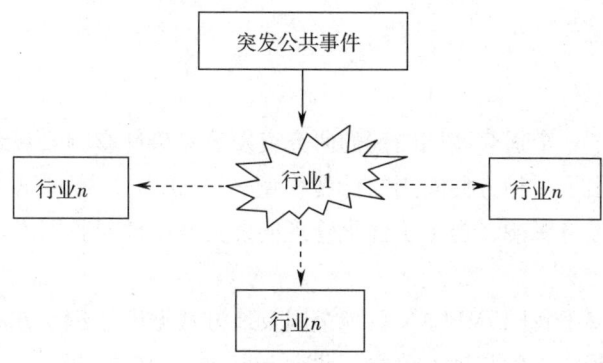

图 4 - 6　突发公共事件短期传导路径

　　政府的短期经济政策应该侧重于阻断这种传递机制，特别是避免突发公共事件冲击的恶性放大，提前中止这种行业传递作用。例如 SARS 时期由于对部分药品和食品的恶性炒作，使得正常的市场秩序受到严重干扰，人为地放大了 SARS 对宏观经济造成的影响。政府的短期政策应当重点从刺激受冲击行业的总需求出发，并通过宣传教育等手段减少突发公共事件对消费者和投资者心理的冲击。包括对受灾行业提供必要的财政补贴，对灾后重建工程实行免税政策等。

　　政府长期政策侧重于"防"，既包括通过采取相关措施减少同类突发公共事件再次发生的概率，也包括通过调整经济结构以提高经济体抵御突发公共事件冲击的能力。对于可人为控制的突发公共事件，例如事故灾难、社会安全事件可以通过增加在事故多发地带安全设施的投入，加强出入境的检查，通过宣传教育增加居民的安全意识和对危机的敏感意识等手段来减少事故的发生率。而对于不可控的自然灾害则可以通过加强对相关灾害预报技术的投入，提前做好人员和物资的疏散和转移。而增强宏观经济对突发公共事件的抵御能力则主要通过长期经济结构的调整来实现。首先，优化产业结构，平衡各部分地区经济的发展，通过分散风险以抵御突发公共事件对某单一行业的冲击。例如部分地区目前出现的房地产绑架地方经济的现状，只能以推动房产价格来保经济增长，这将不利于经济的长期发展以及整个经济体应对突发公共事件能力的提高。其次，优先发展不易受当地突发公共事件影响的行业。例如在地震多发地带应当减少重化工业的投入而优先发展轻工业、服务业等容易实现资产转移的行业，而在台风和洪水多发地带应当减少对传统农作物的投入。最后，建立健全国家和地区应对突发公共事件的应急预警机制，在原有的一般性应急预案的基础上，针对突发公共事件对宏观经济的影响分别建立国家和地区的宏观经济调控预案。

【小结】

本章建立了一个适合我国国情的研究突发公共事件影响宏观经济的一般分析框架，探索出了一种方便实用的计量模型——IMPLAN 模型用于评价突发公共事件的宏观经济影响，提出了优化管理突发公共事件对我国宏观经济影响的政策建议。

本研究完善了我国 IMPLAN 系统全国及地方数据库的建立方法，并编制成详细的方法说明，在此基础上建立了北京、上海、湖南、湖北、四川、浙江等主要省、直辖市的区域 IMPLAN 系统数据库，并一一通过了 IMPLAN 系统的调试，可以进一步用于突发公共事件经济冲击的建模分析；运用 IMPLAN 系统对不同区域的多个具体突发公共事件案例建模分析，对比了突发公共事件造成的经济冲击在不同区域、不同行业间的差异；通过模拟突发公共事件造成的直接影响，对各区域的关键性行业和易遭受突发公共事件经济冲击的行业进行了分析。基于 IMPLAN 系统的分析结果，我们提出了在制定应对突发公共事件政策时应遵循的两个基本原则：针对性原则和长期与短期政策相结合的原则。政策制定者要兼顾地区和行业的差异性，根据不同地区、不同脆弱性行业分别制定政策，短期政策着眼于应对，可从总需求角度实行调控；长期政策则需着眼于预防，通过调整产业结构从总供给的角度实行调控。

第五章

突发公共事件对我国宏观经济影响的
CGE 模型分析及政策建议

在本书前面的研究中，我们分析了突发公共事件短期影响我国宏观经济的路径以及突发公共事件长期影响我国宏观经济的路径，在理论分析的基础上运用 IMPLAN 模型研究了突发公共事件对我国宏观经济的影响，并建立了北京、上海、湖南、湖北、四川、浙江等省、直辖市的区域 IMPLAN 系统数据库，通过模拟突发公共事件造成直接影响，对各区域的关键性行业和易遭受突发公共事件经济冲击的行业进行了分析。由于 IMPLAN 模型研究的是直接影响我国的突发公共事件对我国的宏观经济影响，而当前的世界是一个开放的世界，其他国家发生的突发公共事件往往会对我国的宏观经济产生影响，因此我们需要评价间接影响我国的突发公共事件对我国宏观经济的影响。此外，突发公共事件对我国宏观经济的影响是一个涉及面广、综合性强的复杂系统，因此仅从某一角度进行描述性探讨或实证分析，其结论或观点仍会有相当的局限性。自从 80 年代以来，一个国家或地区复杂的宏观经济问题的研究，国际学术界已开始广泛采用可计算一般均衡模型（CGE），因此我们有必要建立开放经济条件卜中国的 CGE 模型，在模型中加入国外部门，探讨国内外突发公共事件对我国宏观经济的综合影响，为突发公共事件的优化管理提供一定的理论和方法支撑。

本章在综述 CGE 模型的理论及应用的基础上，将具体介绍 CGE 模型的数据标定基础——社会核算矩阵的构建，并利用社会核算矩阵乘数理论分析突发公共事件的产业影响；介绍 CGE 模型的理论结构及参数标定；运用 CGE 模型对突发公共事件的经济影响进行模拟，将模拟结果与 IMPLAN 模型进行对比分析，并提出相应的政策建议。

第一节　CGE 模型的理论与应用综述

一、CGE 模型概述

（一）CGE 模型的理论基础

一般均衡理论始于瓦尔拉斯 1874 年的论著《纯粹经济学要义》，是经济学基本理论之一。一般均衡理论的基本思想是：生产者根据利润最大化或成本最小化原则，在资源约束条件下，进行最优投入决策，确定最优供给量；消费者根据效用最大化原则，在预算约束条件下，进行最优支出决策，确定最优需求量；均衡价格使最优供给量与最优需求量相等，资源得到最合理的使用，消费者需求得到最大的满足，经济达到稳定的均衡状态。一般均衡理论的特点是将经济系统看做一个整体，研究其中各要素之间复杂的相互作用和相互依存关系。在一般均衡模型中，依然存在给定的外生变量：如消费者的偏好、厂商的投入以及税率等。外生变量变化引起的经济系统任何一部分的结构变化都会波及整个系统，导致商品和要素价格、数量的普遍变动，使经济系统从一个均衡状态向另一个新的均衡状态过渡。考察这一过渡过程所伴随的价格和数量的变化，便是一般均衡分析的主要目的，为此，数量和相对价格均被内生于模型之中。

根据一般均衡理论的性质，我们无法判断外生变量变化会导致内生变量如何变化，因此需要对抽象的一般均衡模型给出具体的数字设定，形成所谓的可计算一般均衡（CGE）模型。在 CGE 模型中，对经济主体的行为有明确的设定。即在各自的约束下，他们的行为是理性的、或优化的。这些优化假定突出强调了商品和要素的价格对消费者和生产者的消费和生产决策的作用。除此以外，还可以在模型中加入政府、进出口商等行为主体，对他们也采用行为优化的假定。CGE 模型尚没有精确的定义，但通常被描述成对一个经济体进行数字设定的模型，这个经济体通过对商品和要素的数量和价格的调整，实现瓦尔拉斯一般均衡理论所描述的供需均衡。可见，建立 CGE 模型的目的，是把瓦尔拉斯一般均衡的构造由一个抽象的形式变为一个关于现实经济的实际模型（Shoven and Whally，1984）。概括地讲，CGE 模型就是用一组方程来描述供给、需求以及供求关系，在这些方程组中不仅商品和生产要素的数量都是变量，而且所有价格（包括商品价格、工资、资本利润率）都是变量，并且要在一系列优化条件如生产者利润最大化、消费者效用最大化、进口收益利润最大化、出口成本最小化等约束下求解这一方程组，得到在各个市场都达到均衡时的一组价格和数量（翟凡等，1997）。

（二）CGE模型的基本结构

从CGE模型所要描述的经济结构和所依据的一般均衡理论来看，CGE模型的方程组可以分为三个部分：供给部分、需求部分和供求关系部分（Robinson，1989）。

在供给部分，模型主要对商品和要素的生产者行为以及优化条件进行描述，包括生产者的生产方程、约束方程、生产要素的供给方程以及优化条件方程等。由于其广为采用新古典理论框架下的生产函数，如Cobb - Douglas生产函数、固定替代弹性（Constant Elasticity Substitution，CES）生产函数、二层或多层嵌套的CES生产函数等，因而允许中间投入之间及生产要素之间存在着不完全弹性替代关系。为了描述各生产部门分散地追求利润最大化的企业行为，一般在CGE模型中均包括有一个优化方程，使各要素的报酬等于要素的边际生产率。在开放经济条件下，CGE模型还要给出商品供给在国内和国外市场之间的不完全弹性转换关系。

在需求部分，一般把总需求分为最终消费需求、中间产品需求和投资需求三部分，把消费者分为居民、企业和政府三类。模型主要对消费者行为及其优化条件进行描述，包括消费者需求方程、约束方程、生产要素的需求方程、中间需求方程及优化条件方程等。在开放经济条件下，CGE模型的消费需求函数允许进口品与国内商品之间的不完全替代。

供求关系部分由一系列市场出清条件和宏观平衡条件组成，主要包括：（1）商品市场出清。商品市场出清条件要求在国内市场上任一商品的总供给等于对其的总需求，这不仅要求在数量上达到均衡，同时也要求在价值上达到均衡。如果对某一商品出现了不均衡，则供求之差可以处理为库存。包括库存变量在内的CGE模型所描述的是广义的均衡。（2）劳动力市场出清。劳动力市场出清条件要求劳动力的总供给等于总需求。劳动力可以在各部门之间流动以达到生产者和消费者的优化目标，其流动的原因是各部门之间的边际利润率不同。如果在某一时期，劳动力的供给大于需求，那么在劳动力市场上出现失业。CGE模型中劳动力市场均衡经常是指包含失业在内的广义的均衡。（3）资本市场出清。由于资本在短期内具有部门专有性，因此资本市场出清条件在短期内要求建立各部门在各时期的资本出清公式；但长期而言，资本可以在部门间流动，因此资本市场出清条件在长期内要求所有行业的资本需求必须等于外生给定的固定资本总量。（4）储蓄投资平衡。储蓄投资平衡条件要求总投资等于总储蓄，如果投资规模与储蓄水平不相符，则通过出售债券、引入外资或增减政府财政储备来弥补以达到平衡。（5）政府预算平衡。如果政府支出不等于政府收入，那么把财政赤字当做一个变量加入政府收入一边，就可以用一组均衡方程来表示政府预算的不均衡状态。（6）国际收支平衡。外贸出超在可计算一般均衡模型中表现为外国资本流入，外贸入超表现为本国资本流出，如果把国外净资本流入当做变量处理，那么国际收支也可以达到平衡。

（三）CGE 模型与 MSG3 模型

MSG3 模型是一个多国动态一般均衡模型，是 G－Cubed 模型的两部门形式，开发者是澳大利亚的 McKibbin 教授。它包含了 8 个区域经济体：美国、日本、澳大利亚、其他 OECD 国家、东欧和前苏联地区、中国、石油输出的发展中国家以及其他所有发展中国家。在每一区域经济体内，产出都分成 2 个部门：能源部门（整合了电力、天然气、石油炼制、煤炭以及原油和天然气开采等部门）和非能源部门（整合了采矿业、农业、林业和木制品业、耐用品、非耐用品、交通运输业和服务业等部门）。此模型尝试把传统可计算一般均衡模型（CGE）、实际经济周期模型和凯恩斯宏观经济模型的最优特点结合起来。模型的主要特点之一是把现代宏观经济学动态效应最大化经济行为路径与短期经验行为相结合。通过这种结合，使得模型一方面包含了详细分析消费者和生产者具有理性预期的特点的实际经济周期模型，另一方面又包含了描述存在工资及价格刚性时需求低迷所产生影响的现代宏观经济计量模型。

通过上述对 MSG3 模型的简要叙述我们可以发现 MSG3 模型的建模原理和 CGE 模型是基本相同的，不同之处在于部门的划分和区域经济体的划分上，MSG3 模型将区域经济体划分为 8 个，而 CGE 模型一般仅区分国内部门与国外部门，在本研究过程中，我们也尝试运用 MSG3 模型来分析不同国家发生的突发公共事件对我国宏观经济的影响，并已经掌握了 MSG3 的理论及实证结构（如本书附录所示）。但课题组经过多方努力却未能与 MSG3 模型的开发者 McKibbin 教授取得联系，无法获得核心的国外数据库，因此我们建立了中国经济的 CGE 模型作为替代来对突发公共事件的宏观经济影响进行分析。

二、对传统 CGE 模型的拓展研究

近年来，对传统的 CGE 模型的拓展研究主要集中在以下几个方面：（1）建立跨期或动态模型；（2）加入金融因素；（3）加入非完全竞争；（4）函数形式的选择。

（一）建立动态模型

传统的 CGE 模型主要用来进行比较静态分析，它总是假设完全竞争，其结论在短期内有效，因而一些经济学家建议考虑长期动态的影响。对动态 CGE 模型，目前大致有两类：一是递推序列均衡方法，二是跨期动态模型。这方面的工作主要有：Ginsburgh 和 Mercenier 讨论了在不同的动态设置下建立动态 CGE 模型的可能方法；Lipton 和 Sachs 讨论了跨期的关系，主要是现在消费和将来消费之间的替代关系，Bovenberg 根据新古典投资理论建立了相应的 CGE 模型。

（二）加入金融因素

绝大多数 CGE 模型都没有对金融市场进行明确的描述，甚至没有考虑金融部门，事实上金融市场的相关变量，如利率、通货膨胀率、资产回报率乃至整个金融部门，它们在经济体系中都将发挥重要作用，因此，金融部门显然是一个必须详细分析的重要部门。加入金融的 CGE 模型几乎与实体部门的 CGE 模型同时开始，但其发展却令人不满意。

Tobin（1969）的理论工作构成金融部门的 CGE 模型的基础。在传统的模型中经济中的财富仅为实物资本，居民储蓄直接转化为实物资本投资。Tobin 通过加入不同的金融资产，储蓄不再直接变为资本投资，而是根据资产组合的引导规则来配置财富。

Murat Aslan（2005）利用 1996—2000 年的数据为土耳其经济建立了动态金融 CGE 模型（FCGE），他首先在 2004 年所做的实际社会核算矩阵（SAM）中加入了金融数据对 SAM 进行了扩展，在原来模型中加入了金融变量和金融部门，该模型把生产能力利用率看做内生变量，公司（尤其是大公司）通过比较从实际活动和金融活动获得的回报来在两种活动之间作出选择，公司越来越多地把流动性资源（包括所持有的资本）转向金融工具，而不是购买中间投入品和使用其他初始要素。

在国内，2004—2005 年国家发展改革委综合司建立了中国金融 CGE 模型，金融部门分为"中央银行"、"国家银行"、"其他银行"、"保险与基金公司"和"其他金融机构"。金融变量包括利率、汇率、再贴现率等。

霍丽骊等（2006）在世界银行为巴西建立的用于贫困分析的模型 IMMP 基础上，建立了中国动态金融 CGE 模型，模型体现了利率、汇率和预期贬值等变量对金融资产的影响；同时，模型还分别衡量了政府、中央银行和商业银行的资金流平衡，并计算了存款准备金、中央银行再贴现、政府存款等变量。

徐继峰（2008）也建立了中国金融 CGE 模型，并用其对农业信贷政策成功地进行了模拟。

（三）加入非完全竞争的 CGE 模型

在传统的 CGE 模型中，我们通过在需求方面采用 Armington 假设，即承认国内产品和进口品之间的差异和不完全替代。在供给方面采用常转换弹性（CET）函数来解释部门内部贸易，而且保持完全竞争及规模收益不变的假设。新国际贸易理论强调规模收益与非完全竞争。Cox 和 Harris（2007）根据这一理论进行了最初尝试。他们分析了美国与加拿大自由贸易协定对加拿大的影响，并发现规模经济的效果确实很重要。这似乎意味着模型对不同的设定是非常敏感的。Norman 做了有意义的工作，他比较了传统的 CGE 模型与有规模收益及非完全竞争 CGE 模型之间的区别。如果是垄断市场（如寡头垄断），就要考虑行为人间的对策行为。此外，Ginsburgh 讨论了在模型中加入古诺均衡所产生的复杂性。当然，目前这些研究还不成熟。

（四）函数形式的选择

Mckitrick（1998）针对在 CGE 模型中函数形式的作用对 CGE 模型提出了批评。他提供了一个用来评估函数形式作用的 CGE 模型，他认为 CGE 模型中参数的选择存在问题，而且一阶函数形式（如 CES）的使用对模型结构强加了限制，他得出的结论是函数形式的选择不仅影响某个特殊部门的结果，同样影响整体结果；甚至对很小的政策冲击也会这样，这表明，函数形式的选择对 CDE 的建模有至关重要的作用。在函数形式的选择上，常差弹性函数（Constant Difference Elasticity，CDE）可以用来表示齐次或非齐次方程，具有更加灵活的结构。可以说，C－D 函数是 CES 的特例，而 CES 则为 CDE 方程的特例，由于在 CDE 方程中减少了反映弹性替代参数的变量，在表现生产技术和消费偏好上也更加灵活。尽管 Stout 等人分别在自己的模型中采用了 CDE 方程，但目前应用的大多数 CGE 模型基本上是采用 C－D 或 CES 函数形式。

三、CGE 模型的应用综述

目前，国内外 CGE 模型的应用大致可分为以下几个方面：（1）在宏观公共政策中的应用；（2）在环境保护政策上的应用；（3）国际贸易政策，特别是在关税和非关税壁垒政策上的应用；（4）其他经济改革以及经济发展政策的研究。

（一）宏观公共政策

宏观公共政策中的 CGE 模型主要应用于税收政策上。各国进行财政税收制度改革的原因大致有两种：一是调节税负在生产部门间分布，促进经济增长；二是通过税收调节居民间的收入分配，促进社会的公平与稳定。因此，税制改革的 CGE 模型多以经济增长、收入分配和社会福利等变量作为财政税收政策分析的目标函数。

税收 CGE 模型源于 Harberger（1962）建立的用于分析美国公司和资本收入所得税的两部门 CGE 模型，而在此之前，几乎所有的税负分析都属于局部分析。Shoven（1972）对 Harberger 模型有突破性发展，但 Shoven 等 1972 年的模型只能分析一种税收，而后他们又开发了可同时分析几种税收的模型（1985）。

Pereira（1988）的 CGE 模型研究了美国税改法案及税收整合政策对效率及资本形成的影响。模型中，生产采用 Leontief/CES 函数，需求采用嵌套的 C－D 函数。研究结果表明，美国 1986 年税改之后，效率比之前降低，税收整合对资本形成影响较小。

Rutherford（2001）构建了一个基本的税收模型。模型中生产采用嵌套的 Leontief/C－D 函数。进出口分别用 CES 和常转换弹性（Constant Elasticity of Transformation，CET）函数进行描述，进口采用 Armington 假设。模型研究了哥伦比亚通过不同税源提高政府收入的边际成本问题，认为政府税收收入对劳动直接税反应最敏感，生产间接税的边际成本最大，进口关税的边际成本最小。

Christoph（2004）建立了一个税收和失业的 CGE 模型，用来研究德国削减劳动税对就业和失业的影响。该模型假定工资是在部门水平上由公司和劳动力组织议价决定的。他们将劳动力分为高技能和低技能两种类型，假定在存在失业时期，劳动力可以在部门间流动，失业者和空缺职位之间匹配是随机的。模型还假定资本市场完全竞争。在这个模型中，生产采用嵌套的 Leontief/CES 函数，要素需求采用 C－D 函数，效用函数采用嵌套的 CES 函数，并用 CES 和 CET 函数描述进出口的不完全替代和转换性。模型考察了削减工薪税、边际劳动收入税、收入总税额，以及消费税对就业和失业的影响后得出：上述措施对于减轻德国现存的失业问题作用较小。

周建军等（2004）建立了一个研究中国整体经济的 CGE 模型，对中国现行税制间接税税率调整，间接税向直接税转化，间接税调整对储蓄、投资的影响等措施的宏观经济效应进行分析。在此模型中，生产采用 CES 型函数，进出口分别用 CES 和 CET 函数来描述，进口采用 Armington 假设。该文针对不同模拟方案下的不同结论，提出了一些可供选择的税收政策改革。

胡宗义等（2008）利用动态 CGE 模型研究了统一外资企业所得税税率对

中国宏观经济的冲击效果。模型的动态化过程体现在资本的积累，金融资本的积累以及劳动力市场的跨期链接上。该文的研究结果表明：在短期内，两税合并的确会对部分产业产生一定的负面冲击，同时也会降低政府税收，但对各地区的产出却呈正向冲击，长期来看，两税合并最终有利于中国产业的优化发展，有利于促进经济社会的全面发展。

（二）环境保护政策

当今世界上，环境保护已成为一个相当热门的话题。除了行政命令、法规之外，主要是靠征收污染税的经济手段来限制环境污染。于是如何确定反污染的经济成本成为制定反污染税的原则，列昂惕夫曾经用投入产出模型来研究这个问题，他把污染当做具有负价值的中间产品，在最终需求中包括了对环境变化的影响，从供求均衡解决"市场化"的污染定价问题。但是列昂惕夫投入产出模型把最终需求处理为外生给定，而且未能包括进资源约束，这显然使模型的说服力受到很大影响。加州大学伯克莱分校的 Robinson（1990）所建立的CGE 模型把反污染的定量研究提到了一个新的高度。该模型除了引入各部门生产过程的污染系数之外，还引入反污染的清理活动。反污染活动的经费源于总税收和对产生污染的部门的非直接税。模型比较了不同的政府反污染政策的效果，为政府制定政策提供了很有说服力的依据。

在国务院发展研究中心的一个实用中国经济 CGE 模型的基础上，张越扶（2001）研究了中国有关经济结构、经济增长和环境方面的政策问题，建立了一个 32 部门的比较静态环境 CGE 模型，分析了提高污染排放收费标准对中国经济的影响，模拟结果说明提高污染物排放收费标准将损害中国的经济增长，但是 GDP 的下降幅度并不是很大。Hatano（2006）利用 CGE 模型研究了中国黄河流域的水资源分配问题。该模型生产要素包括：水、劳动力、资本，生产采用 Leontief/C－D 函数，水权交易通过居民供水和部门需求进行描述，其中主要的需水部门为农业部门，需求采用 C－D 函数。模型模拟了未进行水技术改造和对用水效率低地区进行投资和技术改造情况下，基于水权交易的水资源分配，结果显示：水权交易能提高水利用效率；在水资源约束下，下游集约用水可提高用水效率；对用水效率低地区给予技术改造将改善整个流域的用水状况。

（三）国际贸易政策

贸易政策分析一直是 CGE 模型广泛应用的一个领域。在用 CGE 模型进行贸易政策分析方面历史最悠久的要数澳大利亚，从 20 世纪 70 年代中期开始，他们就启动了 IMPACT 项目并建立起了名为 ORANI 的 CGE 模型（Dixon，

1982）。该模型的标准版本包含 112 个行业、114 种商品和 9 类劳动力。其后，IMPACT 项目组又开发了一个名为 MONASH 的动态 CGE 模型（Dixon and Rimmer, 2001），与 ORANI 模型相比，MONASH 模型更加详细，并且闭合的选择更加灵活。

而世界上规模最大的贸易自由化 CGE 模型当属"全球贸易分析项目"（Global Trade Analysis Project, GTAP）模型，它是一个由美国普渡大学的 GTAP 小组开发的主要用于全球贸易政策分析的多国 CGE 模型。后来 GTAP 项目组雇请了全球 400 多名经济学家建立了 80 多个国家和地区的 CGE 模型，每个模型均通过贸易与要素流动相互联结。GTAP 目前仍保持着世界上最大规模的世界贸易数据库，其最新为第六版。以该模型为框架以及与其相链接各国子模型已被广泛地应用于世界各国的贸易政策分析之中。

国内，郑玉歆（1999）利用 CGE 模型研究了中国加入 WTO 对经济的影响。在该模型中，生产采用嵌套的 Leontief/CES 函数，需求函数采用嵌套的 Stone – Geary/CES 函数。模型结果显示：中国削减关税和 APEC 贸易自由化，都将对中国宏观经济产生正面比较静态短期效应；不同的部门或企业，由于具有不同的投入结构和本国产品与进口产品之间的替代关系，由于具有不同的产出结构和国内吸收与出口之间的转换关系，因而对中国削减关税和 APEC 贸易自由化的冲击具有不同的比较静态短期效应；与中国削减关税的经济影响比较，APEC 贸易自由化无论是对中国的宏观经济，还是对中国的产业和地区经济发展，都具有更显著的影响。

魏巍贤（2006）通过建立中国 CGE 模型定量研究了人民币升值对中国经济的影响。模型中生产采用 CES 函数，进口采用 Armington 假设，进出口分别用 CES 和 CET 函数进行描述。模拟结果显示：人民币升值对中国实际 GDP 增长的影响不是线性变化的，对进出口影响的模拟结果与直观判断一致；人民币升值对就业不利，下降幅度随着升值幅度的上升而提高；人民币升值对城乡居民消费的影响不同，会加大城乡差距；人民币升值后，受影响较大的是劳动密集型制造业。

（四）　其他经济改革以及经济发展政策的研究

CGE 模型不但在上述领域有广泛应用，而且在公共卫生、环境健康、区域经济等领域的应用上也发展迅速。

Chen（2006）利用多部门 CGE 模型分析了香烟税对台湾经济和居民健康的影响。该文利用 Chou（1994）模型结构，生产采用嵌套的 Leontief/C – D 生产函数，消费采用 LES 函数，进出口分别用 CES/CET 函数表示。该模型的模拟结果显示：新的税收计划会减少香烟的消费，提升居民健康水平，还可以减少烟草方面的健康保险支出，节约政府税收，提升 GDP。

McKibbin（2004）利用全球模型，即 G-Cubed 模型研究了 SARS 对全球经济的冲击。该文的模型结构来自于 G-Cubed 理论模型框架，建立了一个动态多国 CGE 模型，包括了中国等 18 个国家和地区，每个国家分为 6 个生产部门。生产采用嵌套的 Leontief/CES 函数，消费函数用 CES 效用函数表示。模型分析了由 SARS 导致的医疗成本增加，以及对国家和地区间商品、贸易、投资及经济所产生的影响。模拟结果显示：SARS 对中国和香港地区的影响最大，使得内地与香港的 GDP 分别下降了 1.05% 和 2.63%，内地与香港的资本出逃率达到 GDP 的 0.3%，香港地区的出口量骤减。

李洪心（2005）利用 CGE 模型分析了未来五十年人口老龄化对中国生产发展、政府税收、居民收入、消费水平以及整个社会保障体系的影响。模型中，生产函数采用 C-D 型函数，需求采用 CES 型函数。模拟结果显示：在未来五十年，如果现收现付的养老保险制度不变，中国老年人口的增加将引起国民经济增长下降甚至出现负增长。如果改革传统的养老金支付方式，则可能缓解人口老龄化对国民经济发展和人民生活水平提高的副作用。

第二节　社会核算矩阵的构建及其在突发公共事件分析中的应用

在 CGE 模型的计算中需要估计大量的参数，这可借助于社会核算矩阵来完成。社会核算矩阵不仅可以描述国民经济各部门生产的投入来源和使用去向，揭示各部门间技术的相互依赖、相互制约的数量关系以及经济活动中各种主体的收入和支出，而且还能够为 CGE 模型的参数估计提供数据基础。

一、中国 2007 年宏观社会核算矩阵的构造

（一）社会核算矩阵的基本结构和原理

SAM 是国民经济核算的矩阵表现形式，它展示了从生产到要素收入分配，然后到最终消费和投资，再到生产的简单生产循环；商品的供给与消费和投资构成商品市场的供求关系；劳动力和资本的供给与生产要素的需求构成要素市场的供求关系；再加上国内外贸易和收入的再分配，共同构成了完整的社会经济系统。

　　SAM 秉承了国民收入核算的一贯记账原则：即任何一项账户的支出都将会形成另一个账户的收入，这与国民经济核算中的复式记账原则相一致，只不过它是通过矩阵中的单式输入来取代传统复式记账中的收支关系。SAM 中以行表示账户的收入，而以列表示账户的支出。一般将 SAM 记为 T_{ij}，则矩阵中的任何一项非零元素 T_{ij} 表示为账户 j 支付到账户 i 的交易值。同样根据会计记账收支必相等的原则，任何账户的支出必须等于该账户的收入，即

$$\sum_i t_{ij} = \sum_j t_{ij} \qquad\qquad (5-1)$$

　　SAM 中各账户的确定，一般而言并没有严格的规定，通常视所研究问题而定。常见的开放型宏观 SAM 账户通常包括商品、活动、要素、企业、居民、政府、资本和世界其他地区 8 个账户。SAM 表结构可如表 5-1 所示。我们可以看出，宏观 SAM 在生产部门、要素和机构的高度集结的层次上为整个经济的复杂联系提供了一个综合的核算框架。SAM 的核心是各账户的收支构成和相互平衡。在一个均衡的经济状态下，这些账户的平衡意味着：生产者的成本（包括分配的利润）等于收益；每一经济主体的收入等于支出（包括税和储蓄）；每一商品的需求等于供给。同时，在 SAM 中还隐含着三项重要的宏观经济平衡关系：投资—储蓄平衡、政府财政收支平衡和国际贸易收支平衡。

表 5-1　　　　　　　　　社会核算矩阵一般结构描述

项目 部门 序号			支出							
			商品	活动	要素	居民	企业	政府	资本	外部地区	汇总
项目	部门	序号	1	2	3	4	5	6	7	8	9
收入	商品	1		总产出							总产出
	活动	2	中间投入			居民消费		政府消费	投资	出口	总需求
	要素	3		增加值							要素收入
	居民	4			劳动收入		利润分配	转移支付			居民收入
	企业	5			资本收益						企业收入

续表

项目\部门\序号			支出								
	项目	部门	商品	活动	要素	居民	企业	政府	资本	外部地区	汇总
		序号	1	2	3	4	5	6	7	8	9
收入	政府	6	间接税	关税		所得税	直接税				政府收入
	资本	7				居民储蓄	企业储蓄	政府储蓄		资本流入	总储蓄
	外部地区	8		进口							总调出
	汇总	9	总成本	总供给	要素支出	居民支出	企业支出	政府支出	总投资	总调入	

（二）中国 2007 年宏观 SAM 的编制

社会核算矩阵的构建工作可以采用自顶向下或者自底向上两种步骤。自顶向下是指先着手总体数据再进行详细分解，而自底向上则是正好相反。前者有利于保证数据的一致性，后者强调的是数据的准确性。由于编制社会核算矩阵需要大量的数据，而部分准确详尽的数据难以取得，在这里我们采用自顶向下的方法编制 SAM，即先构造宏观 SAM，再对宏观 SAM 中的账户进行细分，编制出详细的分解 SAM。宏观 SAM 为细分部门的微观 SAM 提供了总量控制参照（Thorbecke，2003）。

由于最新投入产出表截至 2007 年，因此本研究以 2007 年投入产出表及既有的宏观统计数据为基础编制 SAM，在实际编制 SAM 时，并不是所有的数据都能从资料中完全正确的获得，有些只能用估量和余量的办法近似确定。最终形成的宏观社会核算矩阵如表 5－2 所示。

表 5－2　　　　　　　中国 2007 年宏观社会核算矩阵（SAM）　　　　　单位：亿元

序号\部门		序号	1	2	3	4	5	6	7	8	9	10	11
	部门		商品	活动	要素		居民	企业	政府	国外	资本账户	存货	汇总
序号	部门				劳动力	资本							
1	商品		—	552 815	—	—	96 553	—	35 191	95 541	105 436	14 930	900 465
2	活动		818 859	—	—	—	—	—	—	—	—	—	818 859
3	要素 劳动力		—	110 047	—	—	—	—	—	—	—	—	110 047
4	要素 资本		—	117 478	—	—	—	—	—	—	—	—	117 478

续表

序号	部门	1	2	3	4	5	6	7	8	9	10	11
		商品	活动	要素		居民	企业	政府	国外	资本账户	存货	汇总
				劳动力	资本							
5	居民	—	—	110 047	8 660	—	24 419	72 76	2 591	—	—	153 353
6	企业	—	—	—	110 440							110 440
7	政府	7 586	38 519	—	—	3 186	16 196	—	-13	52 075	—	117 549
8	国外	74 021	—	—	-1 622	—		124		—		72 523
9	资本账户	—	—	—	—	53 614	69 825	74 958	-25 956	—	—	172 441
10	存货	—	—	—	—					14 930		14 930
11	汇总	900 465	818 859	110 047	117 478	153 353	110 440	117 549	72 523	172 441	14 930	—

资料来源:《中国2007年投入产出表》,《中国2008年统计年鉴》,《中国2008年财政年鉴》,国务院发展研究中心网站等。

1. 商品账户。商品账户主要用来反映国内市场商品的总供给和总需求。从收入的角度来看,商品账户核算国内市场商品的总需求,包括中间投入、最终消费、出口和资本形成;从支出的角度来看,商品账户核算了国内厂商的总产出和商品进口(含进口税)。该账户中各核算项目的数据来源和估算方法如下:

收入方面,中间投入、居民消费、政府消费、出口、固定资本形成 直接来自《中国2007年投入产出表》中的相应数据。存货净增加为该账户的余项,主要原因在于,投入产出表中包含一个误差项,而该项在SAM中是没有归属的,且与其他各个项目相比,存货的重要性要低得多。支出方面,国内生产总值取自《中国2007年投入产出表》。在投入产出表(2007)中,进口商品采用到岸价格加进口税,故我们用投入产出表中的进口数据减去进口税得到SAM中的进口数据。进口税包括进口关税和进口消费税、增值税,两者均取自《2008年财政年鉴》中的"2007年国家财政预算、决算收支总表"。

2. 活动账户。活动账户主要核算了国内厂商生产活动的总投入和总产出。其中,中间投入来源同商品账户中的中间投入,要素投入和生产税净额取自于《中国2007年投入产出表》中第三象限的有关数据汇总。

3. 要素——劳动力账户。劳动力要素账户主要反映了劳动力的投入以及该要素收入的分配,行代表劳动力要素投入带来的收入,列代表该要素收入的分配。其数值取自于《中国2007年投入产出表》中各部门劳动者报酬的汇总。

4. 要素——资本账户。资本要素账户主要反映了资本的投入以及该要素收入的分配。资本账户的收入核算在活动账户中已述及。资本账户收入的分配主要包括对国内居民和国外投资者的利润分配，剩下的作为企业的留存收益（含税）。居民的资本收益来源于国家统计局公布的"2007 年资金流量表（实物部分）"对居民部门财产收入的核算。国外投资者的投资收益来源于"2007 年资金流量表（实物部分）"的"国外部门财产收入"。企业的资本收益反映的是资本要素收入分配给国内居民和国外投资者之后的留存收益（含税），因此为资本要素收入减去前面两项的余额。

5. 居民账户。居民账户主要反映了居民的各项收入和支出。居民支出包括居民的消费和向政府缴纳的税收，剩下的作为居民储蓄。其中居民消费已经在商品账户中核算完毕，个人所得税取自于《中国 2008 年统计年鉴》中的"中央和地方财政主要收入项目（2007 年）"。居民储蓄来自"2007 年资金流量表（实物部分）"。居民收入包括劳动所得、资本收益、从国外获得的支付和从企业得到的转移性支付。居民的国外收益取自《中国 2008 年统计年鉴》中的 2007 年国际收支平衡表，即经常转移中的其他部门的净收益。企业对居民的转移性支付为该账户的平衡项。

6. 企业账户。企业账户刻画了企业的收入和支出。这里企业的收入是指对要素进行分配后的收入，已经在资本账户中进行核算。企业的支出包括对居民的转移支付、向政府交纳的直接税费以及剩余的企业储蓄。向政府交纳的直接税费取自《中国 2008 年财政年鉴》中相关项目的汇总，企业储蓄为该账户的余项。

7. 政府账户。该账户记录了政府的收入和支出。政府支出主要包括政府消费、对国外的支付以及政府储蓄。政府消费已经在商品账户中进行了核算，政府储蓄数据来自"2007 年资金流量表（实物部分）"，对国外的支付来自于《中国 2008 年统计年鉴》。从收入来看，进口税收、各种生产税以及个人所得税、企业直接税收已经分别在商品、活动、居民以及企业账户中进行了核算。政府的国外转移收入来自于《中国 2008 年统计年鉴》中的"2007 年国际收支平衡表"，即经常转移中的各级政府的转移收入。政府的债务收入为该账户的余项。

8. 国外账户。该账户记录了中国的对外经济联系。除"国外净储蓄（国外资本净流入）"之外的其他项目均已在前面的各账户中核算完毕，国外净储蓄是作为该账户的平衡项来处理的。

9. 资本账户。资本账户核算的是总投资和总储蓄。总储蓄中的各项储蓄反映了各账户的收支结余情况，均已在前面的各账户中加以说明，总投资表现为当前的固定资本形成和存货的净变动，这两项也在商品账户中说明了数据来源。

10. 存货变动账户。事实上，该账户可以与资本账户合并，在此单独列示只是为了区分总投资中的固定资本形成和存货的净变动，前面的各账户均已实现平衡的情况下，本账户自然也是平衡的。

以上提供的宏观 SAM 为描述整个宏观社会经济体系提供了一个全面、一致的框架，但是要进行政策分析需要更为翔实的数据，也就是要继续构造更为细化的微观 SAM，细化的微观 SAM 主要涉及生产部门、机构、生产要素以及税种的划分。

二、2007 年中国细化 SAM 的编制

（一）账户的细化

宏观 SAM 所能提供的信息非常有限，为了更加深入地研究问题，必须要对宏观 SAM 中的一些账户进行必要的细化，比如对产业部门、居民类型等进行划分。具体的细分程度需要根据研究问题的特点和数据的可获得性综合考虑。由于本书研究的是突发公共事件对各产业的影响程度，我们主要是对商品和活动账户进行细化，具体细化情况如下。

1. 商品和活动账户的细化。我们以国家统计局国民经济核算司编制的2007 年投入产出表的部门分类为依据，将商品和活动账户划分为 42 个部门。

2. 要素的细化。要素是进行物质资料生产必须具备的基本因素，我们根据经济学常用的划分标准将生产要素分为劳动力和资本两类。

3. 部门的细化。部门主要包括企业和居民，居民账户通常首先按照城乡区分，在城镇居民和乡村居民的基础上还可进一步细化。本研究针对产业部门进行乘数分析，故仅分"居民"和"企业"两类。

4. 其他账户的细化。其他账户包括政府、国外、资本账户和存货变动。其中将政府部门划分为政府补贴、预算外体制外、政府三类。

最终形成的 2007 年细化 SAM 是一个 95 × 95 的矩阵，下面给出 2007 年细化 SAM 的编制方法。

（二）细分账户经济含义及其数据来源

下面具体说明细化 SAM 中各子矩阵的数据来源，由于本研究主要对商品和活动账户进行了细分，因此仅说明相关细分账户的数据来源，其余数据与宏观 SAM 中的相应数据相同。编制细化 SAM 的主要数据来源有《中国 2007 年

投入产出表》、《中国 2008 年统计年鉴》、《中国 2008 年财政年鉴》、海关部门统计的进出口数据以及范金等（2010）所完成的 2007 年中国宏观社会核算矩阵中的部分数据等。

T（商品，活动）[①]：分解为 42 × 42 矩阵。表示每种生产活动的中间投入，由于宏观 SAM 中的数据取自投入产出表，因此直接将投入产出表的第一象限数据填入相应位置。

T（商品，居民）：分解为 42 × 1 矩阵。表示居民对各种商品的消费。由于宏观 SAM 表中的数据直接取自 2007 年投入产出表，这里的数据取自 42 部门投入产出表中相应的数据。

T（商品，预算外）：分解为 42 × 1 矩阵。表示公共部门对各种商品的自筹消费。以宏观 SAM 中的自筹消费（367 亿元）为控制数据，以 42 部门投入产出表中的政府消费部门比例进行部门分摊。

T（商品，政府）：分解为 42 × 1 矩阵。表示政府部门对各种商品的消费。数据录入方法同上。

T（商品，国外）：分解为 42 × 1 矩阵。表示 SAM 中各部门商品的出口额。详细数据取自 42 部门投入产出表中的相应数据。

T（商品，资本账户）：分解为 42 × 1 矩阵。表示各部门的资本形成额。这里的数据也是取自 42 部门投入产出表中的相应数据。

T（商品，存货）：分解为 42 × 1 矩阵。表示 SAM 中各部门的存货净增加。由于宏观表中的此项数据是作为商品账户的余项处理的，这里我们也作为各商品账户的余项处理。

T（活动，商品）：分解为 42 × 42 矩阵。由于 SAM 中假设一种生产活动只生产一种商品，所以该矩阵是一个对角阵。将对角线的各项元素输入投入产出表中各部门产出，其余元素为零。

T（政府，商品）：分解成 1 × 42 矩阵。表示政府对各种进口商品所征收的关税。宏观 SAM 表的关税项源自《中国 2008 年财政年鉴》预算、决算收支总表中的进口关税和海关代征的进口消费税、增值税。根据海关部门提供的进口数额和相应的进口税率，按照商品进出口的商品代码与投入产出表的部门代码对应，作适当的比例调整后汇总得出细化 SAM 表中各部门的进口关税数。

T（国外，商品）：分解成 1 × 42 矩阵。表示各种商品的进口额。取自 42 部门 IO 表中的相应数据。

---

① 表示商品行和活动列矩阵，下同。

T（劳动，活动）：分解为 1×42 矩阵。表示劳动力要素从各项生产活动中所取得的报酬。由于宏观 SAM 中的数据直接取自投入产出表，因此直接将投入产出表中各部门劳动者报酬数据填入相应位置。

T（资本，活动）：分解为 1×42 矩阵。由于宏观 SAM 中的数据（274.06亿元）直接取自投入产出表，并且在平衡过程中并未改变，因此将 42 部门 IO表中的固定资产折旧与营业盈余之和填入相应位置。

T（政府，活动）：分解为 1×42 矩阵。表示政府从各类活动中所征收的生产税。这里以宏观 SAM 表中的数据为总量控制数据，以投入产出表中各部门生产税净额为结构进行分解。

T（政府补贴，活动）：分解为 1×42 矩阵。表示政府对各类生产活动所进行的亏损补贴和价格补贴。数据录入方法同上。

T（预算外，活动）：分解为 1×42 矩阵。表示政府的各项预算外收费。以各部门生产税净额扣除前面两项后的余额为结构数据来推算各部门的其他生产税和预算外收费。

根据上述方法我们最终建立了 2007 年细化社会核算矩阵①，细化 SAM 既可作为建立 CGE 模型的数据标定基础，也可结合该矩阵对相关问题进行分析。

三、基于细化社会核算矩阵的突发公共事件产业影响分析

（一）模型说明

为了研究问题的需要，我们作出以下假设：首先，我们在此不区分突发公共事件的类型，即假设各类突发公共事件对经济体的作用模式是相同的。其次，我们假设突发公共事件通过外生账户作用于内生账户，所谓外生账户，是指其价值量由外生决定的部门，也是冲击直接来源的部门，而内生账户则是指部门的投入和产出受其他部门影响，由经济活动内生决定的账户。最后，不变价格的假设，即突发公共事件主要对内生账户的产量产生影响，即经济体存在充足的资源保证供给。

通过将 SAM 中的账户分为内生账户和外生账户，就可以利用社会核算矩阵的乘数分析方法来考察突发公共事件对整个经济系统的影响。鉴于我们研究的目的，这里设定 4 个内生账户——活动、商品、要素和部门（包括居民和企业），而政府、资本和国外等账户统一归结为一个外生账户。下面我们用一个简化的社会核算矩阵（见表 5-3）来说明模型原理。

---

① 由于细分 SAM 结构数据库较大，限于篇幅未能在文中列出，如有需要可与作者联系。

表 5 - 3　　　　　　　　　　　简化的社会核算矩阵示意图

收入 ＼ 支出		内生账户			外生账户	合计
		1. 活动	2. 要素	3. 部门		
内生账户	1. 活动	T_{11}	T_{32}	T_{13}	X_1	y_1
	2. 要素	T_{21}		T_{33}	X_2	y_2
	3. 部门				X_3	y_3
外生账户		L_1	L_2	L_3	L_X	y_4
合计		Y'_1	Y'_2	Y'_3	Y'_4	

在以分块矩阵表示的 3×3 的内生账户区域中，T_{11} 反映了生产活动之间的中间投入需求；T_{13} 反映了居民和企业对商品的支出；T_{21} 反映了生产活动创造的增加值在要素中间的分配；T_{32} 反映了要素收入在不同类别居民和企业之间的分配模式；T_{33} 反映了收入在部门内部，即企业和各组居民之间的转移。

类似于投入产出模型中的直接消耗系数矩阵，在 SAM 中可以定义平均支出倾向矩阵，该矩阵中各元素的值通过内生账户中的每个元素除以其所在列的合计值得到，以 A_n 表示。依照简化 SAM 中 3×3 内生账户的形式对 A_n 进行分块，得到：

$$A_n = \begin{bmatrix} A_{11} & 0 & A_{13} \\ A_{21} & 0 & 0 \\ 0 & A_{32} & A_{33} \end{bmatrix} \qquad (5-2)$$

由于在 SAM 中存在着行和等于列和的关系，内生账户的总收入 y_n 可表示为

$$y_n = A_n y_n + X = (I - A_n)^{-1} X = MaX \qquad (5-3)$$

式中，I 为单位矩阵，$y_n = [y_1 y_2 y_3]^T$，$X = [X_1 X_2 X_3]^T$。

Ma 称为账户乘数矩阵，反映了社会核算矩阵中各账户间的基本关联，Ma 中的第 (i,j) 个元素 Ma_{ij} 反映了突发公共事件所导致的外生需求变动对内生账户所产生的总效应。那么基于 SAM 的部门总产出乘数 f_j 可以定义为

$$f_j = \sum_i Ma_{ij} \qquad (5-4)$$

由此，我们就可以考察各生产活动受到突发公共事件冲击时对产出的总影响。突发公共事件首先通过外生账户使得某一生产部门的外生需求发生变动，这会对该部门产生直接的影响，而该生产部门由于投资带来的生产需求通过各内生账户之间的完全联系，会进一步对其他内生账户产生层层的间接影响。我们假设突发公共事件导致生产活动中某一账户外生需求的变动为 ΔX_j，基于公

式 (5-4)，对各账户总产出的影响可表示为

$$\Delta Y_j = f_i \Delta X_j \tag{5-5}$$

为了更为深入地考察突发公共事件所造成的直接影响、间接影响和引致影响，可以对 Ma 进行分解，引入一个与具有相同维度并且可逆的对角矩阵 $\overline{A_n}$，可以推导出：[①]

$$y_n = (I - A^{*3})^{-1}(I + A^* + A^{*2})(I - \overline{A_n})^{-1}x \tag{5-6}$$

式中，

$$A^* = (I - \overline{A_n})^{-1}(A_n - \overline{A_n}) \tag{5-7}$$

参考平均支出倾向的表达式，可以定义：

$$\overline{A_n} = \begin{bmatrix} A_{11} & 0 & 0 \\ 0 & 0 & 0 \\ 0 & 0 & A_{33} \end{bmatrix} \tag{5-8}$$

从公式 (5-6) 中可以看出，账户乘数矩阵 Ma 可以分解为三个矩阵乘积的形式，分别定义如下：

$$Ma_1 = (I - \overline{A_n})^{-1}, Ma_2 = (I + A^* + A^{*2}), Ma_3 = (I - A^3)^{-1} \tag{5-9}$$

式中，Ma_1 反映生产活动账户内部之间的乘数效应；Ma_2 反映的是机构账户内部之间的乘数效应，Ma_3 反映内生账户之间收入流循环关系。还可以将上面的乘积形式写成加法形式：

$$Ma = I + (Ma_1 - I) + (Ma_2 - I)Ma_1 + (Ma_3 - I)Ma_2Ma_1 \tag{5-10}$$
$$= I + O + T + C$$

式中，I 表示初始的单位注入；T 表示转移乘数效应的净贡献，刻画了突发事件冲击的账户内部的直接转移效应；O 表示开环乘数效应的净贡献，刻画了突发公共事件造成的三类内生账户之间的相互关系，如当某一生产部门受到突发公共事件冲击时对居民收入产生的影响；C 为闭环乘数效应的净贡献，刻画了收入流在内生账户之间的循环流动。

（二）计算结果及分析

在细化社会核算矩阵的基础上，用账户的中间流量除以其所在列的合计值，就得到平均支出倾向矩阵 A_n，并可进一步求得账户乘数矩阵 Ma。再根据公式 (5-9) 和公式 (5-10) 可以求得转移乘数效应、开环乘数效应以及闭环乘数效应矩阵。[②] 利用乘数矩阵可以考察某一个内生账户受到突发公共事件

[①] 王其文，李善同. 社会核算矩阵：原理、方法和应用 [M]. 北京：清华大学出版社，2008.
[②] 由于矩阵较大，限于篇幅，未在文中列示，如需详细计算过程请与作者联系。

的冲击将会产生怎样的连带影响，以及 2 116（46×46）组账户间的作用关系（见表 5 - 4）。

表 5 - 4 账户乘数总效应及其分解

部门	总效应	净效应	转移效应	开环效应	闭环效应
公共管理和社会组织	6.2344	5.2344	1.1264	1.7631	2.3449
纺织业	6.2015	5.2015	2.1428	1.4495	1.6092
农林牧渔业	6.1880	5.1880	0.9210	1.7035	2.5635
纺织服装鞋帽皮革羽绒及其制品业	6.1851	5.1851	2.1496	1.4379	1.5975
木材加工及家具制造业	6.0402	5.0402	1.9820	1.4726	1.5856
教育	6.0304	5.0304	1.0770	1.7390	2.2144
建筑业	5.9861	4.9861	2.0837	1.4648	1.4376
卫生、社会保障和社会福利业	5.9774	4.9774	1.7608	1.5286	1.6880
食品制造及烟草加工业	5.9242	4.9242	1.6172	1.4813	1.8258
工艺品及其他制造业	5.8660	4.8660	1.9368	1.4108	1.5184
电力、热力的生产和供应业	5.8418	4.8418	1.9125	1.5829	1.3464
水利、环境和公共设施管理业	5.7256	4.7256	1.2117	1.7199	1.7940
住宿和餐饮业	5.7129	4.7129	1.4486	1.6172	1.6471
水的生产和供应业	5.6858	4.6858	1.3952	1.6543	1.6364
金属制品业	5.6704	4.6704	2.1465	1.3256	1.1983
非金属矿物制品业	5.6605	4.6605	1.2006	1.5378	1.9221
邮政业	5.6565	4.6565	1.8598	1.4451	1.3516
造纸印刷及文教体育用品制造业	5.5125	4.5125	1.8747	1.3512	1.2866
煤炭开采和洗选业	5.4964	4.4964	1.3632	1.5313	1.6019
综合技术服务业	5.4822	4.4822	1.1182	1.6275	1.7365
交通运输设备制造业	5.3739	4.3739	2.0867	1.1614	1.1259
文化、体育和娱乐业	5.3586	4.3586	1.3316	1.4963	1.5307
居民服务及其他服务业	5.3449	4.3449	1.3416	1.6132	1.3901
非金属矿及其他矿采选业	5.2032	4.2032	1.4481	1.4008	1.3543
交通运输及仓储业	5.1529	4.1529	1.2778	1.5653	1.3098
金属冶炼及压延加工业	5.1247	4.1247	1.9993	1.1255	0.9999
电气机械及器材制造业	5.1186	4.1186	1.8825	1.2003	1.0358
化学工业	5.0641	4.0641	1.7958	1.1744	1.0939
燃气生产和供应业	5.0584	4.0584	1.5711	1.3022	1.1851
金融业	4.9150	3.9150	0.6772	1.7871	1.4506

续表

部门	总效应	净效应	转移效应	开环效应	闭环效应
通用、专用设备制造业	4.8998	3.8998	1.7544	1.1143	1.0311
信息传输、计算机服务和软件业	4.8499	3.8499	0.9307	1.6828	1.2365
租赁和商务服务业	4.8456	3.8456	1.4408	1.2542	1.1505
批发和零售业	4.8383	3.8383	0.9404	1.5706	1.3273
石油加工、炼焦及核燃料加工业	4.5080	3.5080	1.4634	1.0879	0.9567
房地产业	4.3146	3.3146	0.4043	1.7848	1.1255
研究与试验发展业	4.2978	3.2978	0.9804	1.0997	1.2177
通信设备、计算机及其他电子设备制造业	3.8269	2.8269	1.4063	0.7401	0.6806
金属矿采选业	3.6876	2.6876	0.9931	0.8739	0.8206
废品废料	3.5228	2.5228	0.2457	1.5415	0.7356
石油和天然气开采业	3.4166	2.4166	0.6583	0.9643	0.7940
仪器仪表及文化办公用机械制造业	3.2552	2.2552	1.0531	0.6156	0.5866

资料来源：利用 SAM 乘数模型计算得到的结果。

表 5-4 列示了所有产业部门的乘数计算结果，并按照账户乘数总效应的大小由上而下排列。该表衡量了部门产出变动的经济效应，它的数值越大，说明由突发公共事件带来的产出变动越大，这里的突发公共事件可以是政策变动、国内需求、出口或自然灾害导致的固定资本减少等等。如表 5-4 中公共管理和社会组织部门的总产出乘数最大，为 6.2344，这表明突发公共事件对公共管理和社会组织部门的外生需求变动一个单位会使得总产出变动 6.2344 个单位，其中闭环净效应高达 2.3449 个单位，这是由于该部门的组成多为国家机构，因此一旦受到冲击会对各行各业产生影响。

从表 5-4 中可以看出，劳动密集型产业以及与其他产业具有较高关联度的产业都具有较高的产出乘数。如纺织业、农林牧渔业、木材加工和教育业，总效应都在 6 个单位以上，农林牧渔业产出乘数较高在于其解决了大量的就业问题，教育业的开环效应和闭环效应都比较大，表明教育业虽然与其他产业的直接关联不强，但是教育业能为其他产业提供人才输出。因而通过经济系统内部的循环影响，总影响较大。建筑业至化学工业的 23 个产业总产出乘数处于 5—6 个单位之间，这些产业中以重工业、轻工业和其他制造业为主，这样的乘数结构与我国仍处于工业化阶段的现状是相符的。金融业等 13 个产业的产出乘数较低，都在 5 个单位以下，可能是由于这些产业大都属于资本密集型或技术密集型的产业，与其他产业的联系较小。此外与我们的预期相反，房地产业的产出乘数并不是很高，只有 4.3146 个单位，这是由于房地产业和建筑业不同，建筑业能解决大量的就业问题，而房地产业的产出乘数较低可能与房地产业的服务业属性有关，因而并没有出现房地产业与其他行业之间关联度高，对国民经济带动作用明显的结果。

通过乘数分析，可以得到每一产业对其他产业的影响，这有助于政府进行突发公共事件应对，政府应该首先保证那些产出乘数较大的产业不受冲击或者少受冲击，这对于稳定国民经济的运行具有很大的意义。

（三）突发公共事件的产业间影响分析

为进一步了解某一产业受到突发公共事件冲击后对其他产业的组间影响，按照国民经济三次产业的划分，我们从每一大产业中选取一个代表性产业（分别为农林牧渔业、化学工业和金融业）作为外生冲击的起始端，分别计算了细化的账户乘数，用于衡量突发公共事件给不同终端账户带来的影响。由于账户数较多，我们只给出了排名最前的三个账户及排名靠后的三个账户，表5-5 给出了部分计算结果。

表5-5　　　　　　　　　　部分账户组间乘数结构

起始端	终端	总效应	转移效应	开环效应	闭环效应
农林牧渔业	农林牧渔业	1.418186	0.223534	0	0.194653
	食品制造及烟草加工业	0.33628	0.1444	0	0.19188
	化学工业	0.289515	0.162447	0	0.127067
	燃气生产和供应业	0.004274	0.000798	0	0.003475
	邮政业	0.002683	0.001154	0	0.001528
	公共管理和社会组织	0.000748	0.00046	0	0.000289
化学工业	化学工业	1.673346	0.619122	0	0.054224
	电力、热力的生产和供应业	0.173203	0.144111	0	0.029092
	农林牧渔业	0.156972	0.073907	0	0.083064
	水利、环境和公共设施管理业	0.003539	0.002042	0	0.001497
	邮政业	0.002126	0.001473	0	0.000652
	公共管理和社会组织	0.000461	0.000338	0	0.000123
金融业	金融业	1.111947	0.080158	0	0.031789
	食品制造及烟草加工业	0.134948	0.026367	0	0.108581
	农林牧渔业	0.134013	0.023863	0	0.11015
	研究与试验发展业	0.002726	0.001646	0	0.00108
	燃气生产和供应业	0.00255	0.000584	0	0.001967
	公共管理和社会组织	0.000655	0.000492	0	0.000163

资料来源：笔者利用 SAM 乘数模型计算得到的结果。

从表 5 - 5 可以看出，当农林牧渔业受到突发公共事件的影响发生 1 单位的初始冲击时，受影响最大的三个产业分别为农林牧渔业、食品制造及烟草加工业和化学工业。显然冲击对农林牧渔业自身的影响最大。另外，农林牧渔业为食品制造及烟草加工业提供原料，同时又是化学工业产品的主要使用方，所以对这两个账户的影响分别排在第二位和第三位。燃气生产和供应业、邮政业、公共管理和社会组织受冲击影响则较小。其中总效应主要来自于账户循环所产生的闭环效应，由于同属生产活动账户，所以开环效应均为零。当化学工业受到 1 单位的初始冲击时，受影响最大的三个产业分别为化学工业，电力、热力的生产以及供应业以及农林牧渔业，受影响较小的三个产业分别为水利、环境和公共设施管理业，邮政业以及公共管理和社会组织业。当金融业受到冲击时，受影响最大的产业为金融业、食品制造及烟草加工业和农林牧渔业，受影响较小的产业是研究与试验发展业、燃气生产和供应业以及公共管理和社会组织业。

基于以上分析结果，本研究可以得出如下政策建议：第一，当前阶段政府仍应加强农业部门等 SAM 乘数较大产业的抗冲击能力，因为这些产业一旦受到冲击，会产生较大的总产出效应。第二，当某一产业受到突发公共事件冲击后，政府不仅应该立即针对该产业制定应对措施，而且应该立即对与该产业有较高 SAM 乘数的部门制定相关应对措施，尽量减少影响。第三，应进一步强调加速经济结构尤其是产业结构转型，因为结合 SAM 乘数表，我们可以发现我国经济还处于粗放型的增长模式、考虑到可持续发展的战略需要，转变经济增长模式、调整产业结构是势在必行的改革措施——这也解释了我国"十二五"规划为何特别强调"坚持把经济结构战略性调整作为加快转变经济发展方式的主攻方向"。

第三节　中国经济 CGE 模型的建立、参数估计及求解

本书所建立的 CGE 模型将整个经济系统划分为六个部门：农业部门、工业部门、建筑业部门、运输邮电业部门、商业饮食业部门和其他服务业部门。其中农业部门包括农林牧渔业；工业部门包括采掘业、制造业和电力、燃气及水的生产和供应业；运输邮电业部门是指交通运输、仓储及邮电通信业；商业饮食业部门包括批发和零售贸易业以及餐饮业；除此之外的包括金融保险业，房地产业，社会服务业，卫生、体育和社会福利业，教育、文化艺术及广播电

影电视业，科学研究和综合技术服务等归入其他服务业部门。这样划分的目的一方面是为了与 2007 年投入产出表的部门划分相一致，另一方面也是考虑到实际收集数据的可能性以及时间与可操作性，如果部门划分太详细，不仅数据收集上存在困难，而且随着部门划分的增加，其工作量也会大大增加，导致在有限的时间内无法很好地得出结论；而如果部门划分太少的话，与经济实际运行状况就会相差太远，得到的结论的有效性就会大打折扣。综合考虑了以上因素，本研究最终选择六部门模型作为本模型建立的基础。

一、CGE 模型的数学描述

一般说来，CGE 模型由价格方程、生产方程、收入方程、支付方程和宏观闭合方程等五类方程构成（Robinson，1999）。前四类方程是 CGE 模型对所描述的经济系统某一方面特征的定义，而宏观闭合方程则是 CGE 模型对其理论基础——Walras 一般均衡理论的反映。

（一）变量及参数说明

h：要素禀赋（劳动和资本）；

UU：效用；

X_i^p：第 i 种产品的消费量（ $X_i^p \geqslant 0$ ）；

FF_h：第 h 种要素的禀赋量（外生变量）；

p_i^d：第 i 个商品的消费价格（ $p_i^d \geqslant 0$ ）；

r_h：第 h 个要素的要素价格（ $r_h \geqslant 0$ ）；

α_i：效用函数的共享参数（ $0 \leqslant \alpha_i \leqslant 1$，$\sum_i \alpha_i = 1$ ）；

Z_j：第 j 种产品的总产量（ $Z_j \geqslant 0$ ）；

F_{hj}：第 j 个企业第 h 种要素的投入量（ $F_{hj} \geqslant 0$ ）；

p_j^s：第 j 种商品的供给价格（ $p_j^s \geqslant 0$ ）；

β_{hj}：生产函数中的产出弹性（ $0 \leqslant \beta_{hj} \leqslant 1$，$\sum_h \beta_{hj} = 1$ ）；

b_j：生产函数中的效率参数；

X_{ij}：第 j 个企业第 i 种产品的中间投入量；

Y_j：第 j 个企业的增加值；

ax_{ij}：直接消耗系数；

ay_j：1 个单位的总产出所需要的最小增加值；

p_i^q：第 i 种中间产品的价格；

p_j^y：第 j 个企业增加值的价格；

X_i^g：第 i 种商品的公共消费；

T_j：第 j 种商品的税收收入；

τ_j：以本币计量的第 j 种商品的税率；

S^g：公共储蓄；

μ_i：第 i 种商品的支出比例（$0 \leqslant \mu_i \leqslant 1$，$\sum_i \mu_i = 1$）；

S：私人储蓄；

S^f：以外币计量的外国储蓄（或国际收支平衡表中的经常项目赤字）；

X_i^v：第 i 种商品的投资需求；

ε：汇率（1 单位外币衡量的本币数量）；

λ_i：第 i 种商品的支出比例（$0 \leqslant \lambda_i \leqslant 1$，$\sum_i \lambda_i = 1$）

p_i^{We}：以外币衡量的第 i 种商品的出口价格（外生变量）；

p_i^e：以本币衡量的第 i 种商品的出口价格；

E_i：第 i 种商品的出口数量；

p_i^{Wm}：以外币衡量的第 i 种商品的进口价格（外生变量）；

p_i^m：以本币衡量的第 i 种商品的进口价格；

M_i：第 i 种商品的进口数量；

p_i^q：第 i 种复合商品的价格；

Q_i：第 i 种复合商品的产量；

D_i：国内生产的第 i 种商品的投入；

γ_i：Amington 方程的规模系数；

δm_i，δd_i：Amington 方程的分配系数（$\delta m_i + \delta d_i = 1$，$\delta m_i \geqslant 0$）；

η_i：替代弹性（$\eta_i = \dfrac{(\sigma_i - 1)}{\sigma_i}$，$\eta_i \leqslant 1$）；

σ_i：替代弹性（$\sigma_i \equiv - \dfrac{\dfrac{d(M_i/D_i)}{M_i/D_i}}{\dfrac{d(p_i^m/p_i^d)}{p_i^m/p_i^d}}$）；

θ_i：第 i 个企业转换函数的生产率参数；

ξe_i，ξd_i：第 i 个企业转换函数的共享参数（$\xi e_i + \xi d_i = 1$，ξe_i，$\xi d_i \geqslant 0$）；

φ_i：转换弹性的参数（$\varphi_i = \dfrac{(\psi_i + 1)}{\psi_i}$，$\varphi_i \geqslant 1$）；

ψ_i：第 i 个企业转换函数的转换弹性$\left(\psi_i \equiv \dfrac{\dfrac{d(E_i/D_i)}{E_i/D_i}}{\dfrac{d(p_i^e/p_i^d)}{p_i^e/p_i^d}} \right)$。

（二）模型方程

1. 价格模块

价格方程是 CGE 模型对价格的定义。其中对进口价格的处理，包含宏观经济学常用的"小国假设"，即本国经济对于世界经济而言只是很小的一部分，本国市场价格不影响国际市场的价格，本国在进出口业务中只能是国际市场价格的接受者。该假设同时也表明，进口商品的国际市场价格和出口商品的国际市场价格在 CGE 模型中被定义为外生变量。同时，模型将所有产品划分为三种，即进口品 M、国内生产且供国内消费品 D 以及国内生产且供出口品 E；并且，由 M 和 D 构成国内市场供给 Q，由 D 和 E 构成国内总产出 X。

$$p_j^s = ay_j p_j^y + \sum_i ax_{ij} p_i^q, \forall j \tag{5 - 11}$$

$$p_i^e = \varepsilon p_i^{We}, \forall i \tag{5 - 12}$$

$$p_i^m = \varepsilon p_i^{Wm}, \forall i \tag{5 - 13}$$

$$\sum_i p_i^{*e} E_i + S^f = \sum_i p_i^{*m} M_i \tag{5 - 14}$$

2. 生产模块

生产方程描述了模型的生产关系以及各种商品的供给情况。由生产方程组可以推导出部门产出、要素需求、进出口数量和产品市场的供给情况。本模型采用柯布—道格拉斯生产方程来描述部门增值额，采用阿明顿方程（Armington，1969）来描述在国内消费的进口品 M 与国内产品 D 的综合情况。

$$Y_j = b_j \prod_h F_{hj}^{\beta_{hj}}, \forall j \tag{5 - 15}$$

$$X_{ij} = ax_{ij} Z_j, \forall i, j \tag{5 - 16}$$

$$Y_j = ay_j Z_j, \forall j \tag{5 - 17}$$

$$F_{hj} = \frac{\beta_{hj} p_j^y}{r_h} Y_j, \forall h, j \tag{5 - 18}$$

$$Q_i = \gamma_i \left(\delta m_i M_i^{\eta_i} + \delta d_i D_i^{\eta_i} \right)^{\frac{1}{\eta_i}}, \forall i \tag{5 - 19}$$

$$M_i = \left[\frac{\gamma_i^{\eta_i} \delta m_i p_i^q}{(1 + \tau m_i) p_i^m} \right]^{\frac{1}{1 - \eta_i}} Q_i, \forall i \tag{5 - 20}$$

$$D_i = \left(\frac{\gamma_i^{\eta_i} \delta d_i p_i^q}{p_i^d} \right)^{\frac{1}{1 - \eta_i}} Q_i, \forall i \tag{5 - 21}$$

$$Z_i = \theta_i \left(\xi e_i E_i^{\varphi_i} + \xi d_i D_i^{\varphi_i} \right)^{\frac{1}{\varphi_i}} \tag{5-22}$$

$$E_i = \left[\frac{\theta_i^{\varphi_i} \xi e_i (1 + \tau_i) p_i^s}{p_i^e} \right]^{\frac{1}{1-\varphi_i}} Z_i, \forall i \tag{5-23}$$

$$D_i = \left[\frac{\theta_i^{\varphi_i} \xi d_i (1 + \tau_i) p_i^s}{p_i^e} \right]^{\frac{1}{1-\varphi_i}} Z_i. \forall i \tag{5-24}$$

3. 收入及支出模块

收入方程描述的是模型各行为主体——居民户、厂商、政府和国外部门的收入情况。不同的行为主体对应不同的收入，如居民户和厂商对应的是要素收入；政府对应的是各种税收收入，包括关税收入、间接税收入和所得税收入等；而国外部门对应的则是贸易收益，表现为外国储蓄。支付方程对所有经济主体的支出情况进行描述。居民户在可支配收入的约束下进行储蓄与消费；政府在政府预算的约束下按固定支付比例购买消费品；厂商则购买产品投资或存货投资，并进一步转化为对资本要素的需求。

$$T_j = \tau_j p_j^s Z_j, \forall j \tag{5-25}$$

$$T^d = \tau d \sum_h r_h FF_h, \tag{5-26}$$

$$T_i^m = \tau m_i p_i^m M_i, \forall i \tag{5-27}$$

$$X_i^g = \frac{\mu_i}{p_i^q} \left(T^d + \sum_j T_j + \sum_j T_i^m - S^g \right). \forall i \tag{5-28}$$

$$X_i^p = \frac{\alpha_i}{p_i^q} \left(\sum_h r_h FF_h - S - T^d \right). \forall i \tag{5-29}$$

$$S = ss \sum_h r_h FF, \tag{5-30}$$

$$S^g = ss^g \left(\sum_j T_j + \sum_i T_i^m + T^d \right) \tag{5-31}$$

$$X_i^v = \frac{\lambda_i}{p_i^q} (S + S^g + \varepsilon S^f). \forall i \tag{5-32}$$

4. 宏观闭合方程

市场出清条件定义了模型达到宏观闭合所必须满足的条件。在完全竞争市场体系中，这些均衡条件意味着市场出清，即在价格机制下，要素市场、产品市场都达到均衡。

$$Q_i = X_i^p + X_i^g + X_i^v + \sum_j X_{ij}, \forall i \tag{5-33}$$

$$\sum_j F_{hj} = FF_h, \forall h \tag{5-34}$$

二、模型参数的估计

在确定了模型的基本结构和方程体系之后，为了使模型能够进行模拟计算，我们还需要确定模型中涉及的参数。CGE 模型中涉及了大量的参数，如生产函数中劳动和资本的替代弹性，进出口的需求弹性、替代弹性，消费者消费函数的中的储蓄比率，政府和企业的转移支付比例以及各种税率的估计等。为了求解 CGE 模型，必须确定这些参数。我们以 2007 年中国宏观 SAM 为控制数据构建了六部门的细化 SAM，见表 5 - 6 所示。结合六部门细化 SAM、其他统计数据和已有的研究成果对本研究所建的 CGE 模型的参数进行估计。

总体来说，模型参数按估计方法可分为两类：第一类参数，这类参数可直接利用 SAM 进行点估计，一般是比率参数；第二类参数，一般是指某些函数中的参数，它们不能由 SAM 唯一确定。因此，在本研究中，我们主要通过两种途径来估计模型中的所有参数。第一，通过对基准年份的一致性数据校准而得到，主要是除弹性参数外的其他参数；第二，在他人已有研究的基础上进行一定的修正。

（一）校准法简述

所谓校准法，是指在 CGE 模型中使用基准均衡的数据集并满足模型的均衡条件来确定模型参数的一种方法。下面通过一个例子来对这种方法作一些说明。

例如，当我们采用柯布—道格拉斯生产函数时，$X = AL^\alpha K^{1-\alpha}$，如果我们能通过其他途径确定劳动力的产出弹性 α，则在基准年份，总产出 X、劳动投入 L、资本投入 K 已知，则参数 $A = \dfrac{X}{L^\alpha K^{1-\alpha}}$。校准方法的优点主要表现在以下几个方面：第一，也是它最大的优点，就是它对数据要求较低，只需要有一个观测值；第二，是其简单性，即校准可使独立未知的参数很容易得到，且对于计量经济学方法而言，它具有最小的计算和数据要求；第三，如果我们对模型参数的估计值作敏感性分析，其结果将在一定程度上弥补校准方法不能进行计量经济学方法中的统计检验的缺点；第四，校准方法能满足基准均衡期的一致性要求。

校准方法的主要缺点体现在以下几个方面：第一，CGE 模型的参数相当多，但我们能够对经济系统进行的观测次数是非常有限的，由少数几次观测值确定的参数往往只适合短期均衡的情况，在长期的均衡模型中，参数值可能会失效。第二个缺点是，校准法不仅要使用政府统计部门公布的数据，还需要借

表5-6

中国2007年六部门细化社会核算矩阵

单位：亿元

收入 ＼ 支出

收入＼支出	农业	工业	建筑业	运输邮电	商业饮食	其他服务	资本要素	劳动力	居民	资本	政府	间接税	关税	国外	汇总
农业	6 877	24 657	259	380	1 785	388			11 156	340	5 110			666	51 619
工业	10 248	326 100	37 925	13 088	8 850	25 046			38 617		46 618			81 199	587 693
建筑业	11	160	598	137	128	966			932		59 602			409	62 944
运输邮电	970	13 724	5 677	3 090	3 192	3 985			5 391	1 622	1 836			4 478	43 965
商业饮食	852	12 336	2 023	1 209	1 407	5 390			13 496		2 713			4 744	44 171
其他服务	1 275	17 902	1 726	3 553	5 387	11 517			26 961	33 228	4 486			4 045	110 080
资本要素	1 430	56 183	5 308	14 039	12 352	28 166									117 478
劳动力	27 182	38 589	7 405	5 198	5 726	25 947									110 047
居民							117 478	110 047							227 525
资本									19 382			38 517	7 590		65 489
政府									111 590	30 296				-21 520	120 366
间接税	48	25 210	1 800	1 767	4 820	4 872									38 517
关税	397	7 189	221	1 503	523	3 802									7 590
国外	2 328	65 643													74 020
汇总	51 619	587 693	62 944	43 965	44 171	110 080	117 478	110 047	227 525	65 489	120 366	38 517	7 590	74 020	

资料来源：《中国2007年投入产出表》、《中国2008年统计年鉴》、《中国2008年财政年鉴》、国务院发展研究中心网站等。

助于其他外生变量，而这些外生变量是不能由校准法本身求出的，这就使得校准法的应用要依赖于对一些弹性的测算的先期研究，如果这方面的研究和信息比较缺乏的话，就会给建模者带来比较大的困难。尽管校准方法有以上所述的一些缺陷，但目前它仍是 CGE 模型中确定参数的主要方法。

由于 SAM 所描述的经济系统处于均衡状态，因此我们可以用基年 SAM 中的数据作为模型参数估计过程中的基年均衡观测值。

（二）比率参数的标定

对于价格方程中的进口关税率、间接税率、投入产出直接消耗系数，生产方程中的各固定资产投资的部门份额，收入模块中的居民所得税税率、企业缴纳的直接税，支付方程中的居民边际消费份额，以及政府的边际预算份额，直接来源于 2007 年投入产出表，以及根据社会核算矩阵中的数据估计得出。这一类参数的估计可在 GAMS 软件中通过编程实现，我们在此不再给出具体的参数值。

（三）各类弹性参数的估计

由于 SAM 不能提供模型中各类弹性值的具体数值，而且模拟结果对这些弹性值普遍比较敏感，因此参数的确定实际等同于关键弹性值的估计。通常 CGE 模型中有两类弹性值需要在校准之前外生设定：一是生产要素之间的替代弹性，二是贸易函数中的弹性。

1. 生产函数参数值估计

对于生产函数，我们采用的是 C – D 函数，并假定规模报酬不变：

$$Y_j = b_j \prod_h F_{hj}^{\beta_{hj}}, \forall j \tag{5 – 35}$$

在运用该种形式的生产函数的时候，需要估计的参数主要有资本和劳动的产出弹性 β_{hj}，以及效率系数 b_j。对于劳动和资本的弹性，我们采用了 Zhuang（1996）的方法，即资本的弹性为资本的报酬除以扣除生产税净额的部门增加值，b_j 采用校准法得出。参数估计结果如表 5 – 7 所示。

表 5 – 7　　　　　　　　　　生产函数参数值

部门	资本投入	劳动投入	资本产出弹性	效率系数
农业	1 430	27 182	0.05	1.220
工业	56 183	38 589	0.593	1.966
建筑业	5 308	7 405	0.418	1.973
运输邮电业	14 039	5 198	0.730	1.792
商业饮食业	12 352	5 726	0.683	1.867
其他服务业	28 166	25 947	0.521	1.998

资料来源：笔者通过《中国 2007 年投入产出表》以及 2007 年 SAM 计算得出。

2. 贸易函数中的参数值

模型分别用阿明顿方程和 CET 方程处理外贸交易。方程（5-36）假设进口商品和国产商品之间存在一种常替代弹性关系，并用常替代弹性（CES）函数定义部门产品 Q_i 为进口商品 M_i 和国内产品 D_i 经 CES 变换后的综合商品。其中，γ_i 为阿明顿方程的规模系数，δm_i 为阿明顿方程的分配系数，η_i 为阿明顿方程的弹性系数。

$$Q_i = \gamma_i \left(\delta m_i M_i^{\eta_i} + \delta d_i D_i^{\eta_i}\right)^{\frac{1}{\eta_i}}, \forall i \qquad (5-36)$$

方程（5-37）为常转换弹性（CET）函数，表明国内生产的部门综合产品 Z_i 是由出口产品 E_i 和国内市场销售产品 D_i 通过 CET 转换后的综合。其中，θ_i 为方程的规模系数，δe_i 为 CET 方程的要素分配系数，φ_i 为 CET 方程的弹性系数。

$$Z_i = \theta_i \left(\xi e_i E_i^{\varphi_i} + \xi d_i D_i^{\varphi_i}\right)^{\frac{1}{\varphi_i}} \qquad (5-37)$$

我们这里采用校准法来确定方程（5-36）和方程（5-37）中的参数。份额系数利用进口数量和国内生产数量占总的复合品的比例即可以求出；弹性系数主要参考了 Robinson（1982）和 Zhuang（1992）的参数估计值；在确定了份额系数和弹性系数之后，规模参数可以结合 SAM 用校准法计算出来。参数估计结果如表 5-8 所示。

表 5-8　　　　　　　　　贸易函数参数值

部门	γ_i	δm_i	η_i	θ_i	δe_i	φ_i
农业	0.5	0.205	1.496	4.505	0.895	1.5
工业	0.5	0.302	1.755	2.237	0.698	1.5
建筑业	0.5	0.056	1.119	5.476	0.925	1.5
运输邮电业	0.5	0.166	1.383	2.470	0.744	1.5
商业饮食业	0.5	0.104	1.229	2.276	0.741	1.5
其他服务业	0.5	0.162	1.372	3.201	0.834	1.5

资料来源：根据 Zhuang 的设定值以及 SAM 表计算结果得出。

需要注意的是，模型中的所有参数确定后需经复制性检验，即检验这些参数确定的初始 CGE 模型是否仍以基年均衡观测值为其均衡解。只有初始 CGE 模型的解与基年均衡观测值一致时，模型参数的标定才算完成，否则需调整参数，直到满足要求为止。一旦模型参数的估计完成，就得到一个完整的确定的可用于情形模拟的数值化的 CGE 模型。

三、CGE 模型的求解

CGE 模型的计算问题一直是一个难题。随着 CGE 模型规模的逐渐增大，对模型对象描述逐渐细致，由静态模型向动态模型、由单国模型向多国模型发展的需要，对计算提出了更高的要求。20 世纪 80 年代至今，随着计算机技术的飞速发展，经过大量数学家的努力，针对 CGE 模型建模求解的功能更强大的新计算理论与程序不断出现，如通用数学建模系统（Generalized Algebraic Modeling System）、一般均衡建模工具包（General Equilibrium Modeling Package）和一般均衡数学编程系统（Mathematical Programming System for General Equilibrium, MPSGE），使建立大规模、超大规模的 CGE 模型成为现实。这些现成的计算软件使得建模者可以对建模的细节无须多考虑而着重于模型的设定与基准数据集的准备。在上述计算软件中，GAMS 使用得最为广泛。

GAMS 是由世界银行开发的一种针对线性、非线性和混合整数优化模型建模需要的通用建模系统，特别适合于求解大规模、复杂的、需要进行很多调整和处理流程才能建立的精确数学模型。它有很多优良的特性，比如说具有良好的通用性，可以在个人电脑、工作站、服务器甚至超级计算机上使用；可以让用户集中建模；能简明、准确地描述建模对象的各种特性；具有高度的自动生成功能；建模者可以根据 GAMS 系统指出的错误及其类型很方便地进行相应调试等等。由于 GAMS 成本较为昂贵，目前仍是国外通行的 CGE 建模求解工具，而国内研究者使用相对较少。本课题组利用 GAMS V23.5.1 对所建立的 CGE 模型进行求解。

（一）CGE 模型求解原理及 GAMS 编程

1. CGE 模型求解原理

从一般均衡的内涵来看，CGE 模型可以通过替代压缩成要素和产品市场的超额需求方程。即如果对要素具有超额需求，则要素价格升高，对产品具有超额需求，则产品价格升高；反之，如果要素具有超额供给，则要素价格降低，产品具有超额供给，则产品价格降低。如此反复，最终的结果是找到一组均衡价格，使得要素和产品市场既不存在超额需求也不存在超额供给。而这样一组均衡价格在空间上就是一个点，并且这个点在既定的经济条件下是存在的，并且是"不动"（fixed）的。这样，CGE 模型的求解问题就简化成不动点问题。

求解压缩方程后的模型的实际数学算法就是 CGE 模型的求解算法。事实上，所有求解算法都遵循相同的一般程序。首先，从一些满足价格规范规则的工资和价格的初始集开始，计算要素和产品市场的超额需求（超额供给）；然后，根据计算出的超额需求（超额供给）修正要素和产品价格。将这样的工作进行重复迭代，直至求得一组要素和产品价格，使得超额需求（超额供给）趋于零，达到均衡点。

目前在求解 CGE 模型中所采用的算法主要有三种：非线性规划法（Nonlinear Programming）、Johansen 法以及混合互补问题（Mixed Complementarity Problem，MCP）方法。本研究采用非线性规划法来求解 CGE 模型。

2. GAMS 编程

求解 CGE 模型的 GAMS 系统程序包括集合定义、参数定义及赋值、校准、变量定义、赋予变量初值、方程定义及输入、模型定义及求解、模拟结果输出。应该指出的是，根据我们的实际编程经验，在具体编程工作中，需要特别注意以下几个问题：

（1）GAMS 不允许在程序的任何地方出现中文字符，否则系统将出错；

（2）每一个命令，如 parameter（s）下可以一次定义多个常量，但这些常量之间一般用逗号分开，以便阅读与纠错；

（3）不同命令之间，如 parameter（s）定义完常量后，接着用 variable 定义变量前，要用分号分开；

（4）不同的方程之间要用分号分开。

（二）主要均衡解及模型检验

本模型在经过参数调整后，计算出了模型内生变量的均衡解。由于我们设定的内生变量较多，我们只列示了主要均衡解，见表 5 - 9、表 5 - 10 和表 5 - 11。该解是以 2007 年中国经济数据为基准数据，得到模型的均衡解，表明在市场出清与宏观闭合情况下，整个经济系统应处于的状态。模型求出均衡解后，需要把均衡解与原社会核算矩阵数据进行对照，以检验由这些参数确定的初始 CGE 模型是否仍以基准年的均衡观测数据为均衡解。只有模型均衡解与基准数据一致，或者说只有模型以基准年观测数据为均衡解时，才证明所标定的模型参数是可使用的。如果对比后误差很大，则需要调整参数值，直到满足要求，才可以用于模拟经济变动状况。除此之外还要进行价格齐次性检验，CGE 模型中的价格都是相对价格。需求和供给函数对于价格是零阶齐次的。通常一个价格和价格指数被外生设定作为价格规范因子（Numeraire），以确定整个模型的绝对价格水平。本研究选择劳动力价格作为价格规范因子，其他价格都是相对它来度量的。将模型的价格因子作整数倍变化，运行模型求解，检验模型解中的所有价格变量是否以同样整数倍变化而所有数量变量保持不变。

如果是，说明模型通过价格齐次性检验，否则就不能通过价格齐次性检验，需重新校验模型的方程定义，确保各方程定义无误。

表5-9为总产出和居民消费均衡解与基期值对照表。从该表可以看出，各部门的总产出和居民消费均衡解和基期值完全一致，表明建立的模型较为可靠。

表5-9　　　　　　　总产出和居民消费均衡解与基期值对照表

部门	部门产出均衡解（亿元）	部门产出基期值（亿元）	差额	居民消费均衡解（亿元）	居民消费基期值（亿元）	差额
农业	48 845	48 845	0	11 156	11 156	0
工业	489 651	489 651	0	38 617	38 617	0
建筑业	60 921	60 921	0	932	932	0
运输邮电业	40 694	40 694	0	5 391	5 391	0
商业饮食业	38 827	38 827	0	13 496	13 496	0
其他服务业	101 405	101 405	0	26 961	26 961	0

资料来源：通过 CGE 模型计算得出。

表5-10为部门进出口的均衡解与基期值对照表，在该表中，均衡解和基期值完全一致，表明建立的模型效果比较好。

表5-10　　　　　　　进出口均衡解与基期值对照表

部门	进口均衡解（亿元）	进口基期值（亿元）	差额	出口均衡解（亿元）	出口基期值（亿元）	差额
农业	2 328	2 328	0	666	666	0
工业	65 643	65 643	0	81 199	81 199	0
建筑业	221	221	0	409	409	0
运输邮电业	1 503	1 503	0	4 478	4 478	0
商业饮食业	523	523	0	4 744	4 744	0
其他服务业	3 802	3 802	0	4 045	4 045	0

资料来源：通过 CGE 模型计算得出。

表5-11为价格规范因子增加1倍时各种价格变动情况。从表中可以看出，当价格规范因子上涨100%时，其他各种价格也基本上都上涨100%，个

别价格误差仅仅有0.001%，符合价格齐次性检验。

表 5 - 11　　　　　　　　　　　　价格齐次性检验

部门	p_i^d	p_i^m	p_i^q	p_i^e	p_i^q
农业	100.000	100.000	100.000	100.000	100.000
工业	100.001	100.001	100.001	100.000	100.000
建筑业	100.001	100.001	99.998	100.000	100.000
运输邮电业	100.001	100.001	100.001	100.001	100.001
商业饮食业	100.000	100.000	100.000	100.000	100.000
其他服务业	100.000	100.000	100.000	100.000	100.000

资料来源：通过 CGE 模型计算得出。

综合分析表 5 - 9、表 5 - 10 和表 5 - 11，我们发现绝大部分变量的均衡解与基准数据都是一致的，且模型通过了价格齐次性检验，这说明本模型计算出的解较好地再现了 2007 年中国的经济状态。同时证明该模型可以重复使用，具有稳健性，能够模拟突发公共事件对经济系统的冲击。

第四节　突发公共事件对中国宏观经济影响的模拟分析及政策建议

从上一节的求解结果来看，模型的拟合效果良好，可以用来模拟突发公共事件冲击的经济影响。本节分别设定情景条件，运用中国宏观经济 CGE 系统展开模拟，通过分析模拟结果，探讨不同类型的突发公共事件对消费、就业、投资、产出、进出口、税收等经济指标的影响，在此基础上与 IMPLAN 模型的分析结果进行比较，最后提出相应的政策建议。

一、突发公共事件对宏观经济影响的情景模拟

（一）资本减少的情景模拟

从前面的研究中我们可以发现，突发公共事件首先是通过直接毁损效应对宏观经济产生影响。我们在此假设突发公共事件会导致实物资本减少 10%，以此来进行情景模拟。模拟结果显示，当资本减少 10% 时，资本价格会增加 12.457%。表 5 - 12 为详细部门影响模拟结果，表中列表示部门，行表示经济变量。

表 5 – 12　　　　　　　　　　　资本减少 10% 的经济影响　　　　　　　　单位：%

经济变量	农业	工业	建筑业	运输邮电业	商业饮食业	其他服务业
居民消费	– 2.023	– 5.508	– 5.352	– 6.660	– 6.282	– 5.488
资本投入	– 13.775	– 9.704	– 12.537	– 9.071	– 9.405	– 10.648
劳动投入	– 3.034	1.545	– 1.642	2.256	1.881	0.483
部门产出	– 3.601	– 5.282	– 6.347	– 6.140	– 5.972	– 5.474
政府消费	– 1.997	– 5.483	– 5.326	– 6.635	– 6.256	– 5.463
出口	4.666	– 4.658	– 5.412	– 7.688	– 6.798	– 4.801
进口	– 11.430	– 6.135	– 7.285	– 4.197	– 4.937	– 6.195
产品价格	2.479	6.432	6.315	7.844	7.377	6.455
间接税	– 1.152	0.872	– 0.430	1.124	0.910	0.642
进口关税	– 5.365	0.293	– 0.936	2.363	1.573	0.229

注：表中数据为当资本减少 10% 时，其他各项经济指标的变动率。

资料来源：通过 CGE 模型模拟得出。

　　资本减少所带来的经济影响既有同向的也有反向的。从表 5 – 12 可以看出，资本减少对五个经济变量——居民消费、资本投入、部门产出、政府消费和进口都表现为同向影响，即资本减少会导致这些经济变量的减少。同时其对产品价格的影响主要表现为反向，即资本减少会提高产品的价格。此外，资本减少对劳动投入、出口、间接税和进口关税四个经济变量的影响既有同向的，也有反向的。

　　从同向影响来看，由于居民消费、资本投入、部门产出、政府消费和进口同资本有密切的正向联系，资本的减少会减少这些经济变量。在居民消费方面，运输邮电业受到的影响最大，资本减少 10% 会减少运输邮电业的居民消费 6.66%，农业的居民消费受到的影响最小，减少为 2.023%。这是因为运输邮电业需求价格弹性大，而农业需求价格弹性小。在资本投入方面，农业受到的影响最大，减少为 13.775%，运输邮电影响最小，减少为 9.071%。由于农业对资本的依赖较低，一旦资本受到冲击，资本价格上涨会大幅度减少农业中资本的投入，而商业饮食业对资本的依赖较高，资本投入的减少相对较少。在部门产出方面，建筑业产出减少最大，农业产出减少最少。这是因为建筑业属于资本密集型产业，对资本的要求较高，而农业在我国属于劳动密集型产业，对资本的要求较低。在政府消费方面，农业受到的影响最小，减少为 1.997%，运输邮电业受到的影响最大，减少为 6.635%。这是因为农业在整个政府购买中所占比例较小，而运输邮电业在整个政府购买中所占比例大。在进口方面，农业进口的减少幅度最大，为 11.43%，运输邮电进口减少最小，为 4.197%。这是因为我国农业自给率高，进口依存度相对较低，而对于技术密集度较高的运输邮电业，其对国外的高端技术有较高的进口依存度。

从反向影响来看，由于资本是决定产出的重要因素之一，资本减少会或多或少地减少产出，而产出的减少会减少产品供给，从而导致产品的价格上涨。见表 5 - 12 所示，资本减少 10%，所有部门的产品价格都出现了上涨。其中运输邮电部门的产品价格上涨幅度最大，农业产品价格上涨幅度最小，这是因为邮电运输部门的资本要素比例高，农业部门的资本要素比例低，资本减少造成运输邮电业的产出较农业出现更大幅度的减少，因而其价格也会较农业有更大幅度的上涨。

此外，资本减少对劳动投入、出口、间接税和进口关税四个经济变量的影响既有同向的，也有反向的。在劳动投入（就业）方面，资本减少对农业和建筑业的影响为同向，分别减少 3.304%、1.642%。对工业、运输邮电、商业饮食和其他服务等部门的影响表现为反向。这是因为农业和建筑业都为劳动密集型产业，资本减少会相应减少这些部门的就业机会。而工业、运输邮电业、商业饮食业等为资本—劳动替代型产业，资本减少可以用劳动来替代。在出口方面，工业、建筑业、运输邮电业、商业饮食业和其他服务业出口出现了减少，而农业出现了增加。这是因为除农业外，其他行业都对资本要求较高，资本存量减少会增加这些行业的生产成本，从而减少这些部门产品的出口。在间接税方面，农业和建筑业的间接税出现了减少，而工业、运输邮电业、商业饮食业和其他服务业的间接税出现了增加。这与间接税的转嫁性特点有关，农业和建筑业间接税不易通过提高其产品价格转嫁税负，征税空间有限，而其他如工业、运输邮电、商业饮食等易于通过提高产品或服务价格来转移税负，即使产出水平下降了，产品和服务价格的提高也能提高政府的间接税。在进口关税方面，资本的减少导致了农业和建筑业进口关税的减少，分别为 5.365%、0.936%，而导致了工业、运输邮电业、商业饮食业和其他服务业等部门进口关税的增加，分别为 0.293%、2.363%、1.573% 和 0.229%。这是因为工业、运输邮电业等进口依存度高于农业和建筑业，在遭受资本冲击后，这些部门商品的进口价格提价幅度远高于后者，在从价税制度下，前者出现了进口关税增加，后者出现了进口关税减少。

（二）失业增加的情景模拟

突发公共事件一般都会直接或者通过传导路径间接影响到相关实体经济，对实体企业的收益造成冲击，进而对劳动力市场产生影响。例如美国金融危机发生后，仅 2008 年上半年，全国就有 6.7 万家中小企业倒闭，大量工人失业，出现了罕见的民工返乡潮。我们在此假设突发公共事件导致失业增加 10% 来进行情景分析，表 5 - 13 为模拟结果。

失业的增加主要变现为反向影响，即失业的增加导致了大部分经济变量的减少。也有些变量表现出双向影响，即失业的增加导致一些部门某些变量的增加，某些变量的减少。如表 5 - 13 所示，失业增加 10%，居民消费、劳动投入、部门产出、政府消费、出口、产品价格、间接税和进口关税等 8 个变量在 6 个部门中都表现出反向影响，失业的增加减少了这些部门的经济变量。资本投入和进口既有反向影响，也有正向影响，失业的增加使一些部门以上两个变量增加，使另外一些部门以上两个变量减少。

表 5 - 13　　　　　　　失业增加 10% 的经济影响　　　　　　　单位：%

经济变量	农业	工业	建筑业	运输邮电业	商业饮食业	其他服务业
居民消费	- 8. 198	- 4. 750	- 4. 904	- 3. 542	- 3. 919	- 4. 767
资本投入	4. 295	- 0. 115	0. 862	- 1. 130	- 0. 658	0. 700
劳动投入	- 7. 208	- 11. 131	- 10. 263	- 12. 035	- 11. 615	- 10. 407
部门产出	- 6. 665	- 4. 756	- 5. 775	- 4. 203	- 4. 268	- 4. 788
政府消费	- 8. 267	- 4. 822	- 4. 975	- 3. 615	- 3. 992	- 4. 839
出口	- 13. 102	- 4. 262	- 5. 586	- 1. 457	- 2. 294	- 4. 320
进口	0. 437	- 5. 433	- 5. 967	- 7. 507	- 6. 676	- 5. 290
产品价格	- 2. 542	- 6. 070	- 5. 918	- 7. 246	- 6. 882	- 6. 053
间接税	- 8. 901	- 10. 533	- 11. 350	- 11. 047	- 10. 757	- 10. 550
进口关税	- 5. 410	- 10. 938	- 11. 442	- 12. 892	- 12. 109	- 10. 804

注：表中数据为当失业增加 10% 时，其他各项经济指标的变动率。

资料来源：通过 CGE 模型模拟得出。

从反向影响来看，失业增加主要减少了各个部门的居民消费、劳动投入、部门产出、政府消费、出口、产品价格、间接税和进口关税等。这是因为失业增加，会减少一国的收入水平，从而减少居民和政府对商品的需求水平，进而对其他经济变量产生紧缩效应。在居民消费方面，失业增加 10%，对农业部门的居民消费影响最大，减少为 8. 198%，对商业饮食业的影响最小，减少为 3. 919%。这是因为农业部门收入水平最低，失业增加产生的收入效应最大，进而该部门的居民消费会大幅度减少。而商业餐饮业收入水平相对较高，失业增加所产生的收入效应相对较小。在劳动投入方面，失业增加对运输邮电业的影响最大，减少为 12. 035%，对农业的影响最小，减少为 7. 208%。因为失业增加会降低收入水平，而收入水平降低又会降低商品的需求水平，商品需求的减少会引致要素投入的减少。邮电运输业的产品较农产品有更高的需求弹性，在收入下降时，其需求较农产品有更大的下降幅度，引致其劳动投入更大的下降幅度。在部门产出方面，农业的下降幅度最大，为6.665%，运输邮电业下降幅度最小，为4.203%。这是由于农业在我国是劳动密集型产业，失业的增加直接会减少农业的产出。运输邮电业是资本密集型产业，失业的增加对其产出的影响不是很大。在政府消费方面，农业部门的政府消费下降最多，为8.267%，运输邮电业的政府消费下降最少，为3.615%。这是因为农业部门在政府消费中所占比例较小，而运输邮电业在政府消费中占比较大。在出口方面，农业出口减少幅度最大，为13.102%，运输邮电业出口减少幅度最小，为1.457%。这是因为农业产出受失业增加的影响最大，其出口也必然下降最多，而运输邮电业的产出受失业增加的影响最小，其出口下降相应会最少。在产品价格方面，运输邮电业的产品价格下降幅度最大，为7.246%，农业部门产品价格下降幅度最小，为2.542%。这是因为运输邮电业商品的需求弹性较大，农产品的需求弹性小，在收入减少时，对其产品的需求较农产品有更大的降幅。

在间接税方面，建筑业的间接税下降最多，为11.350%，农业的间接税下降最少，为8.901%。这可能是劳动对建筑业的产出效应大于农业的原因所致，失业增加造成建筑业的产出减少大于农业，进而使其间接税减少大于农业。在进口关税方面，运输邮电业受到的影响最大，减少为12.892%，农业受到的影响最小，减少为5.410%。这是因为我国农产品的进口依存度较低，而运输邮电业部门的进口依存度高，相应地，农产品的进口关税较低，运输邮电业的进口关税较高。

另外，失业增加双向影响资本投入和进口两个变量。在资本投入方面，失业增加反向影响工业、运输邮电业和商业饮食业，即失业增加10%，会造成工业、运输邮电业和商业饮食业资本投入的减少，分别为0.115%、1.130%和0.658%，而造成农业、建筑业和其他服务业资本投入的增加，分别为4.295%、0.862%和0.7%。在进口方面，除了农业外，其他行业的进口同失业增加反向变动。这是因为我国农业的劳动密集性远远高于其他行业，当失业增加时，农业的产出会大幅度下降，这需要通过扩大农业进口来弥补供给缺口。

（三）政府降低间接税税率的情景模拟

由于突发公共事件会对实体经济产生影响，政府往往会采取一些必要的财政政策来应对突发公共事件，如2007年全球金融危机发生后，中国政府就拿出了4万亿元投资的方案来应对金融危机。我们在此假设突发公共事件发生后政府降低间接税税率来进行情景分析。我们分两种情况进行讨论：第一种情况为突发公共卫生事件发生后政府对每个产业降低税率10%，第二种情况为政府对受冲击产业降低税率10%。我们以农业为受冲击产业为例进行模拟。表5－14和表5－15为模拟结果。

政府降低间接税对经济主要表现出正向效应，即减税有利于经济增长，这符合西方经济学的基本理论观点。

一方面，减税对居民消费、资本投入、劳动投入（就业）、部门产出、出口和进口的影响在不同产业间的分布差异较大。如表5－14所示，在居民消费方面，工业的居民消费增加最多，商业饮食业次之，农业的居民消费增加最少。这是因为减税增加了居民可支配收入，随着可支配收入的增加，居民在农产品中消费支出比重会逐步下降，而对工业和商业饮食业的支出会逐步提高。在资本投入方面，商业饮食业的资本投入增加最多，为0.734%，而农业的资本投入增加最少，为0.144%。运输邮电业和其他服务业的资本投入出现了减少，税收减少反而减少了这些部门的资本投入。在劳动投入方面，商业饮食业的就业增加最多，为0.792%，农业的就业增加最少，为0.203%。运输邮电业和其他服务业的就业却随着税收的减少而减少，这可能是由这些部门税收就业效应所致。在部门产出方面，商业饮食业和工业的产出因间接税降低增加较多，农业增加最少，为0.200%，运输邮电业和其他服务业的产出却出现了减少。这是因为商业饮食业、工业、建筑业和农业的税收产出效应大，而运输邮电业和其他服务业的税收产出效应小。在出口方面，商业饮食业的增加最大，建筑业的增加量最小，而农业、运输邮电业和其他服务业的出口出现了减少。在进口方面，农业增加最大，工业增加最小，而其他服务业的进口则出现了减少。

表5－14　　　　　　　　政府降低间接税税率10%的经济影响　　　　　　单位：%

经济变量	农业	工业	建筑业	运输邮电业	商业饮食业	其他服务业
居民消费	0.674	1.971	1.754	1.273	1.952	1.258
资本投入	0.144	0.572	0.377	－ 0.077	0.734	－ 1.504
劳动投入	0.203	0.631	0.436	－ 0.018	0.792	－ 1.446
部门产出	0.200	0.596	0.411	－ 0.061	0.752	－ 1.476
政府消费	－ 5.905	－ 4.693	－ 4.895	－ 5.345	－ 4.710	－ 5.359
出口	－ 2.354	0.680	0.068	－ 1.253	0.796	－ 2.765
进口	2.892	0.481	0.761	1.429	0.697	－ 0.067
产品价格	－ 0.639	－ 1.903	－ 1.903	－ 1.227	－ 1.886	－ 1.212
间接税	－ 10.341	－ 10.749	－ 10.904	－ 10.827	－ 10.037	－ 12.001
进口关税	0.977	－ 1.390	－ 1.115	－ 0.460	－ 1.178	－ 1.928

注：表中数据为政府降低间接税税率10%时，其他各项经济指标的变动率。

资料来源：通过CGE模型模拟得出。

另一方面，间接税税率的降低也减少了政府的税收，如间接税和进口关税，而税收的减少又会进一步降低商品的价格和政府的消费水平。这是因为间接税是转嫁税，它可以转嫁到商品的价格中，间接税的降低自然有利于商品价格的降低，而政府的消费水平又由税收收入决定，间接税税率的降低，降低了政府的财政收入，进而减少了政府的支出。

政府降低农业部门的间接税，其直接的作用是促进农业部门的经济增长。如表 5 - 15 所示，农业部门的居民消费、资本投入、劳动投入、部门产出和出口出现一定程度的增加，分别为 0.011%、0.007%、0.005%、0.005% 和 0.024%。间接作用是促进了与农业相关部门的经济增长，如工业、建筑业和商业饮食业等，在农业部门增长的基础上也出现了增长。农产品的价格没有因为间接税降低而降低，这与农产品的特殊性分不开。政府消费在农业部门间接税的减少下，对农业的消费出现了增加，对其他行业消费出现了减少。此外，其他部门的出口、产品价格、间接税和进口关税出现了不同程度的下降，运输邮电业和商业饮食业的进口出现了增加。

表 5 - 15　　　　政府降低农业部门间接税税率 10% 的经济影响　　　　单位：%

经济变量	农业	工业	建筑业	运输邮电业	商业饮食业	其他服务业
居民消费	0.011	0.001	0.003	0	0.001	0
资本投入	0.007	0	0.002	0	0	0
劳动投入	0.005	- 0.001	- 0.002	0	- 0.001	- 0.003
部门产出	0.005	0	0.001	0	0	0
政府消费	0.004	- 0.006	- 0.004	- 0.006	- 0.006	- 0.007
出口	0.024	0	0	- 0.003	- 0.002	- 0.005
进口	- 0.014	0	0	0.003	0.002	0
产品价格	0	0	0	0	- 0.001	- 0.001
间接税	- 7.914	- 0.003	0	- 0.002	- 0.002	- 0.004
进口关税	- 0.017	- 0.002	0	0	0	- 0.002

注：表中数据为降低农业部门间接税税率 10% 时，其他各项经济指标的变动率。

资料来源：通过 CGE 模型模拟得出。

（四）政府削减关税的情景模拟

在中国融入世界的过程中，中国一直实行有步骤的关税削减，并取消了一些不符合世界贸易组织的非关税措施，削减了多项农产品出口补贴。削减进出口关税一方面其自身可以作为一种突发公共事件，另一方面在许多情况下政府的削减关税行为也是应对突发公共事件的举措。由于本研究的 CGE 模型是在开放经济条件下建立的，我们可以用其来模拟分析政府削减进出口关税的经济影响。我们分别以政府削减所有部门进口税税率50%和仅削减农业部门进口税税率50%来进行模拟。

表5-16和表5-17列出了政府对所有部门削减进口税税率50%和对农业部门削减进口税税率50%的经济影响。从表5-16和表5-17可以看出，无论是对所有部门削减进口税税率还是对农业这一个部门削减税率，都对经济有积极的作用。对所有部门削减进口税税率，会增加这些部门的居民消费、资本投入、就业、部门产出和出口。在居民消费方面，工业增加最多，为4.402%，其他服务业增加最少，为1.305%。在资本投入方面，商业饮食业增加最多，为0.884%，建筑业业增加最少，为0.303%。在就劳动投入方面，商业饮食业增加就业最多，为1.361%，建筑业增加最少，为0.777%，农业和其他服务业就业出现了减少。在部门产出方面，商业饮食业增加最多，为1.035%，建筑业增加最少，为0.579%，农业和其他服务业的产出出现了减少。在出口方面，各行业都出现了增加，其中工业和建筑业增加最多，农业和其他服务业增加最少。对于产品价格，在削减进口税税率的作用下，各行业出现了不同程度的下降，其中工业产品价格下降最多，其他服务业的服务价格下降最少。对于进口间接税和进口关税，在进口关税税率削减的情况下，都出现了不同幅度的下降。

对农业部门单独削减进口关税税率，会相应地增加各行业的居民消费、资本投入、劳动投入、部门产出、进口和出口。在产品价格和间接税方面，只有农业部门出现了下降，其他部门反而上升。在进口关税方面，只有农业部门和建筑业出现了下降，其他部门都呈现出不同程度的上升。

表5-16　　　　　　　政府削减进口税税率50%的经济影响　　　　　单位：%

经济变量	农业	工业	建筑业	运输邮电业	商业饮食业	其他服务业
居民消费	2.303	4.402	3.006	1.685	1.487	1.305
资本投入	-1.239	0.766	0.303	0.700	0.884	-2.259
劳动投入	-0.772	1.243	0.777	1.176	1.361	-1.797
部门产出	-0.795	0.960	0.579	0.828	1.035	-2.038
政府消费	-7.663	-5.771	-7.029	-8.222	-8.400	-8.564
出口	1.719	7.010	6.314	3.799	3.559	0.329
进口	32.342	8.915	-6.829	-6.709	-12.815	-8.911
产品价格	-2.013	-3.980	-2.681	-1.417	-1.225	-1.047
间接税	-1.968	-1.875	-2.110	-0.564	-0.142	-3.140
进口关税	-99.618	-74.383	204.381	2 946.116	2 732.025	8 224.634

注：表中数据为削减所有部门进口税税率50%时，其他各项经济指标的变动率。

资料来源：通过 CGE 模型模拟得出。

表 5 - 17　政府削减农业部门进口税税率 50% 的经济影响　　单位：%

经济变量	农业	工业	建筑业	运输邮电业	商业饮食业	其他服务业
居民消费	1.232	0.192	0.147	0.045	0.092	0.067
资本投入	-1.764	0.211	-0.249	-0.004	0.006	-0.285
劳动投入	-1.324	0.659	0.198	0.444	0.454	0.161
部门产出	-1.346	0.393	0.011	0.117	0.148	-0.071
政府消费	0.675	-0.359	-0.404	-0.506	-0.458	-0.483
出口	-0.651	0.799	0.326	0.224	0.338	0.088
进口	34.066	-0.162	-0.307	-0.015	-0.088	-0.243
产品价格	-0.988	0.039	0.084	0.186	0.139	0.164
间接税	-1.452	0.435	0.097	0.308	0.297	0.093
进口关税	-99.613	0.082	-0.064	0.229	0.156	0

注：表中数据为削减农业部门进口税税率 50% 时，其他各项经济指标的变动率。

资料来源：通过 CGE 模型模拟得出。

（五）国际市场价格变动的情景模拟及分析

我国自 2001 年加入世界贸易组织以来，经济逐步由封闭型经济转向对外开放型经济，随着近几年对外贸易和合作不断深入，我国经济与世界经济的联系变得越来越紧密，对外依存度也越来越高。一方面，我国每年需要进口大量的原料、燃料等大宗商品和高端技术产品；另一方面，我国又需要将大量的在国内生产的产品出口到国外。在这样的经济模式下，国际市场的价格变动对我国经济的影响十分巨大。我们将运用 CGE 模型中的国际市场价格这一外生变量来模拟其经济影响，分别就出口产品国际市场价格上涨 10% 和农产品国际市场价格上涨 10% 进行模拟。表 5 - 18 和表 5 - 19 分别给出了各部门出口产品国际市场价格上涨 10% 和农产品国际市场价格上涨 10% 的经济影响。

出口产品国际市场价格上涨主要表现为正面效应，有利于我国经济的增长，这与我国出口导向型经济密不可分。国际市场价格上涨主要在两个方面对我国经济产生影响：一方面，出口产品国际市场价格上涨，有利于我国外汇收入的增加，这会带动我国居民消费、资本投入、劳动投入、政府消费、出口和进口的增加；另一方面，国际市场价格上涨，有利于提高我国出口产品的竞争力，从而增加我国出口水平。

表5-18　　　　各部门出口产品国际市场价格上涨10％的经济影响　　　　单位：％

经济变量	农业	工业	建筑业	运输邮电业	商业饮食业	其他服务业
居民消费	2.075	5.270	3.678	2.487	1.932	2.103
资本投入	-0.744	-0.712	5.108	0.335	0.610	0.060
劳动投入	0.716	0.684	5.138	0.363	0.638	0.088
部门产出	-0.717	-0.700	5.125	0.342	0.619	0.073
政府消费	0.483	3.628	2.061	0.888	0.342	0.511
出口	-1.990	2.446	8.186	0.231	-0.026	-0.750
进口	21.734	15.072	23.555	21.582	22.725	22.173
产品价格	-1.457	-3.903	-3.503	-2.038	-1.746	-1.678
间接税	-2.173	-4.289	1.452	-1.709	-1.176	-1.622
进口关税	8.344	2.415	9.965	8.209	9.226	8.735

注：表中数据为所有部门出口产品均上涨10％时，其他各项经济指标的变动率。

资料来源：通过 CGE 模型模拟得出。

　　如表5-18所示，各部门的居民消费、资本投入和劳动投入基本出现了增加。在居民消费方面，工业增加最多，为5.27％，商业饮食业出口增加最少，为1.932％。在资本投入方面，建筑业的资本投入增加最大，为5.108％。在劳动投入方面，建筑业增加最多，其他服务业增加最少。在部门产出方面，建筑业产出增加最多，为5.125％，其他服务业增加最少，为0.173％，而农业和工业的产出出现了减少。在进口和出口方面，各部门基本出现了增加，这是因为国际价格上涨，提高了我国出口产品的竞争力，增加了我国的外汇收入，而外汇收入的增加，又会提高我国的进口水平。在产品价格方面，各部门的产品价格都出现了下降，这表明国内产品价格同国际市场价格具有反向变动关系。在间接税方面，建筑业的间接税出现了增加，为1.452％，而其他部门的间接税都出现了不同程度的下降。在进口关税方面，各部门的进口关税都出现了增加，这是因为出口和进口的增加，带动了关税的增加。

　　农产品国际价格的上涨，对我国的经济影响主要表现为负面效应。农产品国际价格的上涨，增加了国内与国际大宗农产品相关产业的生产成本，从而对这些产业的生产产生不利影响。如表5-19所示，农产品国际价格的上涨，降低了各部门的资本投入、劳动投入、部门产出、政府消费、出口、间接税和进口关税。在资本投入方面，工业和运输邮电业出现了减少，其他部门资本投入出现了增加。在劳动投入方面，除了农业部门出现了增加外，其他部门的就业都出现了不同程度的减少。这主要是因为国际农产品价格上涨，增加了我国农业的竞争力，有利于该部门就业的增加。在部门产出方面，农业和建筑业出现了增加，其他4个部门都出现了下降。在政府消费方面，除了农业部门政府消费增加外，其他部门都出现了减少。在出口方面，除了农产品的出口增加外，其他部门的出口都出现了不同程度的下降。这是因为，国际农产品价格上涨，提高了我国农业的国际竞争力。在间接税和进口关税方面，大部分部门的相关税收都出现了下降，只有少数部门出现了增加。让人疑惑的是，各部门的居民消费都呈现出增加的态势，这表明我国居民消费受国际农产品价格上涨影响较小。我国国内商品的价格在农产品国际市场价格上涨时，都出现了下降，这和上述观察到的现象相似，表明国际市场价格同国内价格反向变动。

表5-19　　　　　　农产品国际市场价格上涨10%的经济影响　　　　　单位：%

经济变量	农业	工业	建筑业	运输邮电业	商业饮食业	其他服务业
居民消费	0.142	0.028	0.020	0.021	0.020	0.011
资本投入	0.479	-0.030	0.088	-0.008	0.008	0.021
劳动投入	0.360	-0.148	-0.030	-0.127	-0.111	-0.098
部门产出	0.366	-0.078	0.019	-0.040	-0.030	-0.036
政府消费	0.089	-0.025	-0.033	-0.032	-0.033	-0.042
出口	21.229	-0.185	-0.109	-0.154	-0.143	-0.179
进口	-0.064	0.069	0.148	0.101	0.110	0.118
产品价格	-0.203	-0.089	-0.081	-0.082	-0.081	-0.072
间接税	0.310	-0.168	-0.061	-0.127	-0.117	-0.108
进口关税	-0.207	-0.075	0.005	-0.043	-0.033	-0.026

注：表中数据为农产品国际市场价格上涨10%时，其他各项经济指标的变动率。

资料来源：通过CGE模型模拟得出。

二、CGE模型与IMPLAN模型结果的比较分析——以失业为例

由于CGE模型在分析突发公共事件对部门产出的影响时，得到的结果是各部门产出的变动率，而IMPLAN模型分析的则是各部门受到冲击后总产出变动的绝对值，所以，严格说来，两个模型不具有可比性，但我们仍可以以失业增加所造成的部门产出的变动为例，来分析比较两个模型的结果。由于我们CGE模型建立的基准数据来自于2007年，为了使数据具有可比性，我们同时

利用 2007 年中国投入产出表建立了 IMPLAN 模型①。

比较 CGE 模型与 IMPLAN 模型对失业所造成部门产出影响的分析，我们可以发现两个模型得出的结果有所不同。在 CGE 模型中，当失业增加 10% 的时候，对部门产出造成的影响按变动率从大到小排序分别为农业、建筑业、其他服务业、工业、商业饮食业和运输邮电业，说明在失业引起的经济影响中，农业部门产出所受影响最大，其次是建筑业和其他服务业。但是在 IMPLAN 模型中，农业部门受失业冲击的影响却相对较小，在各部门总产出变动的排行中排名比较靠后，建筑业排名居中前，总产出受影响最大的部门是石油加工、炼焦及核燃料加工业，这属于工业部门。而属于其他服务业部门的公共管理、旅游业和金融保险业排名都比较靠前，并且在 IMPLAN 模型中，住宿餐饮业和邮政业的排名都在农业部门的前边。

这种差异产生的原因在于这两种模型的原理不同。CGE 模型是一个一般均衡模型，它在经济的各个组成部分之间建立起了数量联系，使我们能够考察来自经济某一部分的扰动对经济另一部分的影响。这一模型经常被用来分析税收、公共消费变动，关税和其他外贸政策，技术变动，环境政策，工资调整，探明新的矿产资源储量和开采能力的变动等对国家或地区（国内或跨国的）福利、产业结构、劳动市场、环境状况、收入分配的影响。而 IMPLAN 模型则是一个投入产出模型，它所强调的是产业的投入产出联系或关联效应。CGE 模型能在整个经济约束范围内把各经济部门和产业联系起来，从而能够超越投入产出模型，这些约束包括对于政府预算赤字规模的约束，对于贸易逆差的约束，对于劳动、资本和土地的约束，以及处于环境考虑（如空气和水的质量）的约束等。

以农业为例，我国的农业部门一直属于劳动密集型产业，主要靠劳动力投入为主，资本化程度和技术创新都有限；但同时农业在产业部门中又具有基础地位，许多工业部门都以相关农产品作为原材料，又由于我国的特殊国情，农业部门具有很大的脆弱性，本身就容易受到突发公共事件冲击的不利影响，而在一般均衡分析中，我们还要考虑各部门、各经济指标之间的相互影响。从表 5-13 可以看出，当受到失业增加的冲击时，农业部门的居民消费、劳动投入、政府消费和出口就会有大幅的减少，这本身对属于劳动密集型产业的农业部门产出就很不利，农产品的价格变动率相对于其他产业部门产品价格的变动

---

① 基于中国 2007 年投入产出数据的 IMPLAN 模型建立方法与第四章模型相同，限于篇幅未在研究报告中列出，如有需要可与课题组联系。

率来说，虽然下降幅度不是很大，但因为我国的农产品价格长期以来处于偏低水平，所以价格下降对农业部门产出的不利影响也不容忽视。另一方面，失业的增加也减少了其他各产业部门的居民消费、劳动投入、政府消费和出口，由此造成的结果是许多以农产品为原材料的工业部门减产或停产，导致农业收入减少，农业部门产出下降；还有就是其他各产业部门劳动人口的收入下降，对农产品的购买力不足，也导致农业部门产出下降。这些都是农业部门产出受影响较大的原因。

因此，这两种模型有其各自的适用范围和不足，IMPLAN 模型的优点在于它能快速地找出突发公共事件的直接影响在各产业间的排名，并能计算出具体的冲击大小，不足之处在于该模型没有充分考虑突发公共事件对宏观经济影响的循环效应；CGE 模型的优点在于其考虑了突发公共事件对宏观经济影响的循环效应，但是由于这种影响产生的机制比较复杂，难以计算出突发公共事件直接冲击的大小。

三、政策建议

根据本节所构建的中国经济 CGE 模型的分析结果，我们认为政府在应对突发公共事件冲击时应该采取以下两种政策措施。

（一）实行有区别的产业保护政策

发生突发公共事件时，政府应尽量保护受不利影响最大的产业部门免受冲击，但基于我们前边的模拟分析，可以看出，不同的突发公共事件对不同产业部门造成的影响是不同的。因此，在实施应对突发公共事件影响的政策之前，需要认识到每一突发公共事件对各个产业部门所造成的可能影响的大小，针对不同的公共事件执行不同的应对政策。

如某种突发公共事件引起的资本减少，对除农业之外的其他产业部门的不利影响都较大，而如果突发公共事件引起的是失业增加，则对农业的不利影响最大。其主要原因可能在于目前我国的农业劳动密集程度较高，资本减少对其影响较小，而失业增加则影响较大；相反，工业、建筑业和服务业资本密集程度较高，资本的变化对这些产业影响较大。所以在分析了突发公共事件所产生影响性质的基础上，政府应当针对不同的突发公共事件出台不同的政策，而不能"一刀切"，搞全面的保护措施。

（二）应对突发公共事件的政策应服从于总体的宏观调控目标

从前边的分析中我们可以看到，不同的突发公共事件对不同经济指标所造成的影响也是不同的，如资本减少对资本投入、产品价格和资本密集型产业的产出和出口的不利影响较大；失业增加对居民消费、劳动投入、出口和劳动密集型产业的不利影响较大，但使产品价格相应地下降。而政府在进行宏观调控的时候，就是依据这些经济指标来确立调控目标的，如保障居民消费、保证资本投入、增加部门产出、确保税收收入、控制通货膨胀、促进出口等，可能不同的阶段会优先满足不同的目标，所以在应对突发公共事件的冲击时执行的各项政策也应当服从于政府的宏观经济调控整体目标。

因此，当发生突发公共事件引起的突发冲击时，首先应当明确哪些经济指标会受到较大影响，进而应明确当前阶段政府的宏观调控目标，在实施政策保证满足宏观调控目标的基础上，尽可能地减少各经济指标的不利影响，而不能一味地追求减少突发公共事件对经济指标所造成的不利影响。如当经济处于衰退阶段时，政府的首要目标是促进就业和经济增长，而刺激消费带动经济复苏也是一个需要优先考虑的目标，相反，抑制物价、调控通货膨胀的目标可以放在次要地位；而当经济处于过热阶段时，抑制物价、控制通货膨胀就应当是政府的首要目标。所以，在经济衰退或复苏阶段，当某些突发公共事件发生，产生不利影响时，政府的应急政策或应急方案就应当是保障居民消费、劳动投入和资本投入免受影响，如果突发公共事件已经对这些指标造成了不利的影响，政府也应当运用适当的政策来消除或减少这一不利影响。相反，当经济处于过热阶段时，政府应急政策的对象也要相应发生改变。

结　论

本书建立了一个适合我国国情的研究突发公共事件影响宏观经济的一般分析框架，探索出了一种方便实用的计量模型——IMPLAN 模型，并构建了中国经济的 CGE 模型，用于评价突发公共事件的宏观经济影响，提出了优化管理突发公共事件对我国宏观经济影响的政策建议。本书得出的主要结论如下：

突发公共事件来源、经济传导机制和经济影响结果的复杂性决定了突发公共事件经济影响的复杂性。突发公共事件的来源具有多样性、区域性和变异性，正是因为突发公共事件类源的这三个特征，使得来源不同、发生地区不同、发展变异情况不同的突发公共事件的宏观经济结果是不同的，所以突发公共事件的宏观经济影响是相当复杂的；突发公共事件经济影响的传导机制是复杂的，且各传导途径彼此之间关联错综复杂，这也使得突发公共事件的经济影响是非常复杂的。我们认为，突发公共事件经济影响的结果是复杂的，由于不同经济体的经济环境和非经济环境存在着差异，同一类突发公共事件发生在不同的国家，其经济影响是不一样的，与此时同，突发公共事件具有时间延续方面的复杂性。由于这些因素的综合作用，使得突发公共事件对宏观经济的影响非常复杂。

突发公共事件对宏观经济造成短期影响的路径可以分为三个层次：微观核心层、中观市场层和宏观变量层。突发公共事件发生后，微观经济主体的行为将会发生改变，进而影响到商品市场、要素市场、金融市场和国际市场并最终影响物价、利率、就业和产出等宏观经济变量。突发公共事件首先造成的就是生命和财富的直接毁损，虽然直接毁损并不大，但会对相关产业产生直接影响，然后通过路径传递到实体经济。由于突发公共事件会打破厂商的风险收益评价体系，导致厂商的投资决策和投资行为发生变化，这必然对劳动力市场产生影响。突发公共事件还通常会影响人们对特定商品和服务的消费从而改变该商品的供求关系，进而影响相关厂商的商品价格和盈利水平，对相关产业造成直接影响并影响关联产业的生产经营。通过进出口贸易额的改变，突发公共事件对经济的影响还会通过国际贸易途径在更广泛的范围内传导。突发公共事件会造成金融资产风险溢价突然改变，进而影响金融市场。此外，突发公共事件还会影响人们的风险偏好和消费与投资信心，从而对宏观经济造成冲击。

突发公共事件对宏观经济的长期影响是一个三阶段的过程：冲击阶段、解构阶段和重构阶段。在冲击阶段，突发公共事件对各类经济资源造成直接的冲击；在解构阶段，由于突发公共事件的发生，各类经济主体的决策与行为特征将发生改变，如果这些特征无法回复到事件发生前的状态，那么这些改变将对宏观经济造成长期影响；在重构阶段，各类经济主体的决策与行为特征将重新形成，这个新的特征体系与突发公共事件发生前的特征体系之间的差异即会对宏观经济造成长期影响。综合来看，这种影响既有总需求方面的，也有总供给方面的。通过理论和实证分析，我们发现突发公共事件主要通过生产技术、实物资本、人力资本、自然环境、消费、投资和政府购买这几条路径长期影响宏观经济。

本书完善了我国 IMPLAN 系统全国及地方数据库的建立方法，并编制成详细的方法说明；在此基础上建立了北京、上海、湖南、湖北、四川、浙江等省市的区域 IMPLAN 系统数据库，并一一通过了 IMPLAN 系统的调试，可以进一步用于突发公共事件经济冲击的建模分析；运用 IMPLAN 系统对不同区域的多个具体突发公共事件案例建模分析，对比了突发公共事件造成的经济冲击在不同区域、不同行业间的差异；通过模拟突发公共事件造成直接影响，对各区域的关键性行业和易遭受突发公共事件经济冲击的行业进行了分析。基于 IMPLAN 系统的分析结果，我们提出了在制定应对突发公共事件政策时应遵循的两个基本原则。第一，针对性原则。政策的制定要兼顾地区和行业的差异性，根据不同地区、不同脆弱性行业分别制定针对性的政策。第二，长期政策和短期政策相结合的原则。短期政策着眼于应对，根据不同行业受冲击的严重程度，从总需求角度实行政策调控；长期政策则着眼于预防，通过调整产业结构从总供给的角度实行调控政策。

本书还建立了中国经济的 CGE 模型，用于分析突发公共事件的宏观经济影响。构建了中国社会核算矩阵，并以宏观社会核算矩阵为控制数据，编制了细化的社会核算矩阵，并运用 SAM 乘数理论分析了突发公共事件对各产业的影响。乘数分析的结果表明，劳动密集型产业以及与其他产业具有较高关联度的产业，受突发公共事件冲击的总产出影响较大，而同一突发公共事件冲击所带来的经济影响在不同产业间的分布差异较大，了解这些影响的大小对于突发公共事件的优化管理具有重要意义。建立了 CGE 模型的理论框架并运用 GAMS 进行了求解，通过 CGE 模型的情景模拟分析，得出不同类型的突发公共事件所造成的宏观经济影响。根据 CGE 模型的分析结果，我们认为政府在应对突发公共事件冲击时应遵循两个原则：一是实行有区别的产业保护政策，二是应对突发公共事件的政策应服从于政府的宏观经济调控整体目标。

在研究过程中，我们发现，对突发公共事件造成的长期影响的直接测定是项目的难点。本项目通过测定突发公共事件对长期经济增长要素的影响来间接测定突发公共事件的长期经济影响。因此，一方面需要对长期影响的直接测定方法继续探索，另一方面要对间接测定方法的科学性作进一步的评估。另外，我们虽然已经掌握了 MSG3 模型的理论及实证结构、参数设定技术和求解算法，但没有建立 MSG3 模型中国数据库。今后的研究可以沿着这两条思路继续开展下去。

附 录
MSG3 模型的结构

一、引言

MSG3 模型是一个多区域、多部门、跨期一般均衡模型，它可以应用于环境规制、税收改革、货币和财政政策以及国际贸易等许多领域的政策研究[①]，其目的是通过整合三个领域——一般均衡计量经济模型、国际贸易理论和现代宏观经济学的优点来弥合它们之间的鸿沟。

根据国际贸易学理论，MSG3 模型将世界划分为多个通过国际贸易而连接的区域经济体，进而对世界经济进行建模。[②] 根据阿明顿（Armington，1969）的建模方法，不同地区生产的产品不能够完全替代。[③] 与一般国际贸易模型不同的是，MSG3 模型将金融资本和实物资本区别对待。金融资本在追逐套利机会的前瞻性投资者的驱动下，在不同部门和不同地区之间可以完全流动。与金融资本相反，实物资本一旦安装就完全不能移动，不能在不同部门和不同地区之间流动。此外，每个区域经济体都面临跨期预算约束，即所有区域经济体的贸易赤字最终都必须由该区域经济体未来的贸易盈余来偿还。

根据一般均衡理论，MSG3 模型用区域经济体的多部门计量经济一般均衡

---

① 例如，McKibbin 和 Wilcoxen（1993）用 G – Cubed 模型研究了国际协调对制定应对气候变化政策的重要性；Bagnoli、McKibbin 和 Wilcoxen（1996）探讨了未来碳排放规划对行业的技术变革的影响。

② 其他一些著名的包含国际贸易的模型包括 Deardorff 和 Stern（1985）、Burniaux 等（1992）和 Hertel（1997）。

③ 鉴于模型对产品的集合水平，这是一个简单的现实，而不是一个假设。即使个别来自不同国家的产品是完全替代品，G – Cubed 模型中的产品集合也不可能是完全替代的。这是因为模型中的国产产品集合的构成和进口产品集合的构成是不同的。以机动车为例，即使个别车型国产车与进口车可以完全替代，但由于在机动车这一产品集合中，经济型轿车、豪华轿车、卡车和货车等不同车型在国产车与进口车中所占比重不同，因此国产机动车与进口机动车是不能完全替代的。

模型来代表该区域经济体。[①] 产出被分解成两个部门，即能源部门与非能源部门，每个部门由一个用计量经济学方法估计得到的成本函数代表。与许多一般均衡模型不同的是，MSG3 模型吸收了宏观经济学中前瞻性跨期最优化储蓄和投资决定理论。在一生预算约束下，家庭通过最大化其跨期效用函数值来决定其储蓄水平。企业通过最大化其股票的市场价值来决定投资水平。[②]

最后，MSG3 模型吸收了宏观经济学理论的一些观点，认为国际资本流动是跨期最优化的结果，以及面临流动性约束的主体、基于交易的货币需求方程和缓慢调整的名义工资等。与一般的宏观模型不同是，MSG3 模型的参数是通过计量经济学方法估计得到的，而不是通过校准方法得到的。

对上述不同经济学理论的集成决定了 MSG3 模型的通用性。对行业进行分类使得该模型可以被用来检测环保和税收政策，这些政策往往会对区域经济体的不同行业产生不同的直接影响；对投资和储蓄的跨期建模，则使得 MSG3 模型可以描绘出区域经济体从短期向长期转换的过程；用缓慢调整的工资和面临流动性约束的主体来体现这种转换，则改善了 MSG3 模型在实证上的准确性。总而言之，该模型旨在通过结合可计算一般均衡模型、国际贸易模型和宏观经济学模型的优点来架立连接它们之间的桥梁。为了实现这一目的所付出的代价是，MSG3 模型是一个相当大的模型。它用超过 1 000 个方程来对每一年的世界经济进行建模，在每次模拟中，要对 100 年中每一年的每个方程进行求解。但是，我们可以用在个人计算机上使用的软件来对这些方程求解。

二、MSG3 模型具体结构

表 1 总结了 MSG3 模型的主要特征。它包含了 8 个区域经济体：美国、日本、澳大利亚、其他 OECD 国家、东欧和前苏联地区、中国、石油输出的发展中国家以及其他所有发展中国家。在每一区域经济体内，产出都分成两个部门：能源部门（整合了电力、天然气、石油炼制、煤炭以及原油和天然气开采等部门）和非能源部门（整合了采矿业、农业、林业和木制品业、耐用品、

---

① 可计算一般均衡模型的文献非常多。一些著名的单国模型有 Johansen（1960），Dixon、Parmenter 和 Sutton 等（1982），Ballard、Fullerton 和 Shoven 等（1985），Jorgenson 和 Wilcoxen（1990）以及 Goulder 和 Summers（1989）。参见 Shoven 和 Whalley（1984）的研究。

② G – Cubed 模型根据宏观经济学理论定义赖以建模的各元素。特别是，储蓄和投资的表述方式来自于 Abel 和 Blanchard（1983）。G – Cubed 模型所借鉴的其他跨期一般均衡模型包括 Auerbach 和 Kotlikoff（1987）、Goulder 和 Summers（1989）、Jorgenson 和 Wilcoxen（1990）、McKibbin 和 Sachs（1991）以及 Goulder（1992）。后者同样出现于 Bovenberg 和 Goulder（1996）。

非耐用品、交通运输业和服务业等部门）。

表1**表1**　　　　　　　　　　　　　　**MSG3 模型的主要特点**

> - 将世界经济按地理位置分解为 8 个区域经济体；
> - 每个区域经济体的产出、消费和国际贸易分解为两个部门；
> - 对每个区域经济体的需求面与供给面都给予完整的定义；
> - 完全整合实物市场与金融市场；
> - 跨期考察实物与金融资产的流动和关联股票；
> - 为各主体和国家设置跨期预算约束；
> - 短期行为是新古典最优化和流动性约束作用下行为的加权平均结果；
> - 无论短期还是长期都是沿着 Solow/Swan 新古典增长模型总体闭合（Macroeconomic Closure）的；
> - 以年为频率为一个完全理性预期均衡求解至 2050 年乃至之后。

注：总体闭合（Macroeconomic Closure）：经济学模型中的一个假设，尤其是 CGE 模型中的一个假设。此假设确保模型中的所有变量都有解。一个新古典经济学的闭合使所有市场出清，而且所有主体都满足预算约束。出于短期政策目的，有些假设在某些市场中（劳动力，外汇）不出清，或者政府财政预算不平衡。

各区域经济体内都包含一些经济主体，即家庭、政府、金融部门和两个生产部门。下面通过描述这些主体所面临的决策来概述 MSG3 模型的理论结构。为了使符号标注尽可能简单，除非特别说明，我们没有分区域经济体标注下标。整个讨论过程中各区域经济体所有变量的数值都由该区域经济体的有效劳动单位（Efficiency Labor Units[①]）禀赋进行标准化。因此，模型的长期稳态将代表一个区域经济体处于平衡增长的均衡状态。

（一）企业

假设两个生产部门中的每一部门都由一个价格接受企业代表。企业通过选择不同的要素投入和投资水平使其股票价值最大化。企业的生产技术由具有多层套嵌结构的不变替代弹性生产函数（Constant Elasticity of Substitution，CES）表示。在最外层，产出是资本、劳动、能源和非能源产品投入的函数：

$$Q_i = A_i^O \left(\sum_{j=K,L,E,M} (\delta_{ij}^O)^{\frac{1}{\sigma_i^O}} X_{ij}^{\frac{\sigma_i^O}{\sigma_i^O-1}} \right)^{\frac{\sigma_i^O}{\sigma_i^O-1}} \tag{1}$$

式中，Q_i 是部门 i 的产出；X_{ij} 是部门 i 对要素 j 在生产中的投入；A_i^O、δ_{ij}^O 和 σ_i^O 都是参数，A_i^O 代表技术水平，σ_i^O 是替代弹性，δ_{ij}^O 是在生产中不同产品的投入比

---

① 在索洛模型中，如果劳动时间表示为 L，劳动效率或知识表示为 A，则有效劳动（Efficiency Labor）是指 $A \times L$。一般是指劳动的有效单位（Efficiency Units）或产出贡献，而不是指花费的时间。

例；上标 O 代表这些参数是最外层的，或者说是产出层的。为了不失一般性，我们限制 δ_{ij}^{O} 的和为 1。

在第二层，各部门对能源和非能源产品的投入，即 X_{iE} 和 X_{iM} 是由不能完全相互替代的进口商品和国产商品构成的集合。例如，模型中各主体购买的石油产品由进口石油和国产石油构成。我们假设对任一种类商品，区域经济体中所有主体对进口品和国产品的偏好是相同的。每种产品都是国产产品 Q_i 和进口产品的 M_i 的 CES 函数[①]。例如，模型中各主体购买的石油产品由进口石油和国产石油构成。我们限定模型中所有主体对国内外产品的偏好相同，例如，农业部门和服务业部门对中东地区生产的石油和国产石油的偏好是相同的[②]。这样的设定可以使我们采用投入产出数据，而且也可以非常方便地将生产、投资和消费决策联系起来。最后，生产函数还包含一个额外的功能，使该模型可以用于检查碳排放配额或可转让碳排放许可证系统的影响。在生产中，每种产品的投入量与这种产品碳排放许可证的使用量是成固定的比例的。这些许可证由家庭所拥有，而且是其财富的组成部分。许可证的价格是由每种许可证的竞争性市场内生决定的。如果要运行没有许可证系统的模拟，许可证的供应可以设置成足够大，以致其价格接近于零。

在每个部门中的资本存量的变化由固定资本形成率 J_i 和几何折旧率 δ_i 所决定：

$$\dot{K}_i = J_i - \delta_i K_i \tag{2}$$

根据 Lucas（1967）、Treadway（1969）和 Uzawa（1969）的调整成本（Cost of Adjustment）模型，我们假设投资过程中资本的边际安置成本是递增的。我们采用 Uzawa（1969）的方法，假设为了安置 J 单位的资本，企业必须购买 I（I 大于 J）单位的资本，而 I 同时受投资率（J/K）的影响。用公式可以表示为

$$I_i = \left(1 + \frac{\varphi_i}{2}\frac{J_i}{K_i}\right)J_i \tag{3}$$

式中，Φ 是一个非负参数。可以用不同的方式解释 J 和 I 的差异，在这里我们将其视为资本货物的供应商所提供的安置服务。

企业的目标是选择劳动、原料、能源等要素投入和投资水平使跨期税后利

---

① 此 CES 函数的替代弹性即阿明顿弹性。

② 这并不要求这两个部门购买同样数量的石油，甚至购买石油，只是限定石油产地对它们购买方式的影响是相同的。

润最大化。为了便于分析，我们假设这一问题是确定的，即企业在主观上确定相信其对未来变量估计。因此，企业将最大化[1]：

$$\int_t^\infty (\pi_i - (1 - \tau_4) p^I I_i) e^{-(R(s) - n)(s - t)} ds \tag{4}$$

所有变量的下标都代表时间。企业的利润 π 由下式给定：

$$\pi_i = (1 - \tau_2)(P_i^* Q_i - W_i L_i - P_i^E X_{iE} - P_i^M X_{iM}) \tag{5}$$

式中，τ_2 是企业的企业所得税，τ_4 是投资税抵免，P_i^* 是企业产品的生产者价格。$R(s)$ 是 t 至 s 时期的长期利率：

$$R(s) = \frac{1}{s - t} \int_t^s r(\nu) d\nu \tag{6}$$

由于所有的实际变量都经过区域经济体的有效劳动单位禀赋标准化，利润应由人口增长率加上效率增长率 n 来折现。求解最外层的最优化问题，可以得出描述企业行为的方程：

$$X_{ij} = \delta_{ij}^o (A_i^o)^{\sigma_i^0 - 1} Q_i \left(\frac{P_i^*}{P_j}\right) \quad j \in \{L, E, M\} \tag{7}$$

$$\lambda_i = \left(1 + \varphi_i \frac{J_i}{K_i}\right)(1 - \tau_4) P^I \tag{8}$$

$$\frac{d\lambda_i}{ds} = (r + \delta_i)\lambda_i - (1 - \tau_2)P_i^* \frac{dQ_i}{dK_i} - (1 - \tau_4)P^I \frac{\varphi_i}{2}\left(\frac{J_i}{K_i}\right)^2 \tag{9}$$

式中，λ_i 是部门 i 的单位新增投资的影子价值（Shadow Value）[2]。

式（7）给出了企业对要素——劳动、能源和原料的需求。式（8）和式（9）给出了资本存量的最优变动路径。对式（9）沿资本积累的最优路径进行积分后可证明，在时间 t，λ_i 是单位新增投资造成的企业价值的增量。它跟托宾 q 相关，Abel（1979）给出的托宾 q 的税后边际版本如下：

$$q_i = \frac{\lambda_i}{(1 - \tau_4)P^I} \tag{10}$$

---

① 经济体的有效劳动单位禀赋的增长率 n 出现在折现因子中，是因为各变量的数值都已除以有效劳动单位的数量。在对利润进行折现时，这些变量必须乘以 exp（nt）以转换成它们原来的值。

② 在经济学的约束最优化问题中，影子价格（Shadow Price）是在放宽约束 1 个单位之后，最优化问题最优解的变化量——放宽约束的边际效用（或者说是收紧约束的边际成本）。可以更正式地表达为，影子价格是取得最优解时拉格朗日乘数的值，这意味着它是约束的无穷小变化导致的目标函数的无穷小变化。影子价值（Shadow Value）是影子价格运用于资本的情形。因为资本在短期内不能调整，这成为企业家最大化其利润的短期约束条件。如果放松这一约束，资本的影子价值就是企业家在短期利润最大化之后，再对资本进行调整所要求获得的最低报酬。

因此，式（8）可重新表达为

$$\frac{J_i}{K_i} = \frac{1}{\varphi_i}(q_i - 1) \tag{11}$$

将其代入式（3），可以得到新增资本品购买量：

$$I_i = \frac{1}{2\varphi_i}(q_i^{\,2} - 1)K_i \tag{12}$$

根据 Hayashi（1979）的研究，实际投资受到现金流的一定影响。据此，我们对式（12）进行调整，企业的投资 I_i 可以由 q_i 和企业的现金流 π_i 表示为

$$I_i = \alpha_2 \frac{1}{2\varphi_i}(q_i^2 - 1)K_i + (1 - \alpha_2)\frac{\pi_i}{(1 - \tau_4)P^I} \tag{13}$$

这改善了模型拟合历史数据的能力，并且与存在一些企业由于无处借贷而只能单纯拿留存收益进行投资的实际情况是一致的。根据 McKibbin 和 Sachs（1991）的实证研究，我们将不受借贷约束的企业的比例 α_2 设置为 0.3。

到目前为止，我们定义了每个部门对资本品的需求。资本品由结合劳动和其他部门产品进行资本品生产的第三个部门所供应。我们假定代表这个部门的企业面临的最优化问题与其他两个行业是相同的：它同样有一个多层 CES 生产函数；在最外层投入资本、劳动力、能源和原料；改变其自身的资本存量时将产生调整成本；赚取零利润。它与其他部门的主要区别是我们使用投入产出表的资本项估算其生产函数的参数。

（二）家庭

在模型中，家庭从事三种不同的活动：他们提供劳动、储蓄和消费。在每个区域经济体，我们假设可以通过一个具有跨期效用函数的代表性主体来对家庭的行为建模，跨期效用函数的形式如下：

$$U_t = \int_t^\infty (\ln C(s) + \ln G(s))e^{-\theta(s-t)}ds \tag{14}$$

式中，$C(s)$ 是家庭在时间 s 对商品和服务的总消费；$G(s)$ 是政府在时间 s 的消费，我们可以将其视为公共产品供应的一个度量指标；θ 代表时间偏好[①]。在消费的现值等于人力财富 H 和金融资产 F 之和，即式（15）的约束下[②]，家庭最大化式（14）。

$$\int_t^\infty P^c(s)C(s)e^{-(R(s)-n)(s-t)}ds = H_t + F_t \tag{15}$$

---

① 这相当于施加了一个限制条件，即家庭分配支出于不同商品的决策在时间上是独立的。
② 与前面相同，n 出现在式（15）中，因为模型中标准化后的变量必须转换回原值。

人力财富被定义为预期的未来税后劳动收入和转移支付之和的现值，即

$$H_t = \int_t^\infty (1 - \tau_1)\left(W(L^G + L^C + L^I + \sum_{i=1}^2 L^i) + TR\right)e^{-(R(s)-n)(s-t)}ds \quad (16)$$

式中，τ_1 是劳动所得的税率，TR 是政府的转移支付，L^G 是政府雇用的劳动，L^C 是直接用于最终消费的劳动，L^I 是用于生产资本品的劳动，L^i 是部门 i 雇用的劳动；金融财富是实际现金盈余 MON/P、公众持有的实际政府债券 B、对国外居民的净债权 A、各部门资本的价值和排放许可证 Q_i^P 之和，即

$$F = \frac{MON}{P} + B + A + q^I K^I + q^C K^C + \sum_{i=1}^{12} q^i K^i + \sum_{i=1}^{12} P_i^P Q_i^P \quad (17)$$

解这个最大化问题可以得到熟悉的结果，即总消费等于固定比例的私人财富：

$$P^C C = \theta(F + H) \quad (18)$$

根据 Campbell 和 Mankiw（1990）以及 Hayashi（1982），我们假设一些消费者面临着流动性约束，他们只消费其税后收入（INC）[1] 的固定比例 γ。用 α_8 表示不受流动性约束的消费者所占的比例，则根据式（18），总消费支出可以表示为

$$P^c C = \alpha_8 \theta(F_t + H_t) + (1 - \alpha_8)\gamma INC \quad (19)$$

一部分家庭消费其收入的固定比例的行为也可以解释为家庭是短视的（不是根据永久收入进行消费）。

当消费总量确定以后，不同产品和服务的消费分配也随之通过一个双层结构的 CES 效用函数[2]得以确定。在最外层，资本、劳动、能源和原料的需求方程为

$$P_i X_{Ci} = \delta_{Ci} P^C C \left(\frac{P^C}{P_i}\right)^{\sigma_e^o - 1}, \quad i \in \{K, L, E, M\} \quad (20)$$

式中，X_{Ci} 是家庭对产品 i 的需求；σ_c^o 是最外层函数的替代弹性；δ_{Ci} 是效用函数决定的参数；P^C 是消费价格指数，表示为

$$P^C = \left(\sum_{j=K,L,E,M} \delta_{Cj} P_j^{\sigma_e^o - 1}\right)^{\frac{1}{\sigma_e^o - 1}} \quad (21)$$

家庭资本服务包括耐用消费品和住宅提供的服务。消费者通过投资于家庭资本 K^C，按照下面的生产函数生产所需的资本服务 C^K：

---

① 有很多关于永久收入假说实证结果有效性的争论。除了文中提到的两篇文献之外，其他重要文献还包括 Hall（1978）和 Flavin（1981）。永久收入假设的一个副作用是，它阻止我们计算等效变化。由于一些家庭的行为不符合式（18），或者因为家庭得到的是角点解（Corner Solution），又或者由于某些其他原因，家庭的总体行为与从效用函数推导出来的支出函数不一致。

② 采用 CES 效用函数有一个不良的影响，即设定一个一致的消费的收入弹性，而这一限制通常是不被数据支持的。另一种方法是，用从线性预期系统中推导出来的收入弹性作为替代。

$$C^K = \alpha K^C \tag{22}$$

式中，α 是一个常数。家庭资本的积累遵从于下面的公式：

$$\dot{K^C} = J^C - \delta^c K^C \tag{23}$$

我们假设家庭资本的调整会形成调整成本，所以家庭 I^C 的投资与 J^C 的关系可以表示为

$$I^C = \left(1 + \frac{\varphi^c}{2} \frac{J^C}{K^C}\right) J^C \tag{24}$$

家庭的投资决策是选择投资 I^C，最大化：

$$\int_t^\infty (P^{CK} \alpha K^C - P^I I^C) e^{-(R(s)-n)(s-t)} ds \tag{25}$$

式中，P^{CK} 是家庭资本的设备租金。这一问题与企业面对的问题几乎是一样的，而且结果也非常相似。唯一的重要区别就是没有可变要素用于家庭资本服务的生产当中。同样可得出家庭投资：

$$\frac{J_C}{K_C} = \frac{1}{\varphi_C} (q_C - 1) \tag{26}$$

（三）劳动市场

假定劳动能在各部门间完全自由流动，但不能在区域经济体之间流动。因此，每个区域经济体内各部门的工资水平是相等的，但不同区域经济体的工资水平一般不等。在长期，劳动的供给是完全无弹性的，它由人口增长率这一外生因素决定。在短期，名义工资被假定依据一个合同交叠模型缓慢调整，在模型中工资水平是由对当前和预期的通胀率以及相对于劳动供给的劳动需求确定的。这一模型可由下式表示：

$$W_{t+1} = W_t \left(\frac{P_{t+1}^C}{P_t^C}\right)^{\alpha_5} \left(\frac{P_t^C}{P_{t-1}^C}\right)^{1-\alpha_5} \left(\frac{L_t}{\bar{L}}\right)^{\alpha_6} \tag{27}$$

式（27）表明下一期的工资如何由当前工资，前期、当前及预期消费价格水平，当前就业与充分就业之间的比例所决定。此等式也表明，如果突发事件导致实际工资过高以至于劳动市场不能出清，这将导致短期失业的产生；同时，如果未预料到的突发事件导致实际工资低于其长期均衡水平，那么就业将暂时超过其长期水平。

（四）政府

我们将每一区域经济体中政府的产品和服务购买看做是外生的，并假定政府各种购买的分配比例是固定的。政府总支出包括商品和服务的购买、政府债务

的利息支付、投资税收抵免和对家庭的转移支付。政府财政收入来自营业税、企业和个人所得税以及新的政府债券的销售收入。此外，也可能来自外部税，如对二氧化碳排放征税。政府预算的约束可以用公共债务累积的形式表示如下：

$$\dot{B}_t = D_t = r_t B_t + G_t + TR_t - T_t \qquad (28)$$

式中，B 是债务存量，D 是财政赤字，G 是政府的商品和服务购买，TR 是政府向家庭的转移支付，T 是减去投资税收抵免之后的总税收。

我们假定经济主体只有在预期政府能够逐渐偿还负债的情况下才会购买债券，因此施加下面的横截性条件：

$$\lim_{s \to \infty} B(s) e^{-(R(s)-n)s} = 0 \qquad (29)$$

这可以防止人均政府债务永远比利率增长快的情况。如果政府在任何时候都充分举债，那么根据式（29）对式（28）积分后得到：

$$B_t = \int_t^\infty (T - G - TR) e^{-(R(s)-n)(s-t)} ds \qquad (30)$$

可见，政府当前负债水平必须与未来财政盈余的现值相等。[①]

式（30）的含义是，政府当前存在赤字，那么在未来的某个时间就必须有一定的预算盈余。否则，政府将无法支付债务利息，而且各主体不会愿意持有政府债券。为确保式（30）在所有的时间点都是成立的，我们假定政府在各个时期都征收一笔等于这一期政府要支付的利息的税收[②]。因此，实际上，任何政府债务的增加都是由债券作为偿还资金来源的，而未来的税收会提高至足以抵消增加的利息成本。其他财政封闭的规则也是可能的，例如要求政府债务占 GDP 的比重长期不变。

（五）金融市场与收支平衡

模型中的 8 个经济变量由商品和资产的流动而联结。商品流动是由前文所述的进口需求所决定的。这些进口需求可以用一个双边贸易矩阵来归纳，每一种商品在各区域经济体之间的进出口数量都由一个 8×8 的矩阵来描述。

区域经济体之间金融资产流动为贸易赤字融资。每个地区经常账户赤字将有一个与之相匹配的资本账户顺差，反之则相反[③]。我们假设不同区域经济体

---

① 严格地说，公共债务必须小于或等于未来财政盈余的现值。为简便起见，我们假设政府最初充分地举债，以使得在约束中的等号成立。

② 在模型中，实际上按当期利息与债务一直保持其基准水平情形下利息之间的差额征税。而基准水平债务的利息则用普通税收支付。

③ 全球私人资本净流入在任何时候都被限制为零——全球资金总贷出恰好等于资金总借入。在理论上，这可能是显而易见的，但往往国际金融数据却与之不符。

之间的金融资产市场是完全整合的①。根据无套利原理，在资本自由流动的情形下，以不同区域经济体货币计价的预期贷款收益必须具有相同的期限结构，即遵循下面的关系：

$$i_k + \mu_k = i_j + \mu_j + \frac{\dot{E}_k^j}{E_k^j} \qquad (31)$$

式中，i_k 和 i_j 分别是区域经济体 k 和区域经济体 j 的利率，μ_k 和 μ_j 是投资者要求的外生风险溢价（可能为零），E_k^j 则是两个区域经济体间的汇率②。

资本流动可采取投资组合投资或直接投资的形式，我们假设事前这些方式是完全替代的，然后根据不同区域经济体和不同部门的预期收益率进行调整。在每个区域经济体内，在考虑物质资本存量的调整费用外生风险溢价之后，通过套利，每一类资产的预期收益率都是完全相等的。然而，由于实物资本的调整费用很高，任何金融资本一旦转化成物质资本，其调整费就变得同样很高。这意味着，突发事件可能给实物资本所有者造成意外的收益或损失，实物资本的事后收益在不同区域经济体和部门之间有很大的差别。例如，如果突发公共事件降低了某一部门的利润，那么即使该部门的实物资本存量不变，它的金融价值也将立即下降。

（六）货币需求

最后，我们假设货币通过一个交易方程约束进入模型③。在我们使用的货币需求函数中，实际货币余额需求是总产出的价值和短期名义利率的函数：

$$MON = PYi^\varepsilon \qquad (32)$$

式中，Y 是总产出，P 是总产出的价格指数，i 是短期名义利率，ε 是货币需求的利率弹性。根据 McKibbin 和 Sachs（1991），ε 的值为 -0.6。货币供给是外生变量，仅由中央银行的资产负债表决定。

（七）参数估计

为了估计 MSG3 模型的参数，我们从根据美国投入产出表构建一个一致的时间序列开始。McKibbin 和 Wilcoxen（1994）对该过程作了详细介绍，这里可归纳如下。我们由 1958 年、1963 年、1967 年、1972 年、1977 年和 1982 年

---

① 国际资本的流动性是一个相当有争议的问题；可参见 Gordon 和 Bovenberg（1994）或 Feldstein 和 Horioka（1980）。

② 一个例外是石油出口地区，一般认为它们对外贷款是为了维持一定的收入财富比。

③ 不同于模型的其他部分，对于这个问题，我们仅作假设而不是从最优化问题推导而来。在不同的假设条件下，货币需求可以从最优化问题推导出来。因为，货币具有效用，它是一种生产要素，或者说必须使用货币进行交易。但这些区别对于本报告的模型来说并不重要。

的详细的美国投入产出基本流量表开始。第一步是将投入产出表的分类行业合并成两部门；第二步是修正对耐用消费品的处理方法，在投入产出表中耐用消费品被视为消费而非投资；第三步是补充了分部门的增加值；最后，我们得到了每个基准年每种商品的价格。

根据这些数据，我们可以估计美国模型的参数。我们从能源和原料层开始估计模型的生产方面，是因为它们有规模报酬不变而且所有输入值都是可变的。在这种情况下可以很方便地用双重单位成本的生产函数取代生产函数。对于部门 i，能源的单位成本函数是

$$c_i^E = \frac{1}{A_i^E} \left(\sum_{k=1}^{2} \delta_{ik}^E p_{ik}^{1-\sigma_i^E} \right)^{\frac{1}{1-\sigma_i^E}} \tag{33}$$

原料成本函数也有类似的形式。假设能源和原料部门赚取利润为零，c 将等于节点的输出价格。使用 Shepard 引理可以推导出个别商品的需求方程，然后这些需求转化为成本份额的形式，表示如下：

$$s_i^E = \delta_i^E \left(\frac{P_E}{A_i^E P_i} \right)^{1-\sigma_i^E} \tag{34}$$

式中，s^E 是部门 i 在能源上的支出份额。通过估计式（33）和式（34）可以得到 A_i^E、δ_i^E 和 σ_i^E 的值。用类似的方法可以估计原料层的参数。

产出层的处理方式与上述方法有所不同。因为它包含了在短期内不能调整的资本。我们假设企业选择产出 Q_i 和它的最外层投入变量（L、E 和 M）来使其受约束的利润函数最大化：

$$\pi_i = p_i Q_i - \sum_{j=L,E,M} p_j X_{ij} \tag{35}$$

求和部分包括了除资本之外的所有投入。将生产函数代入式（35）可得

$$\pi_i = P_i A_i^O \left((\delta_{ik}^O)^{\frac{1}{\sigma_i^O}} K_i^{\frac{\sigma_i^O}{\sigma_i^O-1}} \sum_{j=L,E,M} (\delta_{ij}^O)^{\frac{1}{\sigma_i^O}} X_{ij}^{\frac{\sigma_i^O}{\sigma_i^O-1}} \right)^{\frac{\sigma_i^O}{\sigma_i^O-1}} - \sum_{j=L,E,M} p_j X_{ij} \tag{36}$$

最大化式（36）可以得到部门 i 对投入 j 的需求方程：

$$X_{ij} = \delta_{ij} P_j^{-\sigma_i^O} \delta_{ij}^{\frac{1}{\sigma_i^O-1}} K_i \left((P_i A_i^O)^{1-\sigma_i^O} - \sum_k \delta_{ik} P_k^{1-\sigma_i^O} \right)^{\frac{\sigma_i^O}{\sigma_i^O-1}}, \forall j \in \{L,E,M\} \tag{37}$$

这些等式可以用于估计外层生产函数的参数。生产函数参数的估计值和标准差列于表2。

许多关于成本和生产函数的实证文献都没有考虑资本在短期内不能变动的事实。如果不使用式（35），一个常用的方法是使用如下形式的需求函数：

$$X_{ij} = \delta_{ij} P_j^{-\sigma_i^O} \frac{Q_i}{A_i^O} \left(\sum_{k=K,L,E,M} \delta_{ik} P_k^{1-\sigma_i^O} \right)^{\frac{\sigma_i^O}{\sigma_i^O-1}} \tag{38}$$

表2 固定资本生产函数参数估计结果

	1. 能源部门	2. 非能源部门
σ_i^o	0.7634（0.0765）	0.9349（0.0802）
A_i^o	0.3851（0.0277）	0.9741（0.0107）
δ_k	0.2150（0.0137）	0.1140（0.0130）
δ_L	0.2585（0.0364）	0.2747（0.0087）
δ_E	0.1413（0.0051）	0.0251（0.0033）
δ_M	0.7634（0.0765）	0.5862（0.0087）

只有所有投入要素都是可变的，式（38）才是正确的。式（38）和式（37）最重要的区别在于：式（38）假设规模报酬不变。这意味着无论从经济学解释还是计量经济学定义来看，产出 Q 在式（38）中都是外生的。换言之，企业的供给曲线是完全水平的，而且产出水平对企业没有影响。但是在式（37）中，产出 Q 是内生的，而价格 P 则是外生的。正因为如此，式（37）定义的企业才具有向上倾斜的边际成本曲线。

在相对严格的计量经济学定义中，例如 CES，使用式（38）而不是式（37）可能造成替代弹性偏向的估计值下偏。资本存量固定不变的性质反映在参数估计的结果中是投入缺乏替代性。为了度量在实证中使用式（37）而不是式（38）的显著性，我们同时使用这两种方式对生产函数进行估计，结果如上文表2和下文表3所示。

表3 可变资本生产函数参数估计结果

	1. 能源部门	2. 非能源部门
σ_i^o	0.8662（0.0100）	0.9465（0.0196）
A_i^o	1.2518（0.0546）	0.9643（0.0160）
δ_k	0.4777（0.0112）	0.1243（0.0081）
δ_L	0.2604（0.0046）	0.2898（0.0074）
δ_E	0.1399（0.0081）	0.0179（0.0012）
δ_M	0.1220（0.0040）	0.5679（0.0045）

估算美国之外区域的参数比较困难，因为只有更少的时间序列投入产出数据可用。这部分是因为有些国家不定期收集数据，部分是因为有一半的 MSG3 模型的地理实体是一个经济区域，而不是单个国家。为此，我们施加一个限制，即不同的替代弹性是一致的。通过这样做，我们可以在不同的经济区域都使用美国的替代弹性估计值。比例参数 δ 则从区域的投入产出表中推导而来，通常在不同区域是不同的。美国的比例参数取自 1987 年美国投入产出表。日

本、澳大利亚、中国和前苏联地区的投入产出表使用所在经济区域的投入产出表。其他区域的比例参数，根据该区域的实际国民核算数据中的最终需求数据进行调整。实际上，我们假设所有地区有着相似但不完全相同的生产技术。这是介于两个极端假设之中的一个假设。其中一个极端假设是不同区域共享相同的生产技术，另一个极端假设是不同区域的生产技术是不同的。不同经济区域的主要生产要素禀赋、政策和最终需求的模式也都各不相同。

最终需求参数（如效用函数参数或生产函数中的新增投资品）可由一个类似的过程估计得到：弹性参数可由美国数据估计得到，比例可从区域投入产出表中获取。贸易比例从1987年联合国标准工业贸易分类（SITC）数据得到。但是，目前我们没有获得足够的时间序列数据来估计所有地区的贸易弹性，所以在当前版本的模型中，它们被设定为1。

（八）求解算法

由于模型中涉及的预期共态变量很多，所以采用由 McKibbin（1986）制作的专门软件来计算。求解的过程可简单地用数学方法描述如下：

模型由一个联立方程组表示为

$$Z_t = F(Z_t, S_t, C_t, X_t) \tag{39}$$

$$S_{t+1} - S_t = G(Z_t, S_t, C_t, X_t) \tag{40}$$

$$C_{t+1} - C_t = H(Z_t, S_t, C_t, X_t) \tag{41}$$

式中，Z 是内生变量，S 是一个状态变量向量，C 是一个共态变量向量，X 是外生变量。F、G、H 是向量方程。

第一步，对方程组微分，使其线性化。通过使用式（39）我们可以找到一个方程 f，这样就能够从式（40）和式（41）中消去 Z，从而将模型转化为最小状态空间模型：

$$S_{t+1} - S_t = G(f(S_t, C_t, X_t), S_t, C_t, X_t) \tag{42}$$

$$C_{t+1} - C_t = H(f(S_t, C_t, X_t), S_t, C_t, X_t) \tag{43}$$

最后线性化的模型如下：

$$dS_{t+1} = (I + G_z f_s + G_s)dS_t + (G_z f_c + G_c)dC_t + (G_z f_x + G_x)dX_t \tag{43}$$

$$dC_{t+1} = (I + H_z f_c + H_c)dC_t + (H_z f_s + H_s)dS_t + (H_z f_x + H_x)dX_t \tag{44}$$

第二步，对方程组进行特征根检验。计算这个方程组的特征根，以确保鞍点的稳定性条件得到满足（即单位圆外的特征根数目等于共态变量的数目）。

第三步，计算模型的过鞍点稳定路径。

定义

$$\Gamma = (I + H_z f_c + H_c)^{-1} \tag{45}$$

将其代入式（44）中，可得

$$dC_t = \Gamma dC_{t+1} - \Gamma(H_z f_s + H_s)dS_t - \Gamma(H_z f_x + H_x)dX_t \tag{46}$$

将式（46）代入式（43），可得

$$dS_{t+1} = (I + G_z f_S + G_S - (G_z f_C + G_C)\Gamma(H_z f_S + H_S))dS_t$$

$$+ (G_z f_C + G_C)\Gamma dC_{t+1} \tag{47}$$

$$+ (G_z f_X + G_X - (G_z f_C + G_C)\Gamma(H_z f_X + H_X))dX_t$$

迭代使用式（45）和式（46），我们可以找到用当前状态变量的变化和所有当前和未来外生变量变化表达的共态变量表达式。该表达式将有以下形式：

$$dC_t = \Phi dS_t + \sum_{i=t}^{\Gamma} \Theta_i dX_t + \Omega dC_t \tag{48}$$

式中，Φ、Θ、Ω 为大的常数矩阵，首先通过数值方法对它们的值进行估计，然后可以通过式（48）计算得到共态变量的值，最后通过式（39）再解出各内生变量的值。这样，该模型就可以快速方便地应用于不同的情景模拟。

附表 1　　　　香港经济发展的基本数据及全要素生产率计算表

年份	GDP（亿港元）	资本存量（亿港元）	劳动力（万人）	劳动投入（百万时）	劳动份额（$1-\alpha$）	全要素生产率
1981	4 825.3	9 946.3	241.1	5 783.5	0.527	0.645589
1982	4 969.9	10 949.6	240.7	5 773.3	0.55	0.645409
1983	5 259.2	11 781.2	242.7	5 820.3	0.562	0.663498
1984	5 785.1	12 606	250.7	6 009.3	0.555	0.69232
1985	5 824.5	13 393	254.3	6 100.3	0.579	0.685685
1986	6 468.8	14 227.5	268.1	6 430.4	0.559	0.708743
1987	7 336.5	15 232.1	272.8	6 500	0.532	0.757683
1988	7 915	16 301.2	276.3	6 749.2	0.522	0.769379
1989	8 125 4	17 386.3	275.3	6 574.1	0.534	0.785568
1990	8 454.1	18 569.9	274.8	6 447.2	0.548	0.812887
1991	8 940.6	19 889	279.9	6 633.7	0.545	0.817788
1992	9 519.1	21 350.4	279.3	6 352.2	0.53	0.847667
1993	10 110.7	22 829.2	285.6	6 687	0.528	0.846938
1994	10 676.1	24 623	292.4	6 860.7	0.511	0.833034
1995	11 096.8	26 632.9	300.1	6 831.8	0.539	0.867492
1996	11 570.1	28 896.6	309.4	7 387.6	0.533	0.878341
1997	12 161	31 502.2	321.6	7 456.2	0.541	0.84178
1998	11 496.6	33 682.2	335.9	7 358.1	0.576	0.819775
1999	11 956.2	35 127.9	334.2	7 464.6	0.591	0.850109
2000	13 147.9	36 845.3	337.4	7 793.3	0.591	0.893714

续表

年份	GDP （亿港元）	资本存量 （亿港元）	劳动力 （万人）	劳动投入 （百万时）	劳动份额 （1 - α）	全要素 生产率
2001	13 231.7	38 567.1	342.7	7 883.2	0.604	0.895087
2002	13 475	40 043	347.4	7 875.2	0.604	0.898641
2003	13 906.1	41 476.4	347.3	7 785.9	0.603	0.919346
2004	15 099.2	42 942.3	351.6	8 046.8	0.585	0.93652
2005	16 234.8	44 498.2	353.8	8 169.9	0.571	0.960356

资料来源：根据香港统计处网站、香港经济年鉴、国际劳工组织网站及张应武等人提供的附表整理计算所得。

附表 2　　　　　　　　　　**香港人力资本计算表**

年份	人均受教育 年限（年）	人均产出 （万港元）	累积产出 （万港元）	人均人力资本 （年·万港元）	人力资本存量 （年·万港元）
1981	7.73	20.01	20.01	13.86	3 341.646
1982	7.86	20.65	40.66	16.40	3 947.48
1983	7.98	21.67	62.33	18.40	4 465.68
1984	8.11	23.08	85.41	20.21	5 066.647
1985	8.24	22.90	108.31	21.89	5 566.627
1986	8.37	24.13	132.44	23.55	6 313.755
1987	8.46	26.89	159.33	25.01	6 822.728
1988	8.56	28.65	187.98	26.47	7 313.661
1989	8.65	29.51	217.49	27.92	7 686.376
1990	8.75	30.76	248.26	29.38	8 073.624
1991	8.85	31.94	280.20	30.86	8 637.714
1992	8.98	34.08	314.28	32.70	9 133.11
1993	9.12	35.40	349.68	34.62	9 887.472
1994	9.26	36.51	386.20	36.62	10 707.69
1995	9.40	36.98	423.17	38.70	11 613.87
1996	9.55	37.40	460.57	40.86	12 642.08
1997	9.70	37.81	498.38	43.28	13 918.85
1998	9.76	34.23	532.61	44.55	14 964.35
1999	9.86	35.78	568.38	46.31	15 476.8
2000	10.00	38.97	607.35	48.60	16 397.64
2001	10.10	38.61	645.96	50.47	17 296.07
2002	10.26	38.79	684.75	53.26	18 502.52
2003	10.31	40.04	724.79	54.56	18 948.69
2004	10.40	42.94	767.74	56.56	19 886.5
2005	10.51	45.89	813.62	58.89	20 835.28

资料来源：根据香港统计处网站、香港各年经济年鉴数据整理计算所得，人均产出是以各年产出比各年劳动力进行计算，实际上是单位劳动力产出。

附表3　　　　　　　　　　　　投资结构变动率表

年份	实物资本投资变动率	人力资本投资变动率	投资结构变动率
1982	0.100872	0.181298	− 0.08043
1983	0.075948	0.131274	− 0.05533
1984	0.07001	0.134575	− 0.06456
1985	0.062431	0.098681	− 0.03625
1986	0.062309	0.134216	− 0.07191
1987	0.07061	0.080613	− 0.01
1988	0.070187	0.071956	− 0.00177
1989	0.066566	0.050961	0.015604
1990	0.068077	0.050381	0.017695
1991	0.071034	0.069868	0.001166
1992	0.073478	0.057353	0.016125
1993	0.069263	0.082596	− 0.01333
1994	0.078575	0.082955	− 0.00438
1995	0.081627	0.084629	− 0.003
1996	0.084996	0.088533	− 0.00354
1997	0.09017	0.100994	− 0.01082
1998	0.069202	0.075114	− 0.00591
1999	0.042922	0.034245	0.008677
2000	0.04889	0.059498	− 0.01061
2001	0.046731	0.05479	− 0.00806
2002	0.038268	0.069753	− 0.03148
2003	0.035797	0.024114	0.011683
2004	0.035343	0.049492	− 0.01415
2005	0.036232	0.04771	− 0.01148

资料来源：根据香港统计处网站、香港经济年鉴、国际劳工组织网站整理计算所得。

附表4　　单个部门就业人数减少10人造成的总产出、总就业和总附加值冲击

部门代码	受直接冲击部门	总产出冲击（元）	总就业冲击（个）	附加值冲击（元）
1	农业	5 312 706.00	128.96	3 321 022.00
2	煤炭开采和洗选业	373 054.00	20.52	228 229.00
3	石油和天然气开采业	0.00	0.00	0.00
4	金属矿采选业	4 968 114.00	11.22	1 435 215.00
5	非金属矿采选业	2 308 755.00	11.58	531 860.70
6	食品制造及烟草加工业	12 236 450.00	31.00	2 592 431.00
7	纺织业	5 567 385.00	31.94	1 202 296.00

续表

部门代码	受直接冲击部门	总产出冲击（元）	总就业冲击（个）	附加值冲击（元）
8	服装皮革羽绒及其制品业	4 132 627.00	23.13	823 616.10
9	木材加工及家具制造业	5 368 323.00	15.11	1 016 490.00
10	造纸印刷及文教用品制造业	11 176 220.00	47.40	2 258 980.00
11	石油加工、炼焦及核燃料加工业	37 772 420.00	12.93	4 601 579.00
12	化学工业	18 009 260.00	51.78	3 181 183.00
13	非金属矿物制品业	4 905 356.00	20.88	862 806.30
14	金属冶炼及压延加工业	11 831 370.00	25.57	2 100 379.00
15	金属制品业	5 420 229.00	25.71	1 109 513.00
16	通用、专用设备制造业	7 375 938.00	23.21	1 653 114.00
17	交通运输设备制造业	6 158 707.00	21.55	1 188 744.00
18	电气、机械及器材制造业	6 554 583.00	28.01	1 269 827.00
19	通信设备、计算机及其他电子设备制造业	5 000 821.00	18.89	756 920.20
20	仪器仪表及文化办公用机械制造业	3 792 818.00	21.30	932 217.90
21	其他制造业	2 137 740.00	19.02	568 318.70
22	废品废料	549 740.10	0.00	549 739.90
23	电力、热力的生产和供应业	23 697 100.00	21.93	6 506 934.00
24	燃气生产和供应业	6 421 280.00	10.43	468 459.70
25	水的生产和供应业	2 797 646.00	11.32	947 770.30
26	建筑业	2 323 593.00	17.73	507 937.50
27	交通运输及仓储业	9 804 686.00	37.78	4 405 294.00
28	邮政业	891 119.60	14.17	497 567.20
29	信息传输、计算机服务和软件业	9 984 220.00	16.54	4 917 911.00
30	批发和零售贸易业	6 632 980.00	29.81	4 543 714.00
31	住宿和餐饮业	3 438 545.00	28.56	1 146 271.00
32	金融保险业	8 026 694.00	34.10	6 500 419.00
33	房地产业	5 622 472.00	10.98	4 593 951.00
34	租赁和商务服务业	8 103 155.00	41.93	2 863 609.00
35	旅游业	11 392 240.00	14.38	1 302 984.00
36	科学研究事业	1 418 330.00	29.02	1 415 313.00
37	综合技术服务业	3 791 170.00	32.46	2 004 295.00
38	其他社会服务业	1 715 344.00	16.68	848 327.90
39	教育事业	956 696.90	14.15	600 663.50
40	卫生、社会保障和社会福利业	1 851 384.00	12.98	704 879.90
41	文化、体育和娱乐业	31 768 860.00	162.51	11 088 780.00
42	公共管理和社会组织	822 783.40	10.00	472 513.50

资料来源：利用浙江省 42 部门的 IMPLAN 区域模型计算得出。

附表5　单个部门需求减少100万元造成的总产出、总就业和总附加值冲击

部门代码	受直接冲击部门	总产出冲击（元）	总就业冲击（个）	附加值冲击（元）
1	农业	2 904 679.00	70.51	1 815 742.00
2	煤炭开采和洗选业	1 045 159.00	57.50	639 413.20
3	石油和天然气开采业	0.00	0.00	0.00
4	金属矿采选业	1 160 402.00	2.62	335 222.90
5	非金属矿采选业	1 144 105.00	5.74	263 563.90
6	食品制造及烟草加工业	4 178 942.00	10.59	885 356.30
7	纺织业	2 697 253.00	15.47	582 480.90
8	服装皮革羽绒及其制品业	1 953 912.00	10.94	389 407.00
9	木材加工及家具制造业	1 749 994.00	4.93	331 360.80
10	造纸印刷及文教用品制造业	4 469 359.00	18.95	903 363.30
11	石油加工、炼焦及核燃料加工业	2 826 155.00	0.97	344 292.90
12	化学工业	6 683 967.00	19.22	1 180 666.00
13	非金属矿物制品业	2 074 047.00	8.83	364 805.50
14	金属冶炼及压延加工业	36 170 76.00	7.82	642 125.90
15	金属制品业	2 302 658.00	10.92	471 350.60
16	通用、专用设备制造业	2 603 148.00	8.19	583 424.20
17	交通运输设备制造业	2 283 813.00	7.99	440 818.00
18	电气、机械及器材制造业	2 514 461.00	10.75	487 129.70
19	通信设备、计算机及其他电子设备制造业	1 947 179.00	7.35	294 723.50
20	仪器仪表及文化办公用机械制造业	1 817 047.00	10.20	446 602.90
21	其他制造业	1 399 756.00	12.46	372 125.40
22	废品废料	1 194 316.00	0.00	1 194 316.00
23	电力、热力的生产和供应业	5 311 490.00	4.92	1 458 470.00
24	燃气生产和供应业	1 075 841.00	1.75	78 487.16
25	水的生产和供应业	1 123 599.00	4.55	380 646.40
26	建筑业	1 322 545.00	10.09	289 108.40
27	交通运输及仓储业	3 015 912.00	11.62	1 355 064.00
28	邮政业	1 097 399.00	17.45	612 745.50
29	信息传输、计算机服务和软件业	2 577 798.00	4.27	1 269 741.00
30	批发和零售贸易业	2 681 688.00	12.05	1 837 006.00
31	住宿和餐饮业	1 681 485.00	13.97	560 538.50

续表

部门代码	受直接冲击部门	总产出冲击 （元）	总就业冲击 （个）	附加值冲击 （元）
32	金融保险业	2 800 230. 00	11. 90	2 267 766. 00
33	房地产业	1 182 559. 00	2. 31	966 233. 00
34	租赁和商务服务业	3 425 076. 00	17. 72	1 210 403. 00
35	旅游业	1 438 744. 00	1. 82	164 555. 70
36	科学研究事业	1 371 521. 00	28. 07	1 368 603. 00
37	综合技术服务业	2 058 123. 00	17. 62	1 088 078. 00
38	其他社会服务业	1 228 844. 00	11. 95	607 727. 90
39	教育事业	1 100 876. 00	16. 28	691 186. 80
40	卫生、社会保障和社会福利业	1 188 776. 00	8. 34	452 604. 10
41	文化、体育和娱乐业	12 299 230. 00	62. 91	4 292 994. 00
42	公共管理和社会组织	1 000 000. 00	12. 15	574 286. 60

资料来源：利用浙江省 42 部门的 IMPLAN 区域模型计算得出。

附表6　　　单个部门就业人数减少 100 人造成的总产出冲击排序

序号	部门代码	受直接冲击部门	总产出冲击（元）
1	23	电力、热力的生产和供应业	1 422 429 771
2	11	石油加工、炼焦及核燃料加工业	374 589 783
3	35	旅游业	239 308 826
4	9	木材加工及家具制造业	202 339 953
5	29	信息传输、计算机服务和软件业	155 088 147
6	14	金属冶炼及压延加工业	113 894 720
7	24	燃气生产和供应业	113 523 039
8	4	金属矿采选业	112 951 976
9	6	食品制造及烟草加工业	99 601 362
10	33	房地产业	97 712 909
11	12	化学工业	95 081 464
12	16	通用、专用设备制造业	87 014 111
13	17	交通运输设备制造业	64 519 237
14	10	造纸印刷及文教用品制造业	69 500 131
15	19	通信设备、计算机及其他电子设备制造业	68 728 620
16	18	电气、机械及器材制造业	64 358 246

序号	部门代码	受直接冲击部门	总产出冲击（元）
17	32	金融保险业	63 718 641
18	27	交通运输及仓储业	63 650 303
19	13	非金属矿物制品业	63 433 882
20	25	水的生产和供应业	60 064 303
21	30	批发和零售贸易业	58 737 934
22	15	金属制品业	58 588 851
23	34	租赁和商务服务业	53 047 688
24	8	服装皮革羽绒及其制品业	52 720 124
25	7	纺织业	50 018 469
26	20	仪器仪表及文化办公用机械制造业	49 651 360
27	41	文化、体育和娱乐业	48 349 623
28	26	建筑业	35 269 922
29	40	卫生、社会保障和社会福利业	34 414 897
30	31	住宿和餐饮业	30 373 442
31	21	其他制造业	30 169 754
32	38	其他社会服务业	26 990 048
33	37	综合技术服务业	24 422 720
34	42	公共管理和社会组织	15 939 096
35	39	教育事业	13 346 839
36	28	邮政业	12 182 094
37	1	农业	6 706 523
38	36	科学研究事业	6 470 149
39	5	非金属矿采选业	5 451 495
40	2	煤炭开采和洗选业	4 347 661
41	22	废品废料	—
42	3	石油和天然气开采业	—

资料来源：利用浙江省 42 部门的 IMPLAN 区域模型计算得出。

附表7　单个部门需求减少 1 亿元造成的损失按总产出冲击排序

序号	部门代码	受直接冲击部门	总产出冲击（元）	放大比例（%）
1	35	旅游业	302 004 788	302.0
2	8	服装皮革羽绒及其制品业	295 056 207	295.1
3	10	造纸印刷及文教用品制造业	294 732 716	294.7
4	7	纺织业	286 943 551	286.9
5	20	仪器仪表及文化办公用机械制造业	278 792 001	278.8
6	15	金属制品业	277 922 826	277.9

序号	部门代码	受直接冲击部门	总产出冲击（元）	放大比例（%）
7	18	电气、机械及器材制造业	275 037 874	275.0
8	34	租赁和商务服务业	274 522 028	274.5
9	16	通用、专用设备制造业	273 791 867	273.8
10	5	非金属矿采选业	273 448 519	273.4
11	17	交通运输设备制造业	273 403 616	273.4
12	12	化学工业	273 369 671	273.4
13	32	金融保险业	270 703 109	270.7
14	13	非金属矿物制品业	269 963 427	270.0
15	9	木材加工及家具制造业	269 436 533	269.4
16	26	建筑业	269 053 771	269.1
17	21	其他制造业	268 475 672	268.5
18	30	批发和零售贸易业	263 966 446	264.0
19	38	其他社会服务业	262 396 475	262.4
20	19	通信设备、计算机及其他电子设备制造业	259 561 036	259.6
21	29	信息传输、计算机服务和软件业	256 883 572	256.9
22	4	金属矿采选业	255 027 801	255.0
23	6	食品制造及烟草加工业	252 293 351	252.3
24	31	住宿和餐饮业	252 285 424	252.3
25	41	文化、体育和娱乐业	247 321 943	247.3
26	14	金属冶炼及压延加工业	246 116 688	246.1
27	27	交通运输及仓储业	245 289 874	245.3
28	25	水的生产和供应业	243 009 461	243.0
29	40	卫生、社会保障和社会福利业	241 362 939	241.4
30	2	煤炭开采和洗选业	239 187 287	239.2
31	23	电力、热力的生产和供应业	223 749 574	223.7
32	37	综合技术服务业	209 088 445	209.1
33	39	教育事业	197 401 054	197.4
34	42	公共管理和社会组织	193 721 649	193.7
35	28	邮政业	193 715 000	193.7
36	33	房地产业	190 759 487	190.8
37	24	燃气生产和供应业	184 412 428	184.4
38	1	农业	162 788 545	162.8
39	36	科学研究事业	132 400 339	132.4
40	11	石油加工、炼焦及核燃料加工业	128 197 131	128.2
41	3	石油和天然气开采业	—	—
42	22	废品废料	347 321 851	347.3

资料来源：利用浙江省 42 部门的 IMPLAN 区域模型计算得出。

参 考 文 献

[1] 陈斌，陈华敏. 金融危机对中小企业板上市公司影响分析 [J]. 深圳证券交易所综合研究所研究报告. 2009.

[2] 程美东. 透视当代中国重大突发事件（1949 - 2005）[M]. 北京：中共党史出版社，2008.

[3] 东北财经大学经济与社会发展研究院课题组. 汶川地震灾害对中国经济影响的分析与评价 [J]. 经济研究参考. 2008（39）.

[4] 高铁梅. 计量经济分析方法与建模 [M]. 北京：清华大学出版社，2006.

[5] 胡百精. 中国危机管理报告（第一卷）[M]. 广州：南方日报出版社，2006.

[6] 胡宗义，刘亦义. 统一内外资企业所得税率的动态 CGE 研究 [J]. 数量经济技术经济研究，2008（12）.

[7] 李瑞娥，脱文娟. 信心经济与全面"小康"[J]. 经济学家，2003（2）.

[8] 刘朝晖. 鲜菜价格助推 CPI 再创新高 [J]. 宏观经济研究，2008（3）.

[9] 刘锡良. 金融危机对中国经济的影响及应对措施 [J]. 西部论坛，2009（7）.

[10] 吕炜，冯文成等. 突发性公共事件的政府投入体系建设 [R]. 东北财经大学公共政策研究中心研究报告，2003.

[11] 马尔萨斯. 人口原理（中文版）[M]. 北京：商务印书馆，1992.

[12] 全国重大自然灾害调研组. 自然灾害与减灾 600？ [M]. 北京：地震出版社，1990.

[13] 万鹏飞. 美国、加拿大和英国突发事件应急管理法选编 [M]. 北京：北京大学出版社，2006.

[14] 王大力. 地震对川渝上市公司影响简析 [R]. 西南证券专题研究，2008（7）.

[15] 王为强. 美国次贷危机及对我国的影响 [J]. 国家行政学院学报，2008（4）.

[16] 王曦，舒元. 我国国有经济双重目标与 TFP 核算的微观基础. 第五届中国经济学年会入选论文.

[17] 王永利. 金融危机对中国近期和中长期的影响是不同的 [J]. 经济研究参考，2009（4）.

[18] 魏巍贤. 人民币升值的宏观经济影响评价 [J]. 经济研究，2006（4）.

[19] 席涛，范军，崔浩，胡林. 四川汶川地震对中国经济、社会、环境的影响分析 [J]. 国际经济评论，2008（7）.

[20] 熊彼特. 经济发展理论（中文版）[M]. 北京：商务印书馆，1990.

［21］袁浩.美国金融危机对我国经济的影响分析［R］.远东证券策略研究，2008
（9）.

［22］张军.中国经济全要素生产率变动：1952－1998［J］.世界经济文汇，2003
（2）.

［23］张岩贵.我国人力资本水平与 FDI 相互关系的实证研究［J］.中央财经大学学
报，2006（12）.

［24］张应武.全要素生产率及其对香港经济影响的实证研究［J］.亚太经济，2008
（5）.

［25］郑玉歆，樊明太.中国 CGE 模型及政策分析［M］.北京：社会科学文献出版
社，1999.

［26］周建军，王韬，刘芳.间接税改革的宏观经济效应：一般均衡分析［J］.当代
经济科学，2004，26（5）.

［27］Abadie, A. and J. Gardeazabal, 2008, Terrorism and the World Economy, *European
Economic Review*, Vol. 52, No. 1, pp. 1－27.

［28］Abadie, Alberto and Sofia Dermisi, 2006, "Is Terrorism Eroding Agglomeration Econo-
mies in Central Business Districts? Lessons from the Office Real Estate Market in Downtown Chica-
go", *NBER Working Paper* No. 12678. November.

［29］Almond, D. , 2006, "Is the 1918 Influenza Pandemic Over? Long－Term Effects of in
Utero Influenza Exposures in the Post－1940 U. S. Population", *Journal of Political Economy*,
Vol. 2, pp. 672－712.

［30］Aly, H. Y. , and Mark C. Strazicich, 2000, "Terrorism and Tourism: Is the Impact
Permanent or Transitory? Time Series Evidence from Egypt and Israel", available at http: //bibe-
mp2. us. es/turismo/turismonet1/economia% 20del% 20turismo/economia% 20del% 20turismo/ter-
rorism% 20and% 20tourism. pdf.

［31］Barro, Robert J. , 2005, "Rare Disasters and Asset Markets in the Twentieth", *Centu-
ry Working Paper*, December 4.

［32］Benson, Charlotte and Clay, Edward J. , 2004, "Understanding the Economic and Fi-
nancial Impacts of Natural Disasters", *The World Bank Disaster Risk Management Series* No. 4.

［33］Bilmes, Linda and Joseph Stiglitz, 2006, "The Economic Costs of the Iraq War: An Ap-
praisal Three Years After the Beginning of the Conflict", *NBER Working Paper* No. 12054, Febru-
ary.

［34］Block, J. and Sandner. , P. , 2009, "What is the Effect of the Current Financial Crisis
on Venture Capital Financing? Empirical Evidence from US Internet Start－Ups", *Working Paper*.

［35］Blomberg, S. B. , and Mody. , Ashoka, 2005, "How Severely Does Violence Deter In-
ternational Investment?"

［36］Blunk, Scott S. , David E. Clark and James M. McGibany, 2006, "Evaluating the

Long – run Impacts of the 9/11 Terrorist Attacks on US Domestic Airline Travel", *Applied Economics*, *Vol.* 38, pp. 363 – 370.

[37] Boehringer, Christoph and Boeters, Stefan, Michael Feil, 2004, "Taxation and Unemployment: An Applied General Equilibrium Approach", Venice: *CESifo Working Paper* No. 1272, Workshop on Policy Analysis with Numerical Models.

[38] Bond, S. , Leblebicioglu, L. , and Schiantarelli, F. , 2004, "Capital Accumulation and Growth: A New Look at the Empirical Evidence", *IZA Discussion Paper*, No. 1174.

[39] Bovenberg, A. . L. , 1985, "The General Equilibrium Approach: Relevant for PublicPolicy?", in The Relevance of Public Finance for Policymaking, Madrid, International Institute of Public Finance, Proceedings of the 41 st Congress.

[40] Brainerd, Elizabeth and Siegler, Mark V. , 2003, "The Economic Effects of the 1918 Influenza Epidemic", *Working Paper*.

[41] Bram, Jason, James Orr and Carol Rapaport, 2002, "Measuring the Effects of the September 11 Attack on New York City", *Federal Reserve Bank of New York Economic Policy Review*, November, pp. 5 – 20.

[42] Bryant, R. and W. McKibbin, 2004, "Incorporating Demographic Change in Multi – Country Macroeconomic Models" in P. Onofri (ed) The Economics of an Ageing Population: Macroeconomic Issues, Edward Elgar (in press) .

[43] Butkiewicz, J. L. and Yanikkaya, H. , 2005, "The Impact of Sociopolitical Instability on Economic Growth: Analysis and Implications", *Journal of Policy Modeling*, Vol. 7, pp. 629 – 45.

[44] Campbell, J. Y. and Mankiw. , N. G. , 1987, "Are Output Fluctuations Transitory?" *The Quarterly Journal of Economics*, Vol. 4, pp. 857 – 880.

[45] Campbell, J. Y. and Mankiw. , N. G. , 1987, "Permanent and Transitory Components in Macroeconomic Fluctuations", *The American Economic Review*, Vol. 2, pp. 111 – 117.

[46] Chambers, D. and Guo, J. , 2009, "Natural Resources and Economic Growth: Some Theory and Evidence" , *Working Paper*.

[47] Chen, A. H. , and Siems, T. F. , 2004, "The Effects of Terrorism on Global Capital Markets", *European Journal of Political Economy*, Vol. 20, pp. 349 – 366.

[48] Cox, David and Harris, Richard Q. , 2007, "North American Free Trade and its Implications for Canada: Results from a CGE Model of North American Trade World Economy", Published Online, Vol. 15, No. 1, pp. 31 – 44.

[49] Cuaresma, J. C. , Jhlouskova, H. and M. Oobersteine, 2008, "Natural Disasters as Creative Destruction? Evidence from Developing Countries", *Economic Inquiry*, Vol. 2, pp. 214 – 26.

[50] Cuaresma, J. C. , 2009, "Natural Disasters and Human Capital Accumulation", Policy

Research Working Paper, No. 4862.

[51] Dixon, P. B. , B. R. Parmenter, J. Sutton, D. Vincent. ORANI, 1982, A Multi – sectoral Model of the Australian Economy. Amsterdam: North – Holland.

[52] Drakos, K. , Ali M. Kutan. , 2003, "Regional Effects of Terrorism on Tourism in Three Mediterranean Countries", *Journal of Conflict Resolution*, Vol. 47, No. 5, pp. 621 – 641.

[53] Easterly, W. and R. Levine, 2001, "It's Not Factor Accumulation: Stylized Facts and Growth Models", *World Bank Economic Review*, Vol. 2.

[54] Eckstein, Z. and Tsiddon, D. , 2004, "Macroeconomic Consequences of Terror: Theory and the Case of Lsrael", *Journal of Monetary Economics*, Vol. 51, pp. 971 – 1002.

[55] Fratianni, M and Kang, H. , 2004, "International Terrorism, International Trade, and Borders", *Working Paper*.

[56] Freeman, C. and C. Perez. , 1988, Structural Crises of Adjustment: Business Cycles and Investment Behaviour, London: London Pinter.

[57] Gagnon, J. , Masson, P. and W. McKibbin, 1996, "German Unification: What Have We Learned from Multi – Country Models", *Economic Modelling*, Vol. 13, No. 4, pp. 467 – 498.

[58] Gertler, P. , D. Levine, andS. Martinez, 2003, "The Presence and Presents of Parents: Do Parents Matter for More than their Money?", *Scientific Meeting on Empirical Evidence for the Demographic and Socio – economic Impact of AIDS*.

[59] Ginsburgh, V. and J. Mercenier, 1988, "Macroeconomic Models and Microeconomic Theory: The Contribution of General Equilibrium Theory", in: W. Driehuis, M. M. GFase, H. den Hartog (eds.), Challenges for Maeroeconomic Modelling, Amsterdam, pp. 291 – 342

[60] Grossman, G. and A. Krueger, 1995, "Economic Growth and the Environment", *Quarterly Journal of Economics*, Vol. 2, pp. 353 – 377.

[61] Gupta, S. et al. , 2004, "Fiscal Consequences of Armed Conflict and Terrorism in Low – and Middle – income Countries", *European Journal of Political Economy*, Vol. 20, pp. 403 – 421.

[62] Hallegatte, S. , and Dumas, P. , 2008, "Can Natural Disasters have Positive Consequences? Investigating the Role of Embodied Technical Change", *Ecological Economics*, doi: 10. 1016/j. ecolecon.

[63] Hallegatte, Stéphane and Michael Ghil, 2008, "Natural Disasters Impacting a Macroeconomic Model with Endogenous Dynamics", *Ecological Economics*, Vol. 68, pp. 582 – 592.

[64] Hanemann, W. Michael et al. , 1992, "Natural Resources Damages from Chernobyl", *Environmental and Resource Economics* , Vol. 2, pp. 523 – 525.

[65] Harberger, A. C. , 1962, "The Incidence of the Corporation Income Tax", *Journal of Political Economy*, Vol. 70, No. 3, pp. 215 – 240.

[66] Hatano, T. and Okuda, T. , 2006, "Water Resource Allocation in the Yellow River Ba-

sin, China Applying a CGE Model", *Sendai: Intermediate Input – Output Conference*, Dixon P. B. , B. R.

[67] Heylen, F. , J. Pozzi, and J. Vandewege. , 2004, "Inflation Crises, Human Capital Formation and Growth", *Working Paper*. http: //www. claremontmckenna. edu/econ/papers/2005 – 01. pdf

[68] IMPLAN Professional Version 2. 0 User Guide, 2004, Analysis Guide &Data Guide. Minnesota IMPLAN Group, Inc. .

[69] Jermann, U. and V. Quadrini, 2009, "Macroeconomic Effects of Financial Shocks", *Working Paper*.

[70] Jiang, T. and McKibbin, W. , 2002, "Assessment of China's Pollution Levy System: An Equilibrium Pollution Approach", *Environment and Development Economics* Vol. 7, pp. 75 – 105, Cambridge University Press (ISSN: 1355 – 770X) .

[71] Kahn, Matthew. , 2005, "The Death Toll from Natural Disasters: The Role of Income, Geography, and Institutions", *Review of Economics and Statistics*, Vol. 22, pp. 271 – 284.

[72] Krueger, A. B. and Lindahl, M. , 2001, "Education for Growth: Why and for Whom?", *Journal of Economic Literature*, Vol. 4, pp. 1101 – 1136.

[73] Krugman, Paul, 2004, "The Costs of Terrorism: What Do We Know?", Briefing Note, December 12 – 14, Princeton University.

[74] Kydland, F. E. and E. C. Prescott, 1982, "Time to Build and Aggregate Fluctuations", *Econometrica*, Vol. 6, pp. 1345 – 1370.

[75] Lee, Jong – Wha, McKibbin, Warwick J. , 2003, Globalization and Disease: The Case of SARS, *Asian Economic Panel meeting*, May 20.

[76] Leeuwen, B. V. and P. Foldvari, 2008, "Human Capital and Economic Growth in Asia 1890 – 2000: A Time – series Analysis", *Asian Economic Journal*, Vol. 3, pp. 225 – 40.

[77] Levy, O. and Galili, I. , 2006, "Terror and Trade of Individual Investors", *The Journal of Socio – Economics*, Vol. 35, pp. 980 – 991.

[78] Lipsey, R. G , P. N, Courant, and C. T. S. Ragan. , 2009, *Macroeconomics*, 13 ed. New York: Addison – Wesley.

[79] Lipton, David and Sachs, Jeffrey, 1983, "Accumulation and Growth in a Two – Country Model", *Journal of International Economies North – Holland*, Vol. 15, pp. 135 – 159

[80] Loayza, N, Olaberria, E. , Rigolini, J. , and Christiansen, L. , 2009, "Natural Disasters and Medium – Term Economic Growth, The Contrasting Effects of Different Events on Disaggregated Output", *World Bank – UN Assessment on the Economics of Disaster Risk Reduction*.

[81] Lopez, R. , 2009, "Natural Disasters and the Dynamics of Intangible Assets", *The World Bank Working Paper*.

[82] Lucas, R. E. , Jr. , 1990, "Why Doesn't Capital Flow from Rich to Poor Countries?". *American Economic Review*, Vol. 2, pp. 92 – 96.

[83] Manchester J. and W. McKibbin, 1995, "The Global Macroeconomics of NAFTA", *Open Economies Review*, Vol. 6, No. 3, pp. 203 – 223.

[84] Mankiw, N. G., 2009, Brief Principles of Macroeconomics, 5 ed. [M]. New York: South – Western Cengage Learning.

[85] Mckenzie, David J., 2006, "The Consumer Response to the Mexican Peso Crisis", *Economic Development and Cultural Change*. The University of Chicago.

[86] McKibbin, W., 1999, "Solving Large Scale Models Under Alternative Policy Closures: The MSG2 Multi – Country Model" In Hughes Hallett A. and P. Mc Adam (1999) "Analyses in Macroeconomic Modeling" Kluwer Academic Publishing, pp. 273 – 292. (ISBN 0 – 7923 – 8598 – 5).

[87] McKibbin, W., Shackleton R. and Wilcoxen, P., 1999, "What to Expect from an International System of Tradeable Permits for Carbon Emissions", *Resource and Energy Economics*, Vol. 21, No. 3, pp. 319 – 346.

[88] McKibbin, W., Shackleton R. and Wilcoxen, P., 1998, "The Potential Effects of International Carbon Emissions Permit Trading Under the Kyoto Protocol", In Economic Modelling of Climate Change, *OECD Workshop Report*, OECD Paris. pp. 49 – 80. (conference proceedings)

[89] McKibbin, W., Wang Z. and Coyle, W., 2001, "The Asian Financial Crisis and Global Adjustments: Impacts on U. S. Agriculture", *Japanese Economic Review*, Vol. 52, No. 4, pp. 471 – 490 (ISSN 1352 – 4739)

[90] McKibbin, W., 1998, "Regional and Multilateral Trade Liberalization: The Effects on Trade, Investment and Welfare" in P. Drysdale and D. Vines (1998) Europe, East Asia and APEC: A Shared Global Agenda? Cambridge University Press, pp 195 – 220. (ISBN 0 52163315 X)

[91] McKibbin, W., 2005, "Climate Change Policy for India" in R. Jha (ed) (2005) Economic Growth, Economic Performance and Welfare in South Asia Palgrave Macmillan (ISBN 1 – 403943613). pp. 121 – 150.

[92] McKibbin, W., 1997, "The Transmission of Productivity and Investment Shocks in the Asia Pacific Region" In Macroeconomic Interdependence in the Asia – Pacific Region Economic Planning Agency Annual International Symposium held in Tokyo on October 22 – 23, Government of Japan, Tokyo., 1996, pp. 605 – 654.

[93] McKibbin, W. and Stegman, A., 2005, "Asset Markets and Financial Flows in General Equilibrium Models", *In Quantitative Tools for Microeconomic Policy Analysis*, Productivity Commission, Canberra, pp. 3 – 16

[94] McKibbin, W. and Wilcoxen, P., 1997, "The Economic Implications of Greenhouse Gas Policy" in H. English and D. Runnals (eds) Environment and Development in the Pacific: Problems and Policy Options, Addison Wesley, Longman pp. 8 – 34. (ISBN 0582811589).

[95] McKibbin, W. and Wilcoxen, P. , 1998, "The Theoretical and Empirical Structure of the G – Cubed Model", *Economic Modeling*, Vol. 16, No. 1, pp. 123 – 148 (ISSN 0264 – 9993).

[96] McKibbin, W. , 1988, "Policy Analysis with the MSG2 Model", *Australian Economic Papers*, Supplement, June, pp. 126 – 150.

[97] McKibbin, W. , 2002, "Macroeconomic Policy in Japan" *Asian Economic Papers*, Vol 1. No 2. MIT Press Cambridge USA. pp132 – 165. (ISSN 1535 – 3516).

[98] McKibbin, W. , and Bok, T. , 2001, "The European Monetary Union: Were There Alternatives to the ECB? A Quantitative Evaluation", *Journal of Policy Modeling*. Vol. 23, pp. 1 – 32. (ISSN0161 – 8938)

[99] McKibbin, W. , and Salvatore, D. , 1995, "The Global Economic Consequences of the Uruguay Round and Implications for Australia", *Asia Pacific Economic Review*, Vol. 1, No. 3, pp. 49 – 62.

[100] McKibbin, W. , Pagan, A. and Robertson, J. , 1998, "Some Experiments in Constructing a Hybrid Model for Macroeconomic Analysis", Carnegie Rochester Series on Public Policy Vol. 49, pp. 113 – 142 (ISSN: 0167 – 2231).

[101] McKibbin, W. , Pearce, D. and Stegman, A. , 2007, "Long Term Projections of Carbon Emissions", *International Journal of Forecasting*, Vol. 23, pp. 637 – 653.

[102] McKibbin, W. , Wilcoxen . P. and W. Woo, 2008, "China Can Grow and Still Help Prevent the Tragedy of the CO_2 Commons" in Garnaut, R. Song L. and W. T. Woo (Editors) (2008) China's Dilemma: Economic Growth, the Environment and Climate Change, Asia Pacific Press, the Brookings Institution Press, and Social Sciences Academic Press. pp. 190 – 225.

[103] Mende, Alexander, 2006, "09/11 on the USD/EUR Foreign Exchange Market", *Applied Financial Economics*, Vol. 16, No. 3, pp. 213 – 222.

[104] Mensch, G. , 1978, Stalemate in Technology: Innovations Overcome the Depression. New York: Ballinger Pub Co. .

[105] Mirza, D. and Verdier, T. , 2008, "International Trade, Security and Transnational Terrorism: Theory and a Survey of Empirics", *Journal of Comparative Economics*. Vol. 36, pp. 179 – 194.

[106] Ninno, Carlo Del and Dorosh, Paula, 2003, "Public Policy, Markets and Household Coping Strategies in Bangladesh: Avoiding a food Security Crisis Following the 1998 Floods", *World Development Vol*. 31, No. 7, pp. 1221 – 1238.

[107] Nitsch, V. , and Schumacher, D. , 2004, "Terrorism and International Trade: An Empirical Investigation", *European Journal of Political Economy*, Vol. 20, pp. 423 – 433.

[108] Noy, I. , 2008, "The Macroeconomic Consequences of Disasters", *Journal of Development Economics*, doi: 10. 1016/j. jdeveco.

[109] Odell, Kerry A. and Weidenmier, Marc D. , 2002, "Real Shock, Monetary After-

shock: The San Francisco Earthquake and The Panic of 1907", *NBER Working Paper* No. 9176.

[110] Okuyama, Y. , Hewings, G. J. D. and Sonis. M. , 2004, Modeling the Spatial and E-conomic Effects of Disasters, New York: Springer.

[111] Parmenter, 1996, Computable General Equilibrium Modelling for Policy Analysis and Forecasting// H. M. Amman, D. A. Kendrick, J. Rust. Handbook of Computational Economics. Amsterdam: Elsevier, pp. 1 – 85.

[112] Pereira, A. M. , Shoven J. B. , 1998, "A Survey of Dynamic Computational General Equilibrium Models for Tax Policy Evaluation", *Journal of Policy Modeling*, Vol. 10, No. 3, pp. 401 – 436.

[113] Pereira, A. S. , 2006, "The Opportunity of a Disaster: The Economic Impact of the 1755 Lisbon Earthquake", *Working Paper*.

[114] Popp, Aaron, 2006, "The Effects of Natural Disasters on Long Run Growth", *Major Themes in Economics*, Spring.

[115] Eldor, R. and R. Melnick, 2004, "Financial Markets and Terrorism" , *European Journal of Political Economy*, Vol. 20, pp. 367 – 386.

[116] Raddatz, C. , 2005, "Are External Shocks Responsible for the Instability of Output in Low – Income Countries?", *Working Paper*.

[117] Rasmussen, T. , 2004, "Macroeconomic Implications of Natural Disasters in the Car-ibbean", *Working Paper*.

[118] Robinson, S. , 1990, "Pollution, Market Failture, and Optimal Policy in an Economy – wide Framework", *Berkeley: Working Paper* No. 559, Department of Agricultural and Resource Eco-nomics, University of California.

[119] Rodriguez, J. , Vos, F. and Below R. , etc. , 2009, Annual Disaster Statistical Re-view 2008. CRED.

[120] Ross R. McKitrick, 1988, "The Econometric Critique of Computable General Equilib-rium Modeling: The Role of Functional Forms", *Economic Modelling*, Vol. 15, No. 4, pp. 543 – 573

[121] Russett, B. , Joel Slemrod, 1992, "Diminished Expectations of Nuclear War and In-creased Personal Savings: Evidence from Individual Survey Data", *NBER Working Paper* No. 4031.

[122] Rutherford, T. F. , M. K. Light, 2001, "A General Equilibrium Model for Tax Policy Analysis in Colombia", http: //www. mpsge. org/dnp2001. pdf.

[123] Schultz, T. W. , 1961, "Investment in Human Capital", *American Economic Review*, Vol. 1, pp. 1 – 17.

[124] Shoven, J. B. and J. Whalley, 1972, "A General Equilibrium Calculation of the Effects of Differential Taxation of Income from Capital in the U. S. ", *Journal of Public Economics*, Vol. 1, No. 3 – 4, pp. 281 – 321.

［125］Shoven, J. B. and J. Whalley, 1984, "Applied General Equilibrium Models of Taxation and International Trade", *Journal of Economic Literature*, Vol. 22, pp. 1007 – 1051.

［126］Shoven, J. B. and J. Whalley, 1992, Applying General Equilibrium. Cambridge: Cambridge University Press, 1992.

［127］Skidmore, M., 2001, "Risk, Natural disasters, and household savings in a life cycle model", *Japan and the World Economy*, Vol. 13, pp. 15 – 34.

［128］Skidmore, M. and Toya, H., 2002, "Do Natural Disasters Promote Long – Run Growth?", *Journal Economic Inquiry*, Vol. 40, No. 4, pp. 664 – 87.

［129］Slemrod, J., 1988. "Fear of Nuclear War and Intercountry Differences in the Rate of Saving", *NBER Working Paper* No. 2801.

［130］Soderqvist, T., 2000, "Natural Resources Damage from Chernobyl: Further Results", *Environmental and Resource Economics*, Vol. 16, pp. 343 – 346.

［131］Strömberg, David, 2007, "Natural Disasters, Economic Development, and Humanitarian Aid", *The Journal of Economic Perspectives*, Vol. 4, pp. 199 – 222.

［132］Svensson, 1998, "Investment, Property Rights and Political Instability: Theory and Evidence", *European Economic Review*, Vol. 42, pp. 1317 – 1341.

［133］Tandon, Ajay, 2005, "Macroeconomic Impact of HIV/AIDS in the Asian and Pacific Region", *ERD Working Paper*, No. 75.

［134］Tilak, B. G. J., 1989, "Education and Its Relation to Economic Growth, Poverty, and Income Distribution: Past Evidence and Further Analysis". *Working Paper*.

［135］Tobin, J., 1969, "A General Equilibrium Approach to Monetary Theory", *Journal of Money, Credit, and Banking*, Vol. 1, pp. 15 – 49.

［136］Tore Söderqvist, 2000, "Natural Resources Damage from Chernobyl: Further Results", *Environmental and Resource Economics*, Vol. 16, pp. 343 – 346.

［137］Toya, H. and M. Skidmore, 2007, "Economic Development and the Impacts of Natural Disasters", *Economics Letters*, Vol. 94, pp. 20 – 25.

［138］UNICEF, 1997, "Relationships between Education and Child Labour. International Conference on Child Labor", Seattle: International Conference on Child Labour.

［139］Victor, D. Norman, 1990, "Assessing Trade and Welfare Effects of Trade Liberalization: A Comparison of Alternative Approaches to CGE Modelling with Imperfect Competition", *European Economic Review*. Vol. 34, No. 4, pp. 725 – 745

［140］Worthington, Andrew and Valadkhani, Abbas, 2005, "Catastrophic Shocks and Capital Markets: A Comparative Analysis by Disaster and Sector", *University of Wollongong Economics Working Paper Series*.

［141］Yamori, N., and Kobayashi, Takeshi, 2002, "Do Japanese Insurers Benefit from A Catastrophic Event? Market Reactions to the 1995 Hanshin – Awaji Earthquake", *Journal of the*

Japanese and International Economies, Vol. 16, pp. 92 – 108.

[142] Yang, Dean, 2006, "Coping with Disaster: The Impact of Hurricanes on International Financial Flows 1970 – 2002", *NBER Working Paper* No. 12794, December.

[143] Yilmazkuday, H., 2007, "The Effects of Currency Crises on the Long – Run Growth", *Working Paper*.

后 记

本书是我主持承担的国家自然科学基金面上项目"突发公共事件对中国宏观经济的影响及其优化管理研究"（项目批准号：70773119）的研究成果。

受该项目资助，我们建立了一个适合中国国情的一般分析框架来研究突发公共事件对宏观经济的影响，创新性地引进美国用于评估突发事件经济影响的IMPLAN模型并对其进行了改良，使之适用于分析中国问题；并构建了中国经济的CGE模型用于评价突发公共事件的宏观经济影响，在此基础上提出了优化管理突发公共事件经济影响的政策建议。我们得出的主要结论有：（1）突发公共事件来源、经济传导机制和影响结果的复杂性共同决定了突发公共事件宏观经济影响的复杂性；（2）突发公共事件对宏观经济造成短期影响的路径可以分为三个层次：微观核心层、中观市场层和宏观变量层，三个层次之间双向循环影响；（3）突发公共事件对宏观经济的长期影响包括总需求和总供给影响，并可分为三个阶段：冲击、解构和重构阶段；（4）改良的IMPLAN模型对各区域的关键性行业和易遭受突发公共事件冲击的行业分析结果表明：政府在应对突发公共事件冲击时应针对地区和行业的差异采取不同对策并注重长期与短期政策相结合；（5）CGE模型的情景模拟结果量化了不同类型的突发公共事件所造成的宏观经济影响，提示政府在应对突发公共事件冲击时应采取有区别的产业保护政策并服从于宏观经济调控的整体目标。

在项目研究过程中，我们在 *Journal of Futures Markets* 和《经济学动态》等国际著名SSCI期刊或国内CSSCI期刊上发表学术论文10多篇，还指导完成了与项目研究密切相关的2篇博士学位论文和2篇硕士学位论文。其中与我指导的博士生陈勇，项目国际合作者、美国迈阿密大学 Michael Connolly 教授和中南财经政法大学金融学文澜学者讲座教授、美国迈阿密大学宿铁教授合作在 Journal of Futures Markets 上发表的 "The Value of Mortgage Prepayment and Default Options" 一文颇具代表性。其主要研究内容就是在深入研究突发公共事件影响宏观经济的路径的基础上，结合当时全球金融危机的根源（次级贷款）探讨固定利率住房抵押贷款的定价与风险。该文研究表明，固定利率住房抵押贷款具有较大的风险——这无疑强烈地挑战了当时我国人民银行力推固定利率住房抵押贷款的做法并为固定利率住房抵押贷款的发展敲了一记警钟。该文将固定利率住房抵押贷款视为隐含违约和提前偿还两个美式期权的合同，运用交替方向隐性有限差分法对合同价值进行数值模拟分析，巧妙地融合了显性法易于应用和隐性法解的稳定性的双重优点，具有一定的原创性。

继完成该项目之后，我又主持完成了国家社会科学基金重点项目"应对突发冲击的宏观调控预案研究"（项目批准号：08AJL006）。二个项目之间既有紧密的联系，又有显著的区别。

国家自然科学基金面上项目"突发公共事件对中国宏观经济的影响及其优化管理研究"主要研究突发公共事件对宏观经济影响的复杂性及其影响路径，以此为基础建立一个适合我国国情的研究突发公共事件影响宏观经济的一般分析框架，改良 IMPLAN 模型与 MSG3 模型对其宏观经济影响进行计量分析，深入分析应对突发公共事件的宏观经济管理对策并针对突发公共事件潜伏期、爆发期与重建期的不同特点对其优化管理。

而国家社会科学基金重点项目"应对突发冲击的宏观调控预案研究"研究突发冲击发生前的各种可行的监测和预警，同时在分析突发冲击对经济的各种影响路径的基础上，以宏观调控长期目标为原则，采取必要的调控措施阻断突发事件对经济的各种负面影响。同时，对宏观调控预案实施的效果进行评估，探讨如何对各类宏观调控措施进行持续监测和调整，以避免冲击进一步放大，同时尽可能地将这些调控措施本身对经济产生的副作用降到最低。

这二个项目之间存在着紧密的内在联系，在逻辑上是前后连贯的。国家自然科学基金面上项目"突发公共事件对中国宏观经济的影响及其优化管理研究"的研究重点在于厘清突发公共事件对我国宏观经济的影响路径及冲击力度，关键词是"影响"；而国家社会科学基金重点项目"应对突发冲击的宏观调控预案研究"的研究重点在于一国政府应对突发冲击时应该在何种时机下采取何种宏观调控策略，关键词是"应对"。因此，这二个项目的逻辑发展脉络可以表述为：突发事件的经济影响——突发冲击的宏观应对。

这二个项目之间又有着显著的区别，主要表现在其研究对象和侧重点彼此不同。国家自然科学基金面上项目"突发公共事件对中国宏观经济的影响及其优化管理研究"的侧重点是突发公共事件对宏观经济的影响；而国家社会科学基金重点项目"应对突发冲击的宏观调控预案研究"的侧重点是受到突发冲击时应采取的宏观调控预案。

显然，这二个项目都是对突发事件或突发冲击问题的研究，但是，二个项目中前者是后者的重要基础，后者是前者的自然延伸，是关于突发事件或突发冲击问题的从影响分析到应对方案的二个前后关联而又不断深化的研究阶段。

　　在项目完成过程中，我的夫人李芳博士和我所指导的博士生屠卫、徐晓伟、周文、胡凯、许桂华、刘静以及硕士生吴旭雯、戚峥、廖荣荣、罗雪婷、彭晨、陶蒃、谢海林等都参与了研究并承担了各种任务，没有他们的帮助，本书的完成是难以想象的。而中南财经政法大学及其金融学院不仅为我的研究创造了良好的条件，而且为本书的完成和出版提供了全额资助出版等各种帮助，让我总觉得有些愧疚。中国金融出版社教材一部主任王效端女士和编辑张超老师也为本书的出版做了大量细致和卓有成效的工作。在此，我一并对他们的支持、关心和帮助表示由衷的感谢！

　　本书参考了国内外大量的文献，我们已通过注释和参考文献加以反映，但难免有些疏忽和遗漏；同时，受时间和水平的局限，本书难免仍有不足和不当之处，恳请专家和读者不吝批评指正。

唐文进
2014 年 3 月 26 日